大學用書

學習評量

評量理論與素養的實踐

凃金堂——著

三民書局

自序

評量活動是整個教學活動的一個重要環節，在日常的課堂上，教師常透過評量活動來評估學生的學習狀況，作為協助學生調整學習方法的依據，亦作為教師調整教材內容與教學進度的參考。因而評量活動對教師的教學與學生的學習，皆有重大的影響力。

既然評量學生學習成果是一件重要的教學工作，一位負責且專業的教師，應該具備評估學生學習成效的專業知識、能力與態度，此即所謂的教師評量素養（teacher assessment literacy）。一位具備足夠評量素養的中小學教師，才能勝任中小學繁重的學習評量工作。因而如何提升師資職前教育階段的師資生與在職教師的教師評量素養，是近年來教育學術界相當關注的研究議題。

基於上述的想法，本書透過十三章的內容介紹，期待能對正在接受師資職前教育的師資生，或正在進修的現職教師，增進其進行學習評量活動的評量素養。

本書第一章介紹學習評量的重要性，讓讀者對評量有一些基本概念。第二章至第九章，主要介紹如何編製一份具有良好心理計量特質的測驗。第二章介紹雙向細目表的概念，雙向細目表是測驗編製的藍圖，它對測驗編製的功能，就如同建築圖對建築物的功能。一旦確定雙向細目表，就能據此執行測驗的編製。第三章介紹測驗編製的歷程，協助讀者掌握測驗編製所需經歷的步驟。第四章的挑選反應題型（是非題、選擇題、配合題）與第五章的建構反應題型（填充題、簡答題、問答題），主要介紹各類題型的試題特性與優良編寫原則，協助讀者清楚各種題型的優缺點與命題原則。第六章介紹試題分析的概念，協助讀者透過難度與鑑別度，評估試題的品質。第七章的效度與第八章的信度介紹，主要協助讀者評估一份測驗的施測結果，是否具有精準性與一致性。一份優質的測驗，其測驗結果應該具有高效度與高信度的心理計量特質。第九章介紹測驗結果的解釋，協助讀者對測驗結果，進行正確且適切的詮釋。第十章的實作評量與第十一章檔案評量的介紹，主要是讓讀者除了熟悉紙筆評量外，也知曉其他的多元評量方法。第十二章的素養導向評量介紹，主要是因應我國目前正推動 108 課綱，而 108 課綱特別強調素養導向的評量，讀者若能掌握素養導向評量的基本概念，將更能順利的進行素養導向評量。第十三章介紹情意評量，學習者的情意態度常深刻影響其學習相關因素，故評估學習者的情意態度，將有助於提供學習者適切的輔導。

美國心理學會（American Psychological Association）所出版的學術研究論文寫作格式，即所謂的 APA 格式，於 2020 年出版第七版。心理與教育領域的論文，許多是採用 APA 格式，本書乃採 APA 第七版的排版方式，包含文獻的引用方式、圖表的呈現、內文統計數值的呈現、參考文獻的呈現等，就會根據 APA 格式的規範排版。以內文的統計數值呈現為例，第六章介紹的難度 *P* 與鑑別度 *D*，這兩個數值的最大值皆未超過 1，故個位數的 0 並不會呈現，例如難度 *P* 會呈現為 .50，而非呈現為 0.50。

本書得以順利完成，要特別謝謝內人佳蓉老師與女兒昕妤，對筆者寫書的全力支持。本書得以順利出版，要特別感謝三民書局的鼎力支持，尤其是編輯部的多方協助。本書思慮不周之處，尚請大家不吝指正。

涂金堂 謹識

2023 年 3 月

目次
contents

第一章　學習評量的重要性

本章主要是介紹學習評量的基本概念，包括學習評量的意涵與目的、教師評量素養、評量與教學和學習的關係、測量量尺的種類、學習評量的發展趨勢，以及重要的學習評量相關網站等。讀者若能清楚理解這些基本概念，將有助於其他章節的學習。

第一節　學習評量的意涵與目的

「評量」（assessment）是指對學習者的學習過程與學習成果，進行系統性的量化與質性資料之蒐集，並對蒐集的資料適切評估後，給予學習者一個學習成效的分數或等第之歷程。

談到評量，多數人會直接連想到「考試」，因為考試是大家從小到大的共同經驗。若從小學一年級開始算起，到大學畢業，將經歷過無數次的小考、週考、平常考、段考、期中考、期末考等校內考試，以及考高中的會考與考大學的學測或分科測驗等校外升學考試。在眾多考試經驗中，可能遭遇過挫折、沮喪或難過的失敗經驗，也可能經歷順利、高興或欣喜的成功經驗。所以談到考試，大家應該都有許多經驗與心得可以分享。

考試是一種評量活動，但考試不等同於評量。考試屬於量化學習成效資料的評估，而評量則包含量化與質性學習成效資料的評估。傳統中小學教學現場的評量活動比較偏重於「紙筆測驗」（paper-and-pencil tests）的考試型態，現今中小學教學現場的評量活動，除了紙筆測驗外，也會採用其他多元評量方法。

評量在教學活動與學習活動中，扮演一個重要的關鍵角色。茲以國小射箭隊為例，說明評量在國小射箭選手的學習歷程中，能扮演何種重要角色。一位國小射箭隊的教練，在甄選出射箭選手後，會指導國小學生如何進行搭箭、瞄準、放箭等動作，並讓每位學生實際進行射箭的練習。

一開始的練習射箭，教練會根據每位選手的射箭表現，判斷每位學生的射箭潛力，並據此擬訂每位學生的射箭訓練計畫，這樣的評估屬於瞭解學生起點行為的「安置性評量」（**placement assessment**）。之後的平常訓練，每位學生射箭後，在拔箭的同時，得針對自己射箭的箭位距離靶心的遠近，進行評估，以作為修正拉弓與放箭的姿勢，此種評估屬於精進學生射中靶心的「形成性評量」（**formative assessment**）。當某位學生發生多次射箭失準後，教練會特別針對該名學生的射箭箭位，找出無法命中靶心的可能原因，此種評估屬於找出學生無法射中靶心的「診斷性評量」（**diagnostic assessment**）。最後，為了選出代表學校出賽的選手，教練會讓學生進行比賽，從中評選出參加校外射箭比賽的選手，此種評估屬於遴選參賽選手的「總結性評量」（**summative assessment**）。

評量活動是整個教學活動的一個重要環節，Glaser（1962）提出教師在規劃教學活動的四步驟之教學模式：第一步驟是訂定教學目標，亦即教師先確定期待學生學習到的學習成果。其次，是評估學生的起點行為；接續是進行教學活動；最後則是對學生學習成效的評量。

由於 Glaser（1962）是以教師的角度，思考如何提出有效教學模式，但若從學習者的角度而言，此四步驟教學模式的用語並不甚適切。筆者採用 Glaser 的教學模式架構，分別以教師教學規劃的觀點與學生學習歷程的觀點，提出對應的教學模式四步驟，如圖 1–1 所示。

圖 1–1
師生不同觀點的教學模式

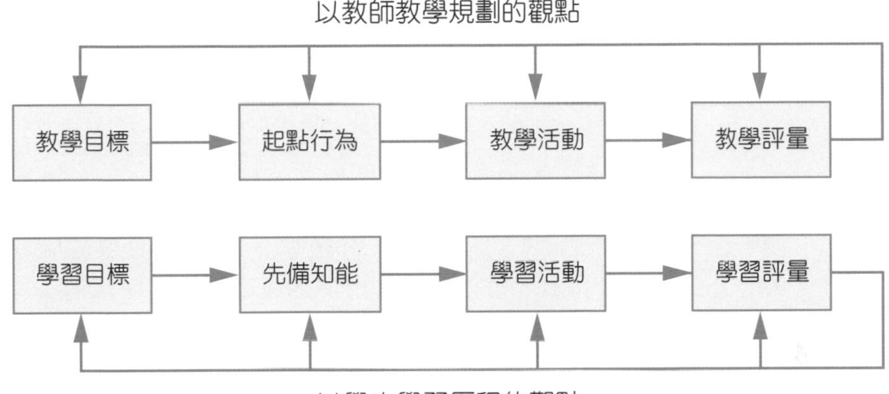

註：修改自 "Psychology and instructional technology," by R. Glaser, In R. Glaser (Ed.), *Training research and education* (p. 6), 1962, University of Pittsburgh Press.

出圖 1–1 可知，教師一開始先確定教學目標，此教學目標即是學生所欲達成的學習目標；在教學活動進行前，教師對學生起點行為進行評估，此即協助學生評估自己是否具先備知識與能力；教師開始進行教學活動，而學生則是參與學習活動；教師在教學活動後，進行教學評量，此評量活動即是評估學生學習成果的學習評量。以學生為主體的自主學習角度思考，教師應該引導學生自訂學習目標、自行評估先備知能、自行規劃學習活動、進行自我評量。

底下將分別介紹學習評量的意涵，以及學習評量的目的。

一、學習評量的意涵

在教室的現場，一位教師每天的例行工作項目，除了教學活動占據較多的時間之外，教學評量的工作，也占了許多教師不少的時間。根據 Stiggins 與 Conklin（1992）的研究指出，教學評量活動大約占了教師三分之一的上課時間，顯見教學評量活動是每位教師很重要的一項工作。

以下有幾個關於學習評量的活動，經常發生在中小學教學現場不同年段的不同年級中。

❖ 趙老師是一所幼稚園的老師，她正仔細觀察一位大班的小朋友，能否根據作業單上指定的數字，正確無誤的排列出相同數量的硬幣。

❖ 李老師是一所國小五年一班的級任導師，昨天數學課的教學單元是「公因數與公倍數」，下課之前，即預告今天數學課一上課，就會進行小考。李老師昨天晚上很認真的出了一份十道題目的考卷，考題是有關如何找出兩個數值的公因數與公倍數，他打算今天一開始上數學課，即來個小考，看看學生是否熟悉「公因數與公倍數」這個單元的內容。

❖ 王老師、林老師、陳老師分別是同一所小型國中，七年一班、七年二班與七年三班的英文科任老師。由於這三個班級學生的英文程度有落差，因此，在學期開始上課之前，三位老師即決定共同採用學科能力分班的上課方式，來解決各班學生英文程度參差不齊的教學困擾。由王老師負責教導英文程度較佳的學生，林老師教導英文程度中等的學生，而陳老師則是教導英文程度較差的學生。為了有效的進行學科能力分班，三位老師編製一份「國中七年級英文測驗」，在開學的第一堂課，即以這份測驗，對這三個班級的學生進行施測，並以該份測驗的得分高低，作為學科能力分班的依據。

❖ 蕭老師是高一的國文老師，今天學校舉行第一次段考，早上第一節蕭老師得去監考國文，考試的範圍包含第一單元至第五單元。在監考的過程中，蕭老師注意到平常上課很認真的同學，寫考卷寫得很順暢，而那些上課較不專心的同學，常有不知如何下筆的困窘情形發生。

上面的四個例子，分別發生在幼稚園、小學、國中與高中的教學情境中。各級學校的教師在每天的教學過程中，都可能會接觸到評量活動，顯見教學評量對教師而言，是一項相當重要的工作。

在介紹學習評量的意涵時，有必要先釐清「測驗」、「測量」、「評量」

與「評鑑」等四個常容易造成混淆的重要概念。這四個概念看似相似，常容易讓讀者混淆。

「測驗」的英文詞彙是 **test**，它是指一個工具或是程序，用以獲得學習者的學習表現。在學校的教學情境中，最常見的測驗就是教師自編的平常考或段考的考卷。這些教師自編的測驗工具，常包含是非題、選擇題、配合題、填充題、計算題、簡答題、問答題……等各種的試題類型，透過學生在這些試題的得分高低情形，教師就可以瞭解學生的學習表現。

「測量」的英文詞彙是 **measurement**，它是指根據一套規則，針對行為、特質或屬性，給予一個數字的歷程。測量這個概念是很強調量化的，所以一提到測量，就知道一定會產生相對應的數字。例如，在學校的教學情境中，國中八年級英文教師以國中八年級標準化英文成就測驗，對全班同學進行施測，全班每位同學都獲得一個分數，這個歷程就是屬於測量，此測量是在瞭解學生的英文能力。

「評量」的英文詞彙是 **assessment**，它是指透過系統化的測驗或其他評量方式，獲得學習者的學習狀況，並對學習者學習狀況進行價值判斷的歷程。例如前面提到國中八年級英文老師，想瞭解學生的英文學習成果，除了採用標準化的成就測驗之外，也透過觀察的方法，評估學生學習英文的用功程度，以及採用實作表現的方式，評估學生英文朗誦的發音情形。此種採用測驗、觀察、實作等多種評量方式，蒐集學生的學習成果，就是屬於評量的歷程。評量除了以測量或其他的方法，瞭解學習者的學習狀況之外，還需對學習者的學習狀況提出價值判斷。例如 A 生在標準化英文成就測驗的得分為 95 分，但是 A 生上英文課的學習態度不佳，英文老師給 A 生的評量結論是英文學業成果不錯，但英文學習歷程的學習態度待加強。

「評鑑」的英文詞彙是 **evaluation**，它是指透過系統化的評估方法，瞭解某項政策或某個專案的實行績效。評鑑一詞較常使用在對機構或計畫的評判，例如某國小推動一個「兒童閱讀運動」，鼓勵每個年級的學生一學期至少閱讀十本課外讀物。校長想要瞭解這個「兒童閱讀運動」的實施成效，於學期結束後，可根據每個年級有多少百分比的學生達到一學期至少閱讀十本課外讀物的標準，來評鑑這個「兒童閱讀運動」的實施成效。

由上面的說明可知，「評量」的涵義是比較廣的，它包含由「測量」或「非測量」所獲得的資料，並且需對這些資料進行價值判斷。「測驗」則是「測量」或「評量」的一種工具。「評鑑」雖具有「評量」的功用，但其關切的對象主要是機構或計畫，而非學習者。

綜合上述有關「測驗」、「測量」、「評量」與「評鑑」的概念之後，所謂的學習評量是指「教師透過測驗或其他有系統的評量方式，蒐集、整理和解釋有關學生學習成果的資料，用以瞭解和評價學生的學習表現和學習成就」。

二、學習評量的目的

學習評量活動的實施，有其目的性。一般而言，學習評量大致可達成下列幾項的目的：

㈠協助學生瞭解自己的學習成果

學習評量可提供學生檢視學習成果的機會，透過學習評量的結果，學生除了可以瞭解自己的學習狀況，也可以和其他同學的學習成果相互比較。

㈡提供學生的學習回饋

教學活動進行中或結束後，教師對學生所進行的評量活動，可以提供學生學習回饋的資料，讓學生瞭解自己哪些教學單元的內容，學習得比較好；哪些教學單元的內容，則需要再加強。

㈢提供學生生涯輔導的資料

透過學習評量，可以提供學生升學或就業所需的參考資料。例如，國中升高中職時，可透過學習評量的資料，協助學生選擇適合就讀的高中或高職。而高一升上高二時，也可藉由學習評量的資料，協助學生挑選適合自己性向的文組或理組就讀。

㈣促進學生的學習動機

學習活動對於學生而言，是一項需要耗費時間與精力的活動，學生若缺乏學習動機，便不會樂於參與學習活動。因此，如何引起學生的學習動機，是教師在教學歷程中，相當重要的一項工作。透過學習評量的活動，可產生一股督促的力量，促進學生的學習動機。

㈤提供教師教學計畫的參考

為了讓教學活動能順利進行，教師在進行教學活動之前，應先瞭解學生是否具備足夠的先備知識。藉由學習評量的活動，可以協助教師瞭解學生的起點行為，是否足以學習該單元的教材。

㈥提供教師教學的省思

教師教學結束後所進行的教學省思，有助於提升教師本身的教學效能。而藉由學生的學習評量結果，教師除了可以掌握學生的學習狀況，也可以反省自己的教學活動，是否有需要調整或修正的地方。

㈦提供家長有關學生的學習狀況

學生的評量結果，可以提供家長瞭解自己子女的學習成就，家長也可根據評量結果，與教師討論小孩在學校的學習狀況。

綜合上述的討論可知，不論是對學生、教師或家長，學習評量活動都有其重要性。雖然學習評量可達成許多重要目的，但也常造成許多反效果。例如學習評量容易引起學生的測試焦慮，容易根據評量結果對學生進行不同能力的不當分類，容易迫使教師接受「考試領導教學」的教學方式，容易導致家長對測驗分數斤斤計較的心態。因此，教師在進行學習評量活動時，除了瞭解其所達成的目的之外，也應該小心避免其可能帶來的負作用。

第二節　教師評量素養

我國已開始推動強調「素養導向」教學與評量的 108 課綱，針對素養導向的教學與評量能否順利被推動，吳清山（2018）指出素養導向教育是當前 108 課綱的重要教育改革課題。教師要能教導出有素養的學生，本身應具備一定的專業素養，而中小學教師的專業素養是當前 108 課綱推動成功與否的重要關鍵。

中小學教師是否具備足夠的評量專業知能，得以勝任繁雜的評量工作？根據 Schafer 與 Lissitz（1987）針對美國一千多位主修行政、學校輔導、中教社會科學領域、中教數學領域、中教英語領域、中教自然科學領域、小教、特教等中小學教師，進行有關修習評量相關課程的調查研究。研究結果顯示，排除學校輔導與特教領域（這兩個學科領域有強制要求至少需修習幾門的評量相關課程），其他領域的教師，在師資職前教育階段，有 49% 的受試者回答並未強制被要求修習評量相關課程。

針對中小學教師是否具備足夠的評量專業知能，美國教師聯合會（American Federation of Teachers）、美國教育測驗協會（National Council on Measurement in Education）、美國教育學會（National Education Association）等三個機構，於 1990 年提出一位適任的教師，應具有七項「教師對學生實施教育評量的能力之標準」（Standards for Teacher Competence in Educational Assessment of Students）。

1. 教師應有能力選擇適合其教學決策的評量方式。
2. 教師應有能力發展適合其教學決策的評量方式。
3. 教師應有能力施測、評分及解釋外在決定或教師決定的評量方法之評量結果。
4. 當教師在對個別學生、教學計畫、發展課程，以及學校革新建議等方面做決策時，應有能力善用評量結果。
5. 教師應有能力透過同儕評量方式，發展出有效的同儕評分程序。

6. 教師應有能力與學生、家長、其他人、其他教育者，溝通評量結果。

7. 教師應有能力辨別出不合倫理、不合法，以及其他不適當的評量方法與評量資料的使用。

我國教育部（2016）公布《中華民國教師專業標準指引》，提出十大教師專業標準及二十九項教師專業表現指標，如表 1–1 所示。其中第五項教師專業標準為「運用適切方法進行學習評量」，包含三項教師專業表現指標如下：

5–1：教師應瞭解各種評量方法之特性與限制，依據教學目標，善用各種評量活動，評估學生學習狀況，並將評量結果回饋至教學活動，以改進教學設計。

5–2：教師應運用評量結果分析資料，瞭解學生優劣勢，以提供學生具體的學習回饋及指導，引導學生評估自己的學習成果，調整適合自己的學習策略與學習計畫。

5–3：教師應覺察學生身心特質與個別學習需求之差異，並瞭解相關的評量方式，以發現學生之學習困難，進而設計個別化的教學與評量。此外，教師應具備轉介與鑑定流程的概念，視學生個別需求尋求學校行政、社區網絡及社會支持系統的協助。

表 1–1

中華民國教師專業標準指引

專業標準		專業表現指標	
1.	具備教育專業知識並掌握重要教育議題	1–1	具備教育專業知能（與涵養）。
		1–2	瞭解學生身心特質與學習發展。
		1–3	瞭解教育階段目標與教育發展趨勢，掌握重要教育議題。
2.	具備領域／學科知識及相關教學知能	2–1	具備任教領域／學科專門知識。
		2–2	具備任教領域／學科教學知能。

表 1–1　（續）

3.	具備課程與教學設計能力	3–1	參照課程綱要與學生特質明訂教學目標，進行課程與教學計畫。
		3–2	依據學生學習進程與需求，彈性調整教學設計及教材。
		3–3	統整知識概念與生活經驗，活化教學內容。
4.	善用教學策略進行有效教學	4–1	運用適切教學策略與溝通互動技巧，幫助學生學習。
		4–2	運用多元教學媒介、資訊科技與資源輔助教學。
		4–3	依據學生學習表現，採取補救措施或提供加深加廣學習。
5.	運用適切方法進行學習評量	5–1	採用適切評量工具與多元資訊，評估學生能力與學習。
		5–2	運用評量結果，提供學生學習回饋，並改進教學。
		5–3	因應學生身心特質與特殊學習需求，調整評量方式。
6.	發揮班級經營效能營造支持性學習環境	6–1	建立班級常規，營造有助學習的班級氣氛。
		6–2	安排有助於師生互動的學習情境，營造關懷友善的班級氣氛。
		6–3	掌握課堂學習狀況，適當處理班級事件。
7.	掌握學生差異進行相關輔導	7–1	瞭解學生背景差異與興趣，引導學生適性學習與發展。
		7–2	瞭解學生文化，引導學生建立正向的社會學習。
		7–3	回應不同類型學生需求，提供必要的支持與輔導。
8.	善盡教育專業責任	8–1	展現教育熱忱，關懷學生的學習權益與發展。
		8–2	遵守教師專業倫理及相關法律規範。
		8–3	關心學校發展，參與學校事務與會議。
9.	致力教師專業成長	9–1	反思專業實踐，嘗試探索並解決問題。
		9–2	參與教學研究／進修研習，持續精進教學，以促進學生學習。
		9–3	參加專業學習社群、專業發展組織，促進專業成長。
10.	展現協作與領導能力	10–1	參與同儕教師互動，共同發展課程與教學方案，展現協作與領導能力。
		10–2	建立與家長及社區良好的夥伴合作關係。
		10–3	因應校務需求，參與學校組織與發展工作，展現領導能力。

註：引自中華民國教師專業標準指引（頁 7），2016，教育部。

不論是美國教師聯合會、美國教育測驗協會與美國教育學會所提出的七項教育評量的能力標準，或是我國教師專業標準指引第五項有關學習評量的教師專業標準，皆主張教育評量或學習評量是教師重要的專業知能。

有關中小學教師進行評量活動的專業知能之探究，Stiggins（1991）最早提出「評量素養」（assessment literacy）的概念。為了說明評量素養的意涵，Stiggins 比較「評量文盲者」（**assessment illiterate**）與「評量素養者」（**assessment literate**）的差別。評量文盲者不瞭解如何產出高品質的成就資料，也無法嚴謹的評估所使用的資料。評量文盲者只會接受成就資料的表面價值，且容易被技術性訊息與複雜測驗分數嚇到。相對地，具評量素養者對高品質與低品質的評量意義有基本瞭解，且能將這些知識運用到學生學習成就的各種測量結果。具評量素養者懂得詢問關於學生學習成就評量的兩個關鍵問題：這個評量能否讓學生瞭解我們所重視的成就結果，以及這個針對學生進行的評量最有可能會有什麼效果。

何謂評量素養？Willis 等人（2013）認為評量素養是一種動態的情境依賴之社會實踐，它是教師針對一開始的評量活動設計與評量實務，如何用以評估學生是否達成其學習目標，而跟其他教師、學習者，清楚闡明與協商的教室與文化之知識。

對於教師評量素養的重要性，White（2009）曾引用 Villaneuva 於 2007 年提出的主張：若能提升教師的評量素養，就能有更適切的評量活動；有更適切的評量活動，就能有更好的教學活動；有更好的教學活動，就能獲得更好的學習成效；有更好的學習成效，就能培育更好的學生；有更好的學生，就能有機會獲得更好的生活。

自從 Stiggins（1991）提出「評量素養」概念後，測驗評量學界開始關注中小學教師的「教師評量素養」，世界各國學者陸續提出有關教師評量素養的各種理論模式（DeLuca, et al., 2016）。

Xu 與 Brown（2016）認為目前學術界對教師評量素養的研究，常分別探討職前教師與在職教師的評量素養，未能從教師生涯發展的角度，同時考量職前教師與在職教師的教師專業素養。他們透過文獻分析的方式，搜尋 1990 年至 2015 年共 100 篇探究教師評量素養的論文。根據文獻分析結果，提出對師資培育的四項啟示：第一，教師需要堅實的評量素養知識基礎，而師資培育課程應該包含評量課程，作為課程與教師資格認定的學分。其次，教師評量素養的培訓是需要長期性、支持性、個別化的在職工作情境。第三，評量培訓的效能會影響教師對評量所持的概念、情緒、需求與先備經驗。第四，教師評量素養的發展，不單只是評量知識的累積，而是一組精緻化與情境化的相關素養之發展。

Xu 與 Brown（2016）從教師專業發展的角度（同時涵蓋職前教師與在職教師的發展歷程），配合教學現場的評量實務觀點，提出一個教師評量素養的實務取向之概念架構。此概念是一個由下而上的金字塔架構，包含六個部分：從最底部的「知識基礎」（knowledge base）、「教師的評量概念」（teacher conceptions of assessment）、「機構與社會文化情境」（institutional and socio-cultural contexts）、「教師評量素養實務取向的核心架構」（teacher assessment literacy in practice the core concept of the framework）、「教師學習」（teacher learning）與「教師作為評分者的自我認同之建構」（teacher identity (re)construction as assessors），如圖 1–2 所示。

圖 1–2 第二底層為「解釋與引導的架構」（interpretive and guiding framework），此部分是指教師對評量的概念，會做為教師如何看待評量理論與評量實務的參考依據，故此部分隸屬於「教師的評量概念」之下，並未單獨成為一個部分。

由圖 1–2 可知，教師評量素養的實務取向之概念架構，其「知識基礎」是其他部分的基底，知識基礎包含「領域知識與 PCK」、「評量目的、內容與方法的知識」、「評分的知識」、「回饋的知識」、「同儕評量與自我評量的知識」、「評量解釋與溝通的知識」與「評量倫理的知識」等七項與評量活動相關的知識。其中的 PCK 是「教師學科教學知能」（pedagogical content knowledge），是指教師統整學科領域的專門知識與教育學的專業知識，而形成的學科教學知能。

「教師的評量概念」在「知識基礎」的上一層，它對「知識基礎」扮

圖 1–2
教師評量素養的實務取向之概念架構圖

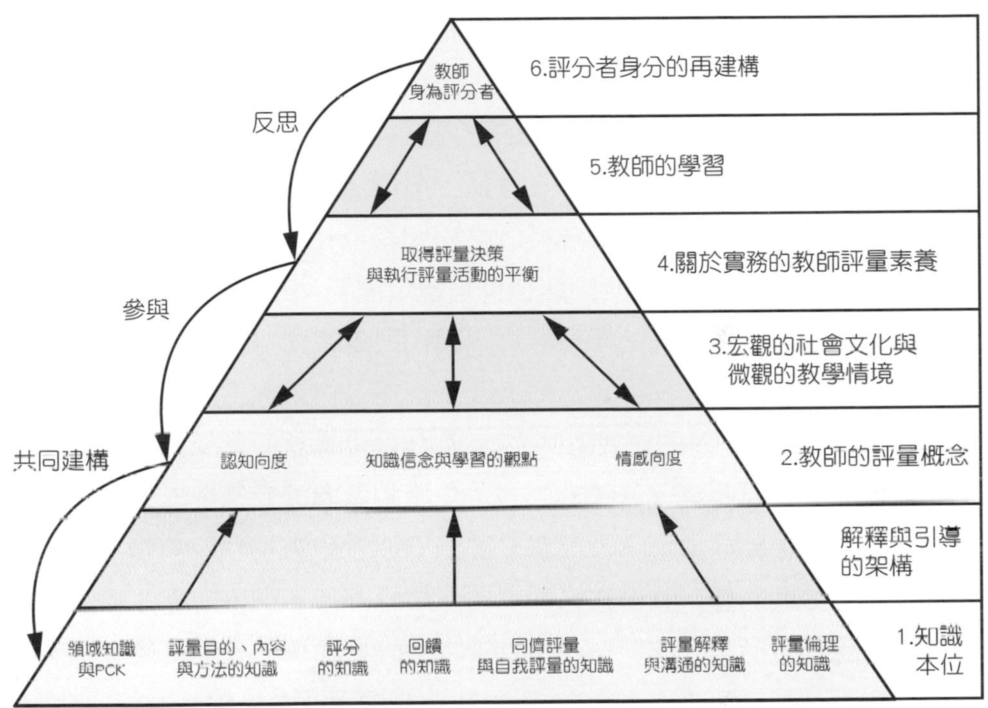

註：引自 "Teacher assessment literacy in practice: A reconceptualization," by Y. Xu. & G. T. L. Brown, 2016, *Teaching and Teacher Education*, *58*, p. 155.

演一個引導與解釋的重要角色。「教師的評量概念」同時包含認知與情意兩個部分，認知的部分會影響教師對評量的對錯之認定，情意的部分會影響教師採用不同評量方法的情緒傾向，而這兩個部分會同時受到教師對於評量的知識信念的影響，而教師的知識信念則會受到社會文化因素的影響。

教師個人的評量實務，除了受到教師對評量的概念之影響外，也會深刻受到「機構與社會文化情境」的影響。「機構與社會文化情境」常以政策、規範、規則、慣例的方式，來督促教師進行的評量活動應符合社會文化所期待的教育目標。

「教師評量素養實務取向的核心架構」，是一個動態的複雜實體，這個架構促使教師在面對宏觀社會文化與微觀教室情境等外在因素，以及個人的評量知識與對評量的概念等內在因素，從中取得一個評量的折衷狀態。故教師得在將評量視為檢核是否符合社會高品質期望的機制，或是將評量視為檢核是否達成學生個人學習目標的方式，而在實際的評量決策與評量行動中，取得一個折衷的評量方案。

「教師學習」是教師評量素養的重要關鍵，倘若一位教師不願持續學習，拒絕採用新的評量概念或評量方法，將無法提升其評量素養。教師的學習可透過自己的評量反思與參與評量相關學習社群兩種方式：教師願意反思自己所進行的評量活動，則能協助自己發展更適切的評量活動；另外，教師可透過參與評量相關的學術社群，藉由與專業同儕的互動，提升評量的專業發展。

「教師作為評分者的自我認同之建構」，是引導教師對於身為評分者角色的自我認同的再建構。傳統教師的角色比較偏向於教學者角色，學生的學習成效是藉由外部的總結性評量來評估（例如大型的升學考試）。現今的評量強調形成性評量，教師透過課室的形成性評量，來協助提升學生的學習成效。因而教師應先認同自己作為課室評分者的角色，唯有教師評分者角色的自我認同被建構之後，才能激勵教師想要提升自身評量素養的動力。

圖 1–2 教師評量素養的實務取向之架構圖，它是一個動態的循環歷程。「知識基礎」會直接影響「教師的評量概念」；「教師的評量概念」、「機構與社會文化情境」、「教師評量素養實務取向的核心架構」、「教師學習」與「教師作為評分者的自我認同之建構」彼此之間具有相互的影響力；而「教師作為評分者的自我認同之建構」則會透過教師的「反思」、「參與」與「共同建構」等歷程，而影響教師的「知識基礎」。如此的循環歷程，將不斷地形塑教師評量素養。

綜合上述對教師評量素養的介紹，可知實施評量活動是教師的重要專業責任。一位能勝任並進行評量活動的教師，應該有能力掌握各種評量方法的優缺點，願意採用不同評量方法，對學生的學習成效進行評估。對學生的評量結果，主動提供學生適切且必要回饋資料，鼓勵和協助學生針對評量回饋資料，調整自身的學習策略與方法。教師也應該跟學生、家長、其他同事，溝通與討論學生的評量結果，並作為修正教學活動的參考。教師也應關注學生身心特質與個別學習需求，提供符合其需求的評量方式，並應敏銳覺察評量過程中，是否會涉及評量倫理的相關議題。因此，從教師專業發展的角度，不論是正接受師資職前教育的師資生，或是現職的中小學教師，培養並精進自己的評量素養，以進行適切的評量活動，是一項重要且持續的目標，亦是一項教師專業表現的實踐，此即為本書書名的緣由。

第三節　評量與教學、評量與學習的關係

評量活動與教學活動，以及學習活動都有密切的關係。底下分別介紹評量活動與教學活動，以及評量活動與學習活動的關係。

一、評量活動與教學活動的關係

傳統上的教學，教學活動與評量活動比較像是一種主從的關係，教學活動是教學歷程的主角，評量活動則是主角表演結束之後，才登場的配角。教學活動與評量活動就變成兩個互為獨立的活動，教學活動是教師教導學生知識與技能的活動，評量活動只是單純用來知道學生學會多少知識與技能的活動。

隨著教學與評量觀念的革新，教育學者 McMillan（2007）主張完整的教學歷程應同時包含教學活動與評量活動，教學活動與評量活動也逐漸變成合作的伙伴關係，圖 1–3 顯示兩種活動的互動關係。

圖 1–3
教學活動與評量活動的關係

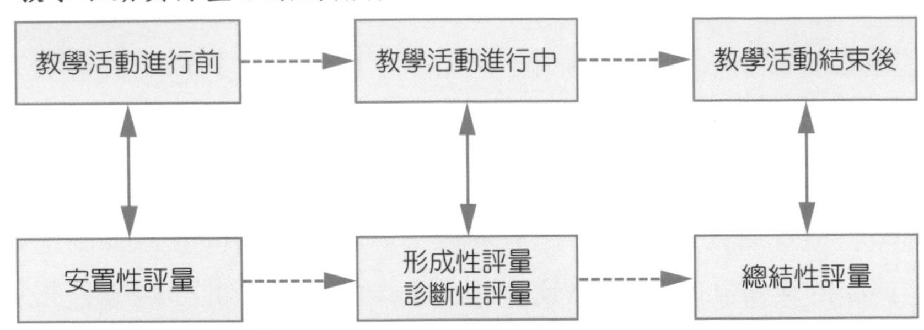

教師在教學活動開始之前，必須先瞭解學生是否具備足夠的先備知識，才能確定學生是否有能力學習該教學單元的教材。教師不論是採用課堂的提問，或是以測驗卷讓學生作答，都是屬於安置性的評量方式。由安置性評量所獲得的結果，可以協助教師瞭解學生的起點行為，可否直接進行教學活動，抑或是需要補足學生的先備知識。

教學活動進行中，教師為了瞭解學生的學習狀況，可使用小考、平時考等形成性評量的方式，評估學生是否清楚瞭解上課的內容。當教學活動進行中，發覺學生有學習困難的情形產生時，可採用診斷性評量，協助教師瞭解學生的迷思。

教學活動結束後，教師可選擇針對幾個不同的教學單元，進行總結性評量，用以協助教師與學生，瞭解學生的學習表現是否達到預期的目標。

由此可知，教學活動進行的前、中、後，都有與其相配合的評量活動。教師若能有效的整合教學活動與評量活動，將能獲得較佳的教學成效與學習成果。

二、評量活動與學習活動的關係

有關評量與學習的關係，Earl（2003）認為可以分成三種不同的取向：學習的評量（**assessment of learning**）、促進學習的評量（**assessment for learning**）、評量即是學習（**assessment as learning**）。

學習的評量取向，將評量當作是檢視學生學習狀況的一種方法，當教學單元結束後，才會進行總結性評量。學習的評量取向之評量，其目的是作為安置、升級、獲得某種資格的判斷依據。

促進學習的評量取向，將評量視為是協助學生學習的一種方法，在教學單元進行中，就會採用形成性評量，用以瞭解學生是否有學習的困難點，其目的是協助學生獲得更佳的學習成效。

評量即是學習取向，將評量設定為是一種學習，在評量的過程中，學生可以學到如何設定目標、如何監控所設定的目標，以及如何調整或修正所設定的目標，其目的是培養學生自我學習的能力。

McMillan（2007）將這三種學習與評量取向的特質，整理成表 1–2。

表 1–2
三種學習與評量關係取向的特質

學習的評量	促進學習的評量	評量即是學習
總結性	形成性	讓學生熱中於學習的評量本質
檢視學習成果	描述未來學習的需求	促進學生對學習的自我監控
教學單元結束後實施	教學單元進行中實施	教學單元進行中實施
經常使用常模計分方式；成績進行排名	評量作業提供教師修正教學活動	強調學生對於效標的知識，用以評鑑學習
試題從研讀的教材中命題	建議修正的教學	學生選擇修正的教學
一般性的	特定性的	特定性的
作為提供家長的報告	作為提供學生的回饋資料	促進學生的自我監控
可能會降低學生的動機	提升學生的動機	提升學生的動機
高效率，但膚淺的測驗	有深度的測驗	測驗提供學生學習
聚焦信度	聚焦效度	聚焦效度
延宕的回饋	立即的回饋	立即的回饋
總結性判斷	診斷性	診斷性

註：引自 *Classroom assessment: Principles and practice for effective standards-based instruction* (p. 16) by J. H. McMillan, 2007, Pearson.

由表 1–2 可知，就評量的目的而言，學習的評量取向是屬於總結性的成果檢視，提供家長知道學生的學習成果；促進學習的評量取向是屬於形成性的學習需求探索，提供學生學習的回饋資料；評量即是學習取向是屬於鼓勵學生成為自主的學習者，培養學生自我負責、自我監控的能力。

以評量的實施時間而言，學習的評量取向是在教學活動結束後才實施的，促進學習的評量與評量即是學習這兩種取向，都是在教學活動中進行的。就評量對學生學習動機的影響，學習的評量取向可能會導致學習動機的降低，而促進學習的評量與評量即是學習這兩種取向，則是會提升學生的學習動機。以評量的關注點而言，學習的評量取向關注於評量結果的一致性（信度），而促進學習的評量與評量即是學習這兩種取向，則是關注於評量結果的精確性（效度）。就評量結果的回饋時間點而言，學習的評量取向因為採用總結性評量，只能提供延宕的總結性回饋資料，促進學習的評量與評量即是學習這兩種取向，則可提供立即的診斷性回饋資料。

第四節　測量量尺的種類

測量是指根據一套量尺，對所欲探究的行為、特質或屬性，給予一個數字的歷程。例如想知道手上這枝鉛筆的長度，首先可以找一支 30 公分長的直尺，將鉛筆的一端對準直尺刻度為零的測量點，然後看看鉛筆另一端是在直尺的哪一個刻度上（假設為 24 公分），即可量出手上鉛筆的長度為 24 公分。像這樣為了瞭解鉛筆的長度，以公分為單位，量出 24 公分這個數字，即是一個測量的歷程。

上述測量鉛筆是屬於一個直接測量的例子，直尺的測量單位是公分，此即為一種測量量尺。對於個體的心理能力或心理特質的測量，是屬於一種間接測量，間接測量也需要根據一套測量量尺，來分配個體所具有的數字特徵。對於社會科學領域的測量量尺，Stevens（1946）提出四種測量量尺：名義量尺（**nominal scale**）、次序量尺（**ordinal scale**）、等距量尺（**interval scale**）、比率量尺（**ratio scale**）。底下針對這四類的測量量尺，說明其意涵。

一、名義量尺

名義量尺的使用，是根據個體的特質屬性，分配一個數字，以便區分個體特質所屬的類別。而所分配的數字，只是單純標示個體的類別，並不具有比較大小的特性。例如在比較班上這次段考的平均成績，是男生的平均成績比較高，或是女生的平均成績比較高時，我們常常會以 1 來代表男生，而用 2 來代表女生。然而此時的 1 和 2，並不具有數量大小的特質，亦即男生的 1 並不表示小於女生的 2，它們只是用來標示類別的作用，當被標示為 1 時，代表他是男生，當被標示為 2 時，代表她是女生。因此，評分者可以自由任意的選擇所欲標示的數字，例如你可將 1 用來標示男生，而以 2 來代表女生；你也可以選擇 300 來標示男生，而用 10 來代表女生。

除了性別這個變項是屬於名義量尺，另外，像信仰的宗教、居住的區域等變項，都是以名義量尺來進行類別的區辨。

二、次序量尺

次序量尺的使用，是根據個體的特質大小，分配一個數字，以便判斷個體特質的高低程度。所分配的數字，除了可以標示所屬的類別之外，另外，還可以作為判斷高低程度的依據。例如從班上同學的總成績中，挑選出前三名的同學，準備頒發獎狀給他們。總分最高的同學，其名次為第 1；總分第二高的同學，其名次為第 2；總分第三高的同學，其名次為第 3。此時分配給同學的名次數字，就不能像名義量尺是可以隨意變換的，例如總分最高的同學，分配的名次數字一定是第 1 名，而不可以任意更改為第 3 名。因為，第 1 名代表總分是全班最高，而第 3 名代表總分是全班第三高的。因此，次序量尺所分配的數字，是可以區隔出高低順序的。

三、等距量尺

等距量尺的使用，除了具有次序量尺的特性之外，還比次序量尺多了一個「等距」的條件。所謂的「等距」是指量尺上的任意兩點（A 點和 B 點）之間的差距大小若為 M，與另外兩點（C 點和 D 點）之間的差距大小也為 M，則我們可以得到 A – B = C – D，即為等距的特性。最常被用來說明等距量尺的例子，就是測量氣溫的攝氏溫度。攝氏溫度 10 和 20 的差距為 10 度，攝氏溫度 30 與 40 的差距也是 10 度，因而獲得 20 – 10 = 40 – 30 的等式，當這個等式是成立且有意義時，這種量尺即是屬於等距量尺。

四、比率量尺

比率量尺的使用，除了具有等距量尺的特性之外，還比等距量尺多了一個「絕對零點」（absolute zero）的條件。具有絕對零點的比率量尺，除了可以比較大小之外，也可以比較倍數的關係。例如屬於生理特質的體重，有真正的零公斤（具有絕對零點），因此，除了可以說體重 70 公斤比體重 35 公斤多重了 35 公斤之外，也可以進一步說體重 70 公斤是體重 35 公斤的 2 倍。

上述的這四種測量量尺，具有上下隸屬的階層化關係，名義量尺是屬於較下位的量尺，其作用僅能區隔不同的類別，故適用範圍最窄；次序量尺除了可以作為分類的依據，還可以比較大小順序；等距量尺除了可以分類與排序之外，還可進行差距大小的運算；而比率量尺屬於最上位的量尺，除了可以分類、排序、差距大小的運算之外，也可進行倍數的比較，其適用範圍最廣。

這四種測量量尺，普遍的使用在社會科學領域中，例如表 1–3 是一份「國中學生生活適應量表」的部分內容，在這份量表中，可以看出同時使用到名義、次序、等距與比率四種量尺。其中個人基本資料的性別是屬於名義量尺；不同的年級是次序量尺；身高與體重是比率量尺。而選填的李克特量表（Likert scale）選項中，若勾選「非常同意」得 5 分、「同意」得 4 分、「不確定」得 3 分、「不同意」得 2 分、「非常不同意」得 1 分，此種李克特量表的計分，嚴格來講，偏屬於次序量尺，但在量表計分的實務上，卻常以等距量尺的計分方式，來進行統計分析。

表 1–3
國中學生生活適應量表

國中學生生活適應量表

作答說明：請仔細閱讀下面每一道題目，針對「非常同意」、「同意」、「不確定」、「不同意」、「非常不同意」等選項，勾選符合你的看法的選項。

一、個人基本資料

性別：□男　　□女 ← 名義量尺

年級：□一年級　□二年級　□三年級 ← 次序量尺

身高：(　　　)公分
體重：(　　　)公斤 ← 比率量尺

等距量尺

（四種不同的量尺）

二、生活適應量表

	非常同意	同意	不確定	不同意	非常不同意
1. 我和班上同學的相處很融洽。…………	□	□	□	□	□
2. 國中的課業問題，給我很大的壓力。…………	□	□	□	□	□
・・・・・・					
・・・・・・					

第五節　學習評量的新趨勢

評量與教學、學習有密切的關連性，學習評量的發展，常受到不同的教學或學習理論，而有所改變。過去受到行為主義學習理論的影響，學習評量強調測量學習者的客觀行為表現，至於認知與情意則不是評量的重點。是非題、選擇題與配合題等試題，因計分方式較客觀，便成為最常採用的題型。然而大量採用是非題、選擇題與配合題等客觀性的試題，卻造成只測量到學習者低層次的事實性知識，無法有效評量高層次認知思考能力的現象（莊明貞，1995）。隨著認知學派的興起，學習評量不僅重視客觀的行為表現，也關心學習者認知與情意的發展情形。評量的試題除了有選擇題、是非題、配合題等客觀性試題之外，也加入簡答題、問答題、實作題等可評量學習者高層次思考能力的題型。

傳統單一的紙筆評量方式，存在著許多的缺失，例如採用的試題常與學生的日常生活情境無關、提供唯一的固定正確答案、只能評量到低層次的背誦能力、只有教師能擔任評分者……等等。隨著真實性評量、實作評量、檔案評量等多元評量理論的興起，採用的試題強調符合學生的日常生活情境、允許多種可能的正確答案、學生與家長也可成為評分者、強調評量學生的自我評量與自我省思能力、鼓勵評量學生高層次的問題解決能力。

有關學習評量的發展趨勢，Herman 等人（1992）曾比較傳統評量觀點與現代評量趨勢的差異，如表 1–4 所示。

表 1–4
學習評量的發展趨勢

傳統評量觀點	→	現代評量觀點
一、行為主義的學習和評量觀點 1. 單獨強調學習成果 2. 被動的反應者 3. 評量分散、獨立的知能 4. 忽略認知與情意對評量的影響 5. 分散的事實與技能的堆積	→	一、認知學派的學習和評量觀點 1. 強調評量的歷程 2. 主動的意義建構者 3. 評量統整和跨領域的知能 4. 關注後設認知（自我監控和學習策略技巧）與情意態度（影響學習和成就的動機或其他情意） 5. 強調知識的應用與使用
二、紙筆評量 1. 提供學生無關連與無意義的評量作業 2. 使用無脈絡的問題 3. 評量基本記憶能力 4. 單一的正確答案 5. 隱瞞評量的規準 6. 重視個人的名次	→	二、真實性評量 1. 提供學生有關連與有意義的評量作業 2. 採用有脈絡的問題情境 3. 評量複雜的思考能力 4. 多元的正確答案 5. 事先公開評量的規準 6. 重視個人的學習節奏與成長
三、單一事件的紙筆評量 1. 靜態結果的評量 2. 教師為唯一的評分者 3. 不強調學生的自我評量 4. 不重視學生對評量的省思	→	三、多次作品的檔案評量 1. 動態歷程的評量 2. 教師、學生、家長都可成為評分者 3. 強調學生的自我評量 4. 重視學生對評量的省思
四、評量單一向度的特質 1. 強調學生單一的能力 2. 強調學生能力的固定性 3. 不提供學生發展和展現多元能力的機會	→	四、評量多元向度的特質 1. 強調學生多元的能力與潛能 2. 強調學生能力的發展性 3. 提供學生發展和展現多元能力的機會
五、幾乎只強調個人評量 1. 不強調團體互動的技能 2. 強調評量個人的作品	→	五、強調個人與團體評量 1. 強調評量團體互動的技能 2. 強調評量團體的合作作品

註：修改自 *A practical guide to alternative assessment* (p. 13) by J. L. Herman, P. R. Aschbacher, and L. Winters, 1992, Association for Supervision and Curriculum Development.

由表 1–4 可知，就評量的理論依據而言，傳統評量是以行為主義為理論基礎，現代評量則是以認知學派為理論依據。就評量的真實性而言，傳統評量是以抽離日常生活情境的紙筆評量為主，現代評量的實作評量則強調提供日常生活情境。就評量的次數而言，傳統評量偏重一次的靜態評量結果，現代評量的檔案評量，強調多次蒐集學生的檔案作品，藉此瞭解學生的動態成長趨勢。就評量的向度而言，傳統評量偏重單一固定的認知能力，現代評量強調多元且具發展性的認知、情意、動作技能等知能。就評量的對象而言，傳統評量只著重評量學習者個人的知能，現代評量除了評量個人，也評量小組成員的合作能力。

第六節　重要的學習評量相關網站

現今為網路世代，許多重要資訊皆可透過網站獲取。針對學習評量的相關資訊與資源，也可透過相關網站獲得。例如教育部「國民及學前教育署」於 2015 年委託國立臺北教育大學建置「國民中小學課程與教學資源整合平臺」（https://cirn.moe.edu.tw/Facet/Home/index.aspx?HtmlName=Home&ToUrl），該平臺包含「課程綱要」、「新課綱推動」、「教學創新」、「標竿典範」、「領域教學」、「閱讀」、「學生學習」、「評量」、「學習扶助」、「輔導團專區」、「特色創新」與「行政專區」等十二構面，每個構面又細分成各種不同的網路資源。以「評量」這個構面為例，又細分成「國民中小學素養導向標準本位評量」、「國中教育會考」、「國際大型教育評比辦公室」、「PIRLS」、「TIMSS」、「ICCS」、「PISA」、「ICILS」與「全國中小學題庫網」等九個網站資源。

茲將針對「全國中小學題庫網」、「PISA」、「PIRLS」、「TIMSS」、「國民中小學素養導向標準本位評量」等五個網站，進行簡略的介紹。

一、全國中小學題庫網（https://exam.naer.edu.tw/）

全國中小學題庫網是由國家教育研究院所建置，該網站可以查詢自

106 學年度起，全國多所中小學各領域的段考考卷，讀者可藉由觀摩不同學校的段考試題，精進自身的命題專業知能。

二、PISA（https://pisa.irels.ntnu.edu.tw/）

「國際學生能力評量計畫」（Programme for International Student Assessment [PISA]）是由「經濟合作暨發展組織」（Organisation for Economic Cooperation and Development [OECD]）所舉辦。OECD 是全球三十多個國家所組成的國際組織，於 2000 年舉行第一次 PISA，並每三年舉辦一次，其評量對象為 15 歲學生，評量內容為閱讀、數學、科學等三個領域的素養，以及學習相關因素之問卷調查。臺灣於 2006 年第一次參與 PISA 的調查，我國 15 歲學生的閱讀成績名列第 16 名、數學第 1 名、科學第 4 名。

三、PIRLS（https://cirn.moe.edu.tw/Module/index.aspx?sid=1201）

「促進國際閱讀素養研究」（Progress in International Reading Literacy Study [PIRLS]）是一項評估四年級兒童的閱讀能力之國際性評比，它是由「國際教育成就評量協會」（International Association for the Evaluation of Educational Achievement [IEA]）所舉辦。自 2001 年開始舉辦，每五年舉辦一次，主要是評估兒童閱讀素養成就。臺灣於 2006 年首次參與 PIRLS，四年級學生的閱讀成績名列第 22 名。

四、TIMSS
（https://cirn.moe.edu.tw/WebContent/index.aspx?sid=1202&mid=13908）

「國際數學與科學教育成就趨勢調查」（Trends in International Mathematics and Science Study [TIMSS]），亦是由國際教育成就評量協會（IEA）所舉辦。TIMSS 第一次於 1970 年評估國中八年級學生的數學與科學的成就趨勢。自從 1995 年起，改為每四年舉辦一次，並同時納入國小四年級與國中八年級學生的數學與科學成就趨勢。臺灣於 1999 年首次參與第三次國際數學與科學教育成就研究後續調查（TIMSS REPEAT），國中八年級學生的科學成績第 1 名，數學成績第 3 名。

五、國民中小學素養導向標準本位評量

（https://sbasa.rcpet.edu.tw/SBASA/HomePage/index.aspx）

教育部自 2011 年起即委託國立臺灣師範大學心理與教育測驗研究發展中心，依據課綱發展各領域教師可在平時課室採用的評量標準。期望透過全國一致性的評量標準，用以檢視學生在校的學習成效。藉由提供評量標準與示例，除了可以適時地給予教師教學與學生學習狀況的回饋，更有助於教師瞭解學生學習成果的定位點，作為教學計畫與教學實務改善的參考依據（曾芬蘭等人，2018）。

第七節　總　結

對學生進行學習評量，是教師日常教學活動的一項重要工作。因此，一位教師除了應該瞭解評量活動的目的與可能帶來的缺點之外，也應該具有編製測驗、具備施測和計分、對評量結果正確解讀的能力。

另外，課堂教學活動的理論基礎，從早期的行為主義學習理論，轉變成現今的認知學派學習理論，評量活動也受到此種學習理論轉變的影響，從強調單一的紙筆評量，轉變成強調多元的真實性評量。一位教師也應該清楚掌握紙筆評量與多元評量各有何優勢與限制，才有能力選擇適合學生的評量方式。

第一章 習題

一、請回想你求學的經驗，看看學習評量活動對你有何正向和負向的影響？

二、請回想你求學的經驗，看看哪一位教過你的老師，所採用的學習評量方式，讓你印象最深刻？

三、請探討「考試」這個概念與「學習評量」有何關連性？

四、請你判斷教育與心理測驗所獲得的分數，根據次序量尺與等距量尺的定義，應該是屬於次序量尺或是等距量尺？

五、請蒐集學習評量的相關資料，看看還有哪些新的發展趨勢？

六、假若你是一位國中導師，學校規定段考成績不可以公布校排名與班排名，但班上有多位家長跟你反應，是否可以在不出現學生姓名的情況下，提供校排名與班排名，請問你會如何回應這些家長的要求？

第二章　雙向細目表對學習評量的重要性

「雙向細目表」(**two-way table of specification**)是教師在進行測驗編製時的重要工具，所以也被稱為「測驗編製的藍圖」(test blueprint)。雙向細目表是一個包含「教材內容」與「學習目標」兩個向度的表格，它引領教師根據所欲評量的各單元內容與學習目標，規劃題目的類型、數量、比重，以確保教師編製的測驗具有適切的效度(DiDonato-Barnes, et al., 2014)。

由於學習目標是雙向細目表的重要成分，故底下先介紹學習目標的相關概念，再接續介紹如何編製雙向細目表。

第一節　學習目標的功能與種類

學習目標與學習評量是整個教學活動中，相當重要的兩個部分。學習目標是學習評量的引領燈塔，指引著學習評量的評量方向，而學習評量的評量結果，可檢視學習目標是否需要修正，兩者具有密切的關連性。學習目標是進行學習評量時，首要確定的評量重點。因此，本節主要介紹學習目標的概念，並分成兩個部分，首先介紹學習目標的功能，其次再介紹學習目標的種類。

一、學習目標的功能

所謂的學習目標是指學生在教學單元結束時，所應展現的學習表現，這些表現主要包括知識、技能與情意態度等。為了達到協助學生獲得知識、技能與情意態度等學習成果的目的，教師在進行學習活動之前，必須思索三個重要的問題：

1. 學生應該獲得哪些學習成果（知識、技能、情意態度）？

2. 教師該採用哪些教材與學習活動，來協助學生獲得教師所期待的學習成果？

3. 教師該如何確定學生是否達到被期待的學習成果？

上述的第一個問題牽涉到「學習目標」的議題，學習目標可分成廣泛性與特定性兩種類別。廣泛性的學習目標，通常都是國家或地區的教育行政機構或學術團體所訂定的；特定性學習目標則是由教師根據國家或地區訂定的廣泛性學習目標，配合學習活動的教材內容，所訂定更具體化的單元學習目標。

第二個問題牽涉到「學習活動和教材」的議題，教材是學生學習知識的重要媒介，學習活動則是師生針對教材內容所進行的知識傳授活動。

第三個問題是有關「學習評量」的議題，學習評量的實施，是用來檢核學生是否有達到所預期的學習目標。

上述的三個問題彼此之間有密切的關連性，例如，學生預期的學習成果，可以引導學習活動的進行；學習活動的內容是學習評量的主要依據；藉由學習評量可以評估學生是否達到預期的學習目標。Anderson（2002）即以圖 2–1 說明「學習目標」、「學習活動和教材」與「學習評量」三者的關係。

圖 2–1

學習目標、學習活動和教材，以及學習評量三者的關係

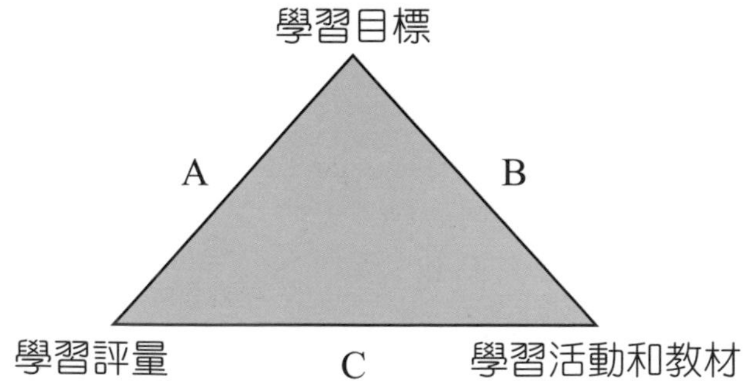

註：引自 "Curricular alignment: A re-examination," by L. W. Anderson, 2002, *Theory into Practice*, *41*, p. 255.

圖 2–1 三角形的 A 邊表示學習目標與學習評量的關係，學習目標是學習評量的重要參考指標，學習評量具有評估是否達到學習目標的功能；三角形的 B 邊表示學習目標與學習活動的關係，學習目標能引導學習活動的進行，學習活動是達成學習目標的手段；三角形的 C 邊表示學習活動與學習評量的關係，學習活動是學習評量的主要依據，學習評量是學習活動成果的檢驗。由此可知，學習目標、學習活動和教材，以及學習評量三者具有密切的關連性。

學習目標除了上述對學習活動與學習評量有引導的功能之外，Nitko 與 Brookhart（2007）也提出學習目標具有下列幾點功能：

1. 可協助教師或課程設計者，讓他們自己的教育目標更加清晰呈現。
2. 可讓教師與同學、父母、其他教師、學校行政人員或社會大眾，溝通教學的目的。
3. 可提供教師分析學習活動的內容，以及建構學習活動的基礎。
4. 可描述特定的實作表現，教師可據此評估教學的成功與否。
5. 可幫助教師聚焦和釐清與父母對教育目標的討論。
6. 可讓學生清楚知道他們被期待的學習表現，藉此引導自己的學習歷程。
7. 可讓個別化教學更容易。
8. 可協助教師評鑑和改進教學歷程與學習目標。

二、學習目標的種類

若根據範圍而區分的話，學習目標可分成廣泛性與特定性的兩種類型。廣泛性的學習目標通常是指由國家所制訂的教育宗旨，較強調一般性的教育目標，例如我國的《教育基本法》第二條提到「教育之目的以培養人民健全人格、民主素養、法治觀念、人文涵養、愛國教育、鄉土關懷、資訊知能、強健體魄及思考、判斷與創造能力，並促進其對基本人權之尊重、生態環境之保護及對不同國家、族群、性別、宗教、文化之瞭解與關懷，使其成為具有國家意識與國際視野之現代化國民」。

特定性的學習目標是指課堂學習的單元目標或是具體目標，強調某個單元的學習目標。例如國中九年級自然領域的「力與運動」學習單元，其學習目標設定為「瞭解力和物體運動狀態變化之間的關係」、「知道外力、質量及加速度三者之間的關係」與「瞭解牛頓第二運動定律的意義」，這三個特定性的學習目標，都是期待學生學習「力與運動」這個學習單元，能夠獲得的學習成果。

若以領域而言，學習目標大致可以分成認知領域（**cognitive domain**）、情意領域（**affective domain**）、動作技能領域（**psychomotor domain**）等三大類。認知領域的學習目標強調學習者在教學歷程中，所被期待獲得有關知識或認知歷程的學習結果；情意領域的學習目標是指所被期待獲得有關情意、態度、興趣等學習結果；動作技能領域的學習目標是指所被期待獲得有關動作表現、動作技能的學習結果。

㈠認知領域的學習目標

認知領域學習目標的分類，有許多學者專家提出主張，但其中以 Bloom 等人（1956）所提出的分類方式，對學習評量的影響力最大。Bloom 等人將認知領域的學習目標分成知識、理解、應用、分析、綜合、評鑑等六個類別，除了應用這個層次，其他每個層次都包含幾個不等的次類別，如表 2–1 所示。

知識是最低層次的學習目標，它是指學習者能記住所學到的東西，例如能記住第一次世界大戰發生於西元 1914 年。

理解的學習目標強調學習者能清楚瞭解所學的東西，例如能說出美國加入第一次世界大戰的原因是德國採用「無限制潛艇」政策。

應用的學習目標是指學習者能將所學的東西，運用到新情境，例如在一張世界地圖上，使用兩種顏色的彩色筆，標示出第一次世界大戰分屬同盟國與協約國的國家。

分析的學習目標是指學習者能解析所學東西的成分，例如探討人類發生第一次世界大戰的近因與遠因。

表 2–1

Bloom 等人（1956）認知領域學習目標的六個類別

1.0 知識
- 1.10 特定事物的知識
  - 1.11 術語的知識
  - 1.12 特定事實的知識
- 1.20 處理特定事物的方法之知識
  - 1.21 慣例的知識
  - 1.22 趨勢與順序的知識
  - 1.23 分類與類別的知識
  - 1.24 規準的知識
  - 1.25 方法論的知識
- 1.30 某領域的普遍和抽象之知識
  - 1.31 原則和通則的知識
  - 1.32 理論與結構的知識

2.0 理解
- 2.1 轉譯
- 2.2 解釋
- 2.3 推斷

3.0 應用

4.0 分析
- 4.1 元素的分析
- 4.2 關係的分析
- 4.3 組織原理的分析

5.0 綜合
- 5.1 獨特溝通的產出
- 5.2 計畫或一套運作的產出
- 5.3 一套抽象關係的產生

6.0 評鑑
- 6.1 依據內在證據的判斷
- 6.2 依據外在效標的判斷

註：引自 *Taxonomy of educational objectives: The classification of educational goals. Vol. Handbook I: Cognitive domain* (pp. 201–207) by B. S. Bloom, M. D. Engelhart, E. J. Furst, W. H. Hill, & D. R. Krathwohl, 1956.

綜合的學習目標是指學習者將分析所獲得的訊息，統合成一個新的知識組織，例如將人類發生第一次與第二次世界大戰的原因，整理統合人類可能發生世界大戰的主要原因。

評鑑是最高的學習目標，是指學習者能根據某個評量的標準，針對所學的東西，進行價值評判，例如根據人類發生兩次世界大戰的原因，評估目前的國際局勢，有沒有可能發生第三次世界大戰。

由此可知，「知識」的學習目標是指期待學生能記住所學的事實、概念、原則等，是學習活動最基礎的要求。「理解」是希望學生能對所學的知識，有相當程度的瞭解，知道知識的來源、知識之間的關連性等。「應用」是期待學生能將所學的概念、原理原則等，靈活且適當的運用在所面臨的問題情境中。「分析」是希望學生能透過比較、區辨、解構等方式，解析知識的組成元素。「綜合」是期待學生能將所學的各類知識，統合成一個新的知識組織。「評鑑」是希望學生能根據某一套標準，對被評判的事物，進行價值判斷。

㈡情意領域的學習目標

有關情意領域學習目標的分類，Krathwohl 等人（1964）將情意領域的學習目標分成接收、反應、珍視、組織、價值內化為性格等五個類別，如表 2–2 所示。

情意領域每個類別的學習目標都包含幾個不等的次類別，例如第一個類別「接收」包含「覺知」、「有意願接收」、「挑選性注意」等三個次類別。情意領域這五類的學習目標，可視為是學習者情意價值的形塑歷程。一開始學習者先接收到有關情意價值的訊息。其次，在適當的情境中，學習者願意對所接收的情意價值有所反應。接著，在價值形成的歷程中，學習者懂得珍視所接受的價值。然後，學習者將所接受的價值進行統整，使其形成一個有系統的價值組織。最後，學習者則是將所形成的價值體系內化至個人的性格中。

表 2–2
Krathwohl 等人（1964）情意領域學習目標的五個類別

1.0 接收
1.1 覺知
1.2 有意願接收
1.3 挑選性注意
2.0 反應
2.1 默認
2.2 有意願反應
2.3 滿足
3.0 珍視
3.1 價值的接受
3.2 價值的喜愛
3.3 承諾
4.0 組織
4.1 價值的概念化
4.2 價值系統的組織
5.0 價值內化為性格
5.1 通則
5.2 性格

註：引自 *Taxonomy of educational objectives: Handbook II: The affective domain* (pp. 186–187) by D. R. Krathwohl, B. S. Bloom, & B. B. Masia, 1964.

㈡動作技能領域的學習目標

有關動作技能領域的學習目標，Harrow（1972）曾依據不同類型的動作技能，將動作技能領域的學習目標分成反射動作、基礎功能性動作、知覺性能力、肢體性能力、技巧性動作，以及非話語性溝通等六個類別，如表 2–3 所示。

動作技能領域每個類別的學習目標都包含幾個不等的次類別，例如第一個類別「反射動作」包含「分節反射動作」、「交互分節反射動作」、「頂節反射動作」等三個次類別。這六個類別的動作技能，從最直覺的反射動作，藉由不斷的練習，依序不斷的發展，最後發展成意識性的溝通動作。

表 2–3
Harrow（1972）動作技能領域學習目標的六個類別

1.0 反射動作
1.1 分節反射動作
1.2 交互分節反射動作
1.3 頂節反射動作
2.0 基礎功能性動作
2.1 位移性動作
2.2 非位移性動作
2.3 操控性動作
3.0 知覺性能力
3.1 活動感知辨別能力
3.2 視覺的辨別能力
3.3 聽覺的辨別能力
3.4 觸覺的辨別能力
3.5 協調能力
4.0 肢體性能力
4.1 耐力
4.2 力氣
4.3 柔軟度
4.4 敏捷度
5.0 技巧性動作
5.1 簡單的適應性技巧
5.2 混合的適應性技巧
5.3 複雜的適應性技巧
6.0 非話語性溝通
6.1 表情性動作
6.2 詮釋性動作

註：引自 *A taxonomy of the psychomotor domain* (pp. 182–183) by A. J. Harrow, 1972.

 第二節　認知領域學習目標的分類

情意領域與動作技能領域的學習目標，不易藉由紙筆評量的方式，評量出學習者的學習成果，而認知領域的教學則較適合透過紙筆評量的方式。

由於認知領域的學習目標與教室的學習評量有較密切的關連性，因此，有必要針對認知領域的學習目標，進行更清楚的介紹。

自從 Bloom 等人（1956）提出認知領域六個層次的學習目標之後，他們的觀點對於課程、教學、評量都產生相當深遠的影響。經過約四十年之後，隨著認知心理學累積許多對人類處理訊息的研究成果（例如注意力、短期記憶、長期記憶、陳述性知識、程序性知識、後設認知……等），許多心理與教育學者呼籲應該把認知心理學的研究成果，加入認知領域的學習目標中。

Anderson 等人（2001）經過多年的討論，終於回應了許多心理與教育學者的呼籲，出版了《學習、教學與評量的分類：Bloom 教學目標分類的修正》（*A Taxonomy for Learning, Teaching, and Assessing: A Revision of Bloom's Taxonomy of Educational Objectives*）一書，該書主要針對 Bloom 等人（1956）提出的認知領域學習目標進行修正。Anderson 等人依據「訊息的內容」與「訊息的處理歷程」兩個向度，將 Bloom 等人的單層面認知領域學習目標，修改為包括「知識層面」與「認知歷程層面」雙層面的認知領域學習目標，如表 2–4 所示。知識層面分成事實性知識、概念性知識、程序性知識，以及後設認知知識等四類，認知歷程層面分成記憶、瞭解、應用、分析、評鑑、創作等六個歷程。

表 2–4

Anderson 等人（2001）所提認知領域學習目標的修正分類

知識層面	認知歷程層面					
	1. 記憶	2. 瞭解	3. 應用	4. 分析	5. 評鑑	6. 創作
A. 事實性知識						
B. 概念性知識						
C. 程序性知識						
D. 後設認知知識						

註：引自 *A taxonomy for learning, teaching, and assessing: A revision of Bloom's taxonomy of educational objectives* (p. 28) by L. W. Anderson, D. R. Krathwohl, P. W. Airasian, K. A. Cruikshank, R. E. Mayer, P. R. Pintrich, J. Raths, & M. C.Wittrock, 2001, Addison Wesley Longman.

有關 Bloom 等人（1956）與 Anderson 等人（2001）修正版的異同點，可由圖 2–2 清楚顯示。首先，Bloom 等人的六個學習目標都是以名詞的型態來界定，而 Anderson 等人的「認知歷程層面」，為了符合認知處理的動態歷程，全部改以動詞的型態。其次，舊版的「知識」學習目標，在修正版中，調整成名詞面向的知識層面與動詞面向的「記憶」學習目標兩個部份；舊版的「理解」學習目標，在修正版中，修改為「瞭解」；舊版的「綜合」學習目標，在修正版中，修改為「創作」，並且與「評鑑」對調先後的順序；而舊版的「應用」與「分析」，在修正版中，並未有所修改。

圖 2–2
原架構與修正架構的結構改變圖

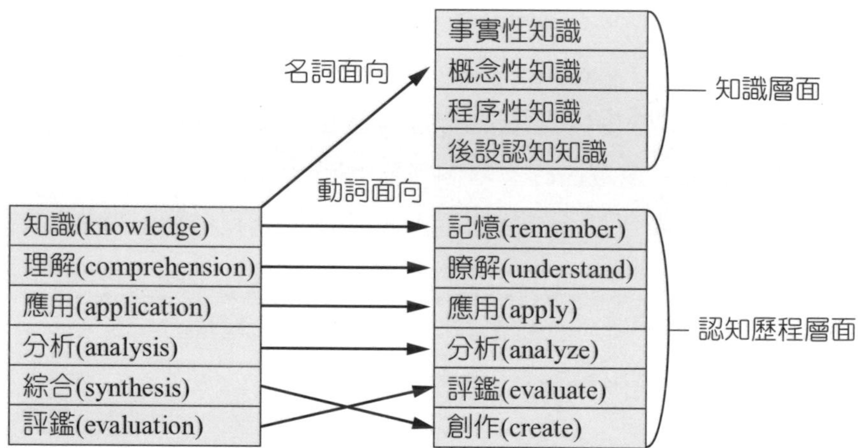

註：引自 *A taxonomy for learning, teaching, and assessing: A revision of Bloom's taxonomy of educational objectives* (p. 28) by L. W. Anderson, D. R. Krathwohl, P. W. Airasian, K. A. Cruikshank, R. E. Mayer, P. R. Pintrich, J. Raths, & M. C.Wittrock, 2001, Addison Wesley Longman.

Anderson 等人（2001）修正版的「知識層面」包含四個不同類型的知識，如表 2–5 所示。

表 2–5

Anderson 等人（2001）修正版的四個「知識層面」

知識層面的分類	定義
A.事實性知識	學科學習或問題解決時，學生應知道的基本元素。
A_A術語的知識	特定語言和非語言的標記與符號（例如文字、數字、記號、圖片）。
A_B特定細節與元素的知識	有關事件、場所、人物、日期、訊息來源等知識。
B.概念性知識	在較大結構下，讓各基本元素能適切運作的關連性。
B_A分類與類別的知識	使用在不同學科的特定分類、種類、分配和安排的知識。
B_B原則與通則化的知識	包含特定抽象概念的知識，用以總結現象的觀察結果。
B_C理論、模式、結構的知識	包括原則、通則，以及相互關係的知識，此種知識係針對複雜現象、問題、主題，呈現清楚、完整、系統性的觀點。
C.程序性知識	如何做事、探究的方法，以及使用技能、運算、技巧和方法的規準。
C_A學科特定技能與規則的知識	包括特定學科較為固定步驟的技能與規則之知識。
C_B學科特定技術與方法的知識	藉由共識、協議、學科規範所獲得的結果之知識。
C_C適時採用適當程序的規準知識	幫助學習者決定何時、何地採用不同類型的學科特定程序性知識的規準。
D.後設認知知識	認知的知識，以及關於自我認知的覺知與知識。
D_A策略的知識	有關學習、思考、問題解決的一般性策略，此一般性策略可運用在不同的學科領域中。
D_B認知作業的知識（包括特定脈絡與情境的知識）	有關不同認知情境與認知作業，該採用何種適宜的認知策略之知識。
D_C自我的知識	針對認知與學習，瞭解自我優勢與弱勢的知識。

註：引自 *A taxonomy for learning, teaching, and assessing:A revision of Bloom's taxonomy of educational objectives* (p. 29) by L. W. Anderson, D. R. Krathwohl, P. W. Airasian, K. A. Cruikshank, R. E. Mayer, P. R. Pintrich, J. Raths, & M. C.Wittrock, 2001, Addison Wesley Longman.

由表 2–5 可知，每個類型的知識層面又細分成幾個不同類別的知識，例如「事實性知識」包括「術語的知識」與「特定細節與元素的知識」兩個次類別的知識。「概念性知識」包含「分類與類別的知識」、「原則與通則化的知識」與「理論、模式、結構的知識」三個次類別的知識。「程序性知識」細分成「學科特定技能與規則的知識」、「學科特定技術與方法的知識」與「適時採用適當程序的規準知識」三個次類別的知識。「後設認知知識」包括「策略的知識」、「認知作業的知識」和「自我的知識」三個次類別的知識。

Anderson 等人（2001）修正版的「認知歷程層面」包含六種不同的認知處理歷程，每種認知處理歷程又細分成幾個不同類別的處理歷程，每種認知處理歷程的意涵，如表 2–6 所示。

表 2–6

Anderson 等人（2001）修正版的六個「認知歷程層面」

認知歷程的分類	認知歷程的相似用語	定義
1. 記憶		從長期記憶提取相關的知識。
1.1 再認	確認	尋找存放長期記憶與呈現材料相一致的知識。
1.2 回憶	提取	從長期記憶提取相關的知識。
2. 瞭解		從包含口頭、書面、圖形溝通等教學訊息中建構意義。
2.1 詮釋	釐清、釋義、陳述、轉譯	從一種表徵型態轉變成另一種表徵型態。
2.2 示例	闡明、舉例	發現一個具體的例子，或是舉例說明一個概念或原則。
2.3 歸類	分類、歸入	決定某事物歸屬某一個類別。
2.4 總結	摘要、通則	摘要一個一般化的主題或重點。
2.5 推論	外推、內插、預測	根據呈現的訊息，獲得一個具邏輯性的結論。
2.6 比較	對照、比對、配對	探求兩個主意、物件、或相似東西的一致性。
2.7 解釋	建構、模式	建構一個系統的因果模式。
3. 應用		在特定的情境中，執行或使用一個程序。
3.1 執行	實行	將一個工作程序運用到熟悉的作業上。

表 2–6 （續）

3.2 實施	使用	將一個工作程序運用到不熟悉的作業上。
4. 分析		將材料分解成各組成的部分，並決定各部分如何與其他部分或整體結構 、 目的，尋找關連性。
4.1 區辨	辨別、區別、聚焦、挑選	能區別相關與不相關，或是重要與不重要的資料。
4.2 組織	尋找、連貫、概述、剖析、結構	決定在某個結構之內，如何讓元素安裝或正常運作。
4.3 歸因	解構	決定潛藏在訊息下的觀點、偏見、價值或意圖。
5. 評鑑		以效標或標準，進行評判。
5.1 檢查	協調、檢視、監控、施測	探查在一個歷程或產品之內的不一致或謬誤；決定一個歷程或產品是否有內部一致性；探查一個被實施的程序，其效果如何。
5.2 評論	判斷	探查產品與外在效標的不一致；決定一個產品是否有外在效標；探查某個針對已知問題的程序是否適切。
6. 創作		將各元素整合成一個連貫或具功能性的整體；將各元素重組成一個新的型態或結構。
6.1 通則化	假設	以效標為基礎，提出不同的假設。
6.2 計畫	設計	規劃一個程序，用以完成某些工作。
6.3 製作	建造	發明一個產品。

註：引自 *A taxonomy for learning, teaching, and assessing: A revision of Bloom's taxonomy of educational objectives* (pp. 67–68) by L. W. Anderson, D. R. Krathwohl, P. W. Airasian, K. A. Cruikshank, R. E. Mayer, P. R. Pintrich, J. Raths, & M. C. Wittrock, 2001, Addison Wesley Longman.

由表 2–6 可知，每個認知歷程的層面又細分成幾個不同類別的認知歷程，例如「記憶」包括「再認」與「回憶」兩個次類別的認知歷程。「瞭解」包含「詮釋」、「示例」、「歸類」、「總結」、「推論」、「比較」與「解釋」七個次類別的認知歷程。「應用」包括「執行」與「實施」兩個次類別的認知歷程。「分析」包含「區辨」、「組織」與「歸因」三個次類別的認知歷程。

「評鑑」包括「檢查」與「評論」兩個次類別的認知歷程。「創作」包含「通則化」、「計畫」與「製作」三個次類別的認知歷程。

除了 Anderson 等人（2001）對於 Bloom 等人（1956）的認知領域學習目標進行修正之外，也有許多學者嘗試提出不同於 Bloom 等人的認知領域學習目標。其中，Marzano 與 Kendall（2007）也提出一個新的學習目標的分類，在他們的分類中，也是將學習目標分成「知識領域」與「認知處理層次」兩個向度，知識領域包括訊息、心智程序與心理動作程序等三種類型，認知處理層次分成檢索、理解、分析、知識運用、後設認知與自我系統等六個處理層次，如表 2–7 所示。

表 2–7
Marzano 與 Kendall（2007）所提學習目標的分類

知識領域	認知處理層次					
	1. 檢 索	2. 理 解	3. 分 析	4. 知識運用	5. 後設認知	6. 自我系統
A. 訊息						
B. 心智程序						
C. 心理動作程序						

註：引自 *The new taxonomy of educational objectives* (p. 13) by R. Marzano, & J. Kendall, 2007, Corwin Press.

Marzano 與 Kendall（2007）所提的知識領域包括訊息、心智程序與心理動作程序等三種類型，每種類型的知識領域都可以細分成兩個構成要素，例如「訊息」包括「組織性想法」與「細節」兩個構成要素。「心智程序」包含「過程」與「技能」兩個構成要素。「心理動作程序」包括「過程」與「技能」兩個構成要素，其內涵請參考表 2–8。

表 2–8

Marzano 與 Kendall（2007）的三個知識領域構成要素

訊息	1. 組織性想法	原則、通則化
	2. 細節	時間序列、事實、語彙術語
心智程序	1. 過程	宏觀過程
	2. 技能	策略、運算法則、單一原則
心理動作程序	1. 過程	複雜組合、程序
	2. 技能	簡單的組合程序、基本的程序

註：引自 *The new taxonomy of educational objectives* (p. 32) by R. Marzano, & J. Kendall, 2007, Corwin Press.

Marzano 與 Kendall（2007）主張的認知處理層次包括檢索、理解、分析、知識運用、後設認知與自我系統等六個認知處理層次，每個認知處理層次都可以細分成幾個構成要素，例如「檢索」包括「再認」、「回憶」與「執行」三個認知處理構成要素。「理解」包含「整合」與「符號化」等兩個認知處理構成要素。「分析」包括「配對」、「分類」、「錯誤分析」、「通則化」與「指定」五個認知處理構成要素。「知識運用」包括「做決策」、「問題解決」、「實驗」與「調查」四個認知處理構成要素。「後設認知」包括「確定目標」、「過程監控」、「監控清晰」與「監控準確」四個認知處理構成要素。「自我系統」包含「檢視重要性」、「檢視效能」、「檢視情感反應」與「檢視動機」四個認知處理構成要素，其內涵請參考表 2–9。

表 2–9

Marzano 與 Kendall（2007）的六種認知處理層次的構成要素

層級 6：自我系統	
檢視重要性	學生辨認知識對他們的重要程度，以及產生這種覺知的推理。
檢視效能	學生確認他們可改善能力或瞭解相關知識的信念，以及產生這種覺知的推理。
檢視情感反應	學生辨認對知識的情感反應和引起這些反應的原因。
檢視動機	學生確認他們可改善能力或瞭解相關知識的整體性動機，以及產生這種動機的理由。
層級 5：後設認知	
確定目標	學生建立一個與知識相關的目標，以及完成目標的計畫。

表 2–9　（續）

過程監控	學生監控這些與知識有關的特定目標之執行。
監控清晰	學生決定對知識有更清晰理解的程度。
監控準確	學生決定對知識有更精確掌握的程度。
層級 4：知識運用	
做決策	學生使用知識做決定或做出有關於知識的決定。
問題解決	學生使用知識解決問題或解決有關於知識的問題。
實驗	學生使用知識提出並檢驗假設，或提出及檢驗有關知識之假設。
調查	學生使用知識進行調查或進行有關於知識的調查。
層級 3：分析	
配對	學生辨認知識構成要素之間的主要相似性和差異性。
分類	學生界定主要與次要類別的知識。
錯誤分析	學生辨認知識表徵或使用時的錯誤。
通則化	學生建構以知識為基礎的新原則或通則。
指定	學生辨認知識的特定應用或知識的邏輯結論。
層級 2：理解	
整合	學生辨認知識的基本結構，以及重不重要的特徵。
符號化	學生建構一個準確的知識符號表徵，用以區分重不重要的組成要素。
層級 1：檢索	
再認	學生再認訊息的特徵，但無須瞭解知識的結構，或區分重要和不重要的組成要素。
回憶	學生產生訊息的特徵，但無須瞭解知識的結構，或區分重要和不重要的組成要素。
執行	學生無誤地執行一個程序，但是不見得瞭解為什麼程序是如此運作。

註：引自 *The new taxonomy of educational objectives* (p. 62) by R. Marzano, & J. Kendall, 2007, Corwin Press.

第三節　學習目標的編寫

編寫符合學生程度的學習目標，並不是一件容易的事。Hogan（2007）建議教師在撰寫學習目標時，可考慮下列幾項原則，將有助於學習目標的編寫工作。

一、謹慎的區分教學歷程與學習目標的差異

教師在編寫學習目標時，應該清楚分辨教學歷程與學習目標的差異，教學歷程是屬於師生互動的學習活動，學習目標則是期待學生可以達成的學習成果。下列有兩個陳述句，請判斷哪一個屬於教學歷程？哪一個屬於學習目標？

「教師指導學生如何正確使用顯微鏡觀察細胞組織」

「學生能夠利用顯微鏡，正確的畫出四種以上的細胞組織」

二、試圖尋找讓學習目標能達到廣泛性與特定性的平衡

學習目標的撰寫，不應該太廣泛或太特定。太廣泛的學習目標，無法提供學習活動適切的指引；太特定的學習目標，容易造成過度強調小細節的學習活動。下列為三個有關國小一年級數學領域的學習目標，請判斷哪個學習目標是屬於廣泛性的？哪個是屬於特定性的？哪個學習目標較為適中？

能夠利用心算的方式，正確算出五題以上的個位數與個位數的加法問題。

能夠利用心算的方式，正確算出五題以上的加法問題。

能夠利用心算的方式，正確算出 2＋2、2＋5、2＋6、2＋7、2＋9 的加法問題。

三、採用特定性與行動導向的字詞，描述學習目標

為了讓學習目標可以明確的呈現學生所欲達成的學習成果，應該以具體可觀察的動詞，來描述學習者所展現出的行為。下列有兩類的動詞，請判斷哪一類的動詞，可以較具體的描述學習目標？

知道、希望、覺知、熟悉、瞭解

寫出、列舉、計算、圈選、命名

四、將你編寫的學習目標與外在來源，進行適切的相互連結

教師自編學習目標時，應該要參酌一些外在的參考資料（例如 108 課綱），並讓自編的學習目標與外在參考資料，有密切的連結。以下列的 108 國語文領綱學習內容與學習表現為例，教師在編寫有關語文閱讀的學習目標時，可以將學習內容、學習表現與自編的學習目標相互連結。

5–IV–5 大量閱讀多元文本，理解議題內涵及其與個人生活、社會結構的關聯性。（108 國語文領綱之學習表現）

Cc–IV–1 各類文本中的藝術、信仰、思想等文化內涵。（108 國語文領綱之學習內容）

能夠寫出兩篇報導文學的課外讀物心得。（教師自編的學習目標）

五、不要因為學習目標編寫困難或無法評量而省略掉

學習目標具有指引學習活動與評量活動的功能，教師應該編寫包含高層次與低層次的學習目標，若只編寫容易達成的低層次學習目標，則課堂上的教學與評量，也容易導向低層次的學習活動與評量活動。

六、學習目標應該符合學習者的實際需求

教師所設定的學習目標，應該符合學習者的實際學習狀況。訂定超出或低估學習者能力的目標，都容易造成學習者的學習困擾。過高的學習目標容易導致學習者的挫折；過低的學習目標容易造成學習動機的低落。

七、定期檢視設定的學習目標

學習目標的設定，應該要隨著課程標準、教材內容、學習者的改變，而有所調整。教師應該定期檢視學習目標是否符合目前使用的課程標準、教材內容，以及所教授的學生。

八、將學習目標與學生、家長和同事分享

學習目標是教師對學生學習成果的一種期待，若能讓學生、家長、同事清楚瞭解自己所設定的學習目標，學生就可以有一個努力的依循方向，家長也比較知道該如何協助學生達成此目標，同事也能針對你的學習目標提供一些參考意見。

一般而言，教師較常編寫的學習目標是具體目標，具體目標也被稱為行為目標。一個完整的具體目標包含展現行為的對象、展現行為的動作、期待的終點行為、相關的情境，以及評量的標準等五個要素。例如下列有關社會領域的學習目標：

學生 能夠 在所提供的臺灣地圖中，指出 至少五個 縣市的正確地理位置。

這五個要素中，由於展現行為的對象一定是學習者，所以往往將學習者省略掉。因此，較常出現的具體目標如下：

能夠在所提供的臺灣地圖中，指出至少五個縣市的正確地理位置。

具體目標的撰寫必須要清楚呈現學習者在何種特定的活動情境中，表現出符合某種標準的期待行為。雖然具體目標可以提供教師較具體的學習活動指引，但也容易侷限教師的視野，造成教師只關注與具體目標有關的學習成果，而忽略學生其他重要的學習成果。Cohen 等人（2004）主張具體目標具有下列十項的優點：

1. 具體目標是表現本位的、可測量的、可觀察的。
2. 具體目標容易讓教師和學生清楚明瞭。

3. 具體目標能促使目標與結果的組織。
4. 具體目標能釐清思考與計畫，並且避免模糊不清。
5. 具體目標是教師能力的證明，可以降低教師的焦慮。
6. 具體目標是高度處方性的。
7. 具體目標讓評量和評鑑的規準更清楚。
8. 具體目標是詳細指明行為的。
9. 具體目標促使計畫合邏輯性、連續性與線性。
10. 具體目標強調細節與重點。

雖然具體目標具有上述的十項優點，但 Cohen 等人（2004）也認為具體目標具有下列十項的限制：

1. 具體目標是高度工具化，將教育視為工具性而非本質性的價值。
2. 容易將師生視為課程的被動接受者，而非協商過程的參與者。
3. 具體目標只關注細微、具體和可觀察的教育面向，容易忽略長期、無法觀察和評量、根深蒂固的教育目標與元素。
4. 教育成為一種技術導向，容易變成低層次的訓練，而非高層次的思考。
5. 具體目標是屬於教師能力的證明，必須依靠教師的自治。
6. 具體目標容易導向可預測性，無法有開放性、意外的發現、創造力，以及自發性。
7. 具體目標讓教育變成強調結果更勝於強調歷程。
8. 具體目標以行為取代強調理解的重要性。
9. 具體目標錯誤的將知識的本質視為是結果與事實。
10. 具體目標錯誤的將知識拆分成獨立的小部分。

綜合上述有關具體目標的優缺點，教師在自編學習目標時，應該要彰顯具體目標的優點，並盡量避免具體目標可能產生的缺失。

第四節　雙向細目表的編製

學習目標是設計評量計畫時很重要的參考依據，測驗編製者在編製一份測驗時，為了確保所編製的測驗具有內容的代表性，通常在實際編寫試題之前，會擬訂一份雙向細目表。

雙向細目表主要包含學習目標與教材內容兩個層面，透過學習目標的檢視，可以瞭解測驗編製者所編製的試題，是否能同時評量到知識、理解、應用等低層次的認知領域學習目標，以及分析、綜合、評鑑等高層次的認知領域學習目標。而藉由教材內容的檢視，可以知道每個單元的試題分布是否恰當。

雙向細目表在編製時，因考量不同學科領域的內容特性，以及不同學習目標，而有多種不同的形態，底下即介紹幾種不同型態的雙向細目表。

表 2–10 是一份國小五年級社會領域第一次段考的雙向細目表，在教材內容的向度部分，這次段考的考試範圍包含「政府組織」、「行政機關」、「立法機關」、「司法機關」等四個單元。在學習目標向度方面，是以 Bloom 等人（1956）所提出的知識、理解、應用、分析、綜合、評鑑等認知領域的六個學習目標。

表 2–10
國小五年級社會領域第一次段考雙向細目表

評量領域：	社會	評量年級：	五年級	命題教師：	蔡銘煌
考試時間：	40 分鐘	版本冊數：	○○第十一冊	評量單元：	1 ～ 4

教材內容	學習目標						
	知識	理解	應用	分析	綜合	評鑑	總題數
一、政府組織	2	2	1	1	1	1	8
二、行政機關	2	1	2	1	1		7
三、立法機關	1	2	1	1			5
四、司法機關	1	2	1	1			5
總題數	6	7	5	4	2	1	25

雙向細目表在決定每個學習單元的評量配分比例時，可採用較簡單的分配方式，以每個單元所需的上課節數，按比例分配。由於「政府組織」、「行政機關」、「立法機關」、「司法機關」這四個學習單元所需的上課總節數為 14 節，每個單元的上課節數分別是 4 節、4 節、3 節、3 節，每個單元的上課節數與四個單元上課總節數的比例分別為 29%、29%、21%、21%，此為預計的分配比例，如表 2–11 所示。然而每個單元的實際命題不需要恰好等於預計分配比例，只要每個單元的預計命題與實際命題之比例差距，不要超過 5% 即可。以表 2–11 為例，整份測驗總題數為 25 題，「政府組織」、「行政機關」、「立法機關」、「司法機關」這四個學習單元的實際題數比例為 32%、28%、20%、20%，顯示每個單元預計命題比例與實際命題比例很接近。

表 2–11

國小五年級社會領域第一次段考教材內容的題數分配比例

評量單元	上課節數	預計命題的比例	實際命題的比例	預計命題與實際命題的差距
一、政府組織	4	29%	32%	–3%
二、行政機關	4	29%	28%	1%
三、立法機關	3	21%	20%	1%
四、司法機關	3	21%	20%	1%
所有單元	14	100%	100%	0%

表 2–10 的雙向細目表在學習目標部分，社會領域的知識、理解與應用等學習目標，是學生必須具備的基礎性知識，所以這三個學習目標的配分比較重。知識、理解、應用等三個學習目標的題數比例分別為 24%、28%、20%，總共占總題數的 72%。至於較高思考層次的分析、綜合、評鑑等三個學習目標的題數比例分別為 16%、8%、4%，占總題數的 28%。

在規劃認知領域六個學習目標所占的分數時，由於知識、理解、應用等三個學習目標，是屬於基礎性的學習目標，故這三個學習目標所占的分數比重，應該高於分析、綜合、評鑑等三個高層次學習目標的分數比重。

至於比重的多寡，視各個學習領域的性質而定。教師自編成就測驗時，可將知識、理解、應用這三個學習目標的分數比重，設定在 60% 至 80% 之間。

表 2–12 是一份國中八年級數學領域第一次段考的雙向細目表，在教材內容的向度部分，這次段考的考試範圍包含「1–1 乘法公式」、「1–2 多項式與其加減運算」、「1–3 多項式的乘除運算」、「2–1 平方根與近似值」等四個小單元，另外，有些數學題目會涵蓋兩個小單元的內容，故單獨設計一個「橫跨不同單元內容」。在學習目標向度方面，是以 Bloom 等人（1956）所提出的知識、理解、應用、分析、綜合、評鑑等認知領域的六個學習目標，因數學題目不太容易區隔分析、綜合、評鑑的差異，故將這三個學習目標，統整成「高層次思考能力」的學習目標。

表 2–12
國中八年級數學領域第一次段考雙向細目表

評量領域：	數學	評量年級：	八年級	命題教師：	楊自強
考試時間：	60 分鐘	版本冊數：	○○第三冊	評量單元：	1–1 ～ 2–1

教材內容	學習目標				
	知識	理解	應用	高層次思考能力（分析、綜合、評鑑）	總分
1–1 乘法公式	2	6	12		20
1–2 多項式與其加減運算		4	10	2	16
1–3 多項式的乘除運算		6	16	4	26
2–1 平方根與近似值	2	8	12		22
橫跨不同單元內容			8	8	16
總分	4	24	58	14	100

表 2–13 有包含「橫跨不同單元內容」的部分，此部分在規劃配分比例時，先確定所要命題的比例，例如表 2–13 是預計命題 15%。其次，「1–1 乘法公式」、「1–2 多項式與其加減運算」、「1–3 多項式的乘除運算」、「2–1 平方根與近似值」這四個小單元所需的上課總節數為 20 節，合計命題扣除「橫跨不同單元內容」的 15%，這四個小單元合計命題 85% 的比例。每個小單元的上課節數分別是 5 節、4 節、6 節、5 節，每個小單元的上課節數與四

個小單元上課總節數之比例，再乘以 85%，分別為 21%、17%、26%、21% 的分配，此為預計的分配比例，而這四個小單元的實際命題比例為 20%、16%、26%、22%。

表 2–13
國中八年級數學領域第一次段考教材內容的題數分配比例

評量單元	上課節數	預計命題的比例	實際命題的比例	預計命題與實際命題的差距
1–1 乘法公式	5	21%	20%	1%
1–2 多項式與其加減運算	4	17%	16%	1%
1–3 多項式的乘除運算	6	26%	26%	0%
2–1 平方根與近似值	5	21%	22%	–1%
橫跨不同單元內容		15%	16%	–1%
所有單元	20	100%	100%	0%

表 2–14 是一份國中八年級國語文第一次段考的雙向細目表，在教材內容的向度部分，這次段考的考試範圍包含「四、愛蓮說」、「五、森林最優美的一天」、「六、鳥」、「語文常識㈡」等四個單元，另外，國語文題目常會從課外讀物進行命題，故單獨設計一個「課外內容」。在學習目標向度方面，是以 Bloom 等人（1956）所提出的知識、理解、應用、分析、綜合、評鑑等認知領域的六個學習目標，將分析、綜合、評鑑這三個學習目標，統整成「高層次思考能力」的學習目標。由於國語文很重視閱讀理解，故將閱讀素養的統整思考能力，納入為「閱讀素養力」的學習目標。

表 2–14

國中八年級國語文領域第二次段考雙向細目表

評量領域：	國文	評量年級：	八年級	命題教師：	許馨香
考試時間：	60 分鐘	版本冊數：	○○第三冊	評量單元：	4 ～ 6

教材內容	學習目標					
	知識	理解	應用	高層次思考能力（分析、綜合、評鑑）	閱讀素養力	總分
四、愛蓮說	4	4	8	12		28
五、森林最優美的一天	2	6	6	6		20
六、鳥	2	6	10	6		24
語文常識㈡		2	4	2		8
課外內容					20	20
總分	8	18	28	26	20	100

表 2–15 有包含「課外內容」的部分，此部分在規劃配分比例時，先確定「課外內容」所要命題的比例，例如表 2–15 是預計命題 20%。其次，「四、愛蓮說」、「五、森林最優美的一天」、「六、鳥」、「語文常識㈡」這四個單元所需的上課總節數為 19 節，合計命題 80% 的比例。每個小單元的上課節數分別是 6 節、5 節、6 節、2 節，每個單元的上課節數與四個單元上課總節數之比例，再乘以 80%，分別為 25%、21%、25%、9%，此為預計的分配比例，而這四個小單元的實際命題比例為 28%、20%、24%、8%。

表 2–15

國中八年級國語文領域第二次段考教材內容的題數分配比例

評量單元	上課節數	預計命題的比例	實際命題的比例	預計命題與實際命題的差距
四、愛蓮說	6	25%	28%	–3%
五、森林最優美的一天	5	21%	20%	1%
六、鳥	6	25%	24%	1%
語文常識㈡	2	9%	8%	1%
課外內容		20%	20%	0%
所有單元	19	100%	100%	0%

確定了雙向細目表的學習目標之後，教師即可進行試題的編寫工作。教師在編寫試題時，必須根據雙向細目表所設定的學習目標，才能藉由評量的結果，瞭解學生是否達到教師所期望的學習目標。例如表 2–16 的例子，國中八年級社會領域「民主政治」的學習單元，有一個學習目標是「學生能瞭解國家組成的要素」，根據這個學習目標，就可設計如表 2–16 的選擇評量試題。

表 2–16
根據社會領域學習目標所設計的社會評量試題

年　級	國中八年級
學習領域	社會領域
單　元	民主政治
學習目標	學生能瞭解國家組成的要素
評量試題	（　　）下列哪一項元素不是構成國家的必要條件？ A. 領土 B. 人民 C. 主權 D. 君主

表 2–17 的例子，是國小五年級數學領域「公因數與公倍數」的學習單元，有一個學習目標是「學生能瞭解公倍數的意義與求法」，根據這個學習目標，就可設計如表 2–17 的填充評量試題。

表 2–17
根據數學領域學習目標所設計的數學評量試題

年　級	國小五年級
學習領域	數學領域
單　元	公因數與公倍數
學習目標	學生能瞭解公倍數的意義與求法
評量試題	從下面的一列數字中，挑選適當的數字，填入空格中。 4, 6, 8, 9, 12, 15, 18, 25, 30, 50, 60, 80 ① 2 的倍數：（　　　　　　　　）。 ② 3 的倍數：（　　　　　　　　）。 ③ 5 的倍數：（　　　　　　　　）。

表 2–17　（續）

④ 2 和 3 的倍數：(　　　　　　　　　　　　)。 ⑤ 2 和 5 的倍數：(　　　　　　　　　　　　)。 ⑥ 3 和 5 的倍數：(　　　　　　　　　　　　)。 ⑦ 2、3 和 5 的倍數：(　　　　　　　　　　　　)。

由上面的介紹可知，學習目標依據不論是對學習評量計畫的擬訂、雙向細目表的規劃，以及測驗題目的編寫，都扮演重要指引者的角色。唯有依據學習目標所進行的評量活動，才能正確的反映學生的學習成果，因此，學習目標對於學習評量有很重大的影響力。

第五節　總　結

教學歷程中，學習目標、學習活動與學習評量等三者具有密切的關連性，學習目標是學習評量重要參考指標，學習活動是達成學習目標的手段，學習評量是學習活動成果的檢驗。

自從 Bloom 等人（1956）提出認知領域包括知識、理解、應用、分析、綜合、評鑑等六個層次的學習目標之後，這六個層次的學習目標一直是測驗編製者在設計雙向細目表的主要參考依據。而試題的編寫，則必須依照雙向細目表所規劃的學習目標。因此，學習目標對於學習評量活動，有很大的影響力。而 Anderson 等人（2001）所提出的認知領域學習目標的修正版，也逐漸有測驗學者將其作為設計雙向細目表的參考。另外，Marzano 與 Kendall（2007）也對認知領域的學習目標，提出不同的觀點。讀者應該熟悉這些認知領域的學習目標，才能協助自己編製出一份適切的測驗。

第二章　習題

一、請用你自己的話，解釋 Bloom 等人（1956）所提出認知領域六個學習目標（知識、理解、應用、分析、綜合、評鑑）的意思？

二、請用你自己的話，解釋 Anderson 等人（2001）所提出的認知領域學習目標修正版的兩個層面（知識層面：事實性知識、概念性知識、程序性知識、後設認知知識；認知歷程層面：記憶、瞭解、應用、分析、評鑑、創作）的意思？

三、請蒐集一份中學或小學的段考試題，根據 Bloom 等人（1956）所提出認知領域學習目標的分類，分析段考的每道試題是歸屬哪一個學習目標？

四、請蒐集一份中學或小學的段考試題，根據 Anderson 等人（2001）所提出的認知領域學習目標修正版的觀點，分析段考的每道試題是屬於哪一個知識層面？哪一個認知歷程層面？

五、請你找一本中學或小學的課本，根據表 2–16 和表 2–17 的表格範例，練習撰寫一道與學習目標相對應的試題。

第三章　測驗的編製歷程

在中小學的教學情境中，不論是平常考或是段考，教師常需自編測驗。因此，熟悉測驗的編製歷程，將有助於測驗的編製工作。完整的測驗編製歷程，包括決定測驗編製的目的、發展測驗的細目表、確定測驗的題型、試題的編寫、測驗的編排、測驗的施測，以及測驗結果的評估等歷程，底下分別介紹這幾個測驗編製的歷程。

第一節　決定測驗編製的目的

根據教學活動的進行歷程，測驗的類型大致可區分成教學前、教學中、教學後所施測的測驗（歐滄和，2002）。教學前為了根據學習者的學習程度，而編排符合其學習程度的班級，所採用的測驗即是安置性測驗（**placement testing**）；教學中想瞭解學習者對於某個單元的學習狀況，可採用形成性測驗（**formative testing**），若是教學中發現學習者有學習上的困難，則可採用診斷性測驗（**diagnostic testing**）；教學活動結束後，欲瞭解學習者在幾個不同單元的學習成果，可透過總結性測驗（**summative testing**）的施測。

教學前、中、後所實施的安置性、形成性、診斷性，以及總結性測驗，各有不同的關注焦點，如表 3–1 所示。

表 3–1
不同評量活動的關注焦點

教學活動歷程	評量活動	關注的問題	關注的焦點
教學活動前	安置性測驗	如何根據學生已具備的知識與技能，安排至適合其學習能力的班級上課？	安置學生到適合其程度的班級或組別
教學活動中	形成性測驗	如何瞭解學生的學習狀況？	學生的學習結果
	診斷性測驗	如何協助尋找學生的學習困擾問題？	診斷學習困難點
教學活動後	總結性測驗	如何根據學生的學習成果，給予適切的學習成績？	確定學生的成績

安置性測驗的實施，主要是瞭解學習者現有的知識與技能，以協助安排學生至符合其學習能力的班級。當學習者的先備知識與技能不足時，可以安排至補救教學的班級；倘若學生的學習進度超前，不僅具備足夠的先備知識與技能，同時也達到教師所設定的教學目標時，則可安排學生至較高程度的班級上課。

教師在教學活動的進行中，可採用例如小考、週考等形成性測驗的方式，來瞭解學生對該學習單元的學習狀況。透過形成性測驗，發現學生有學習上的盲點時，教師可立即給予協助；教師也可將形成性測驗的結果，當作是否開始進行下一個單元教學的參考。

教師若發現學生有特定的錯誤類型時，可考慮採用診斷性測驗，用以找出學生的錯誤觀念。例如有些小學二年級的學生，對於二位數的數學減法問題，會忽略被減數或減數的數值，而採用「大數減小數」的錯誤策略，例如「35 – 18 = ?」的問題為例，在個位數的計算上，直接以數值較大的 8（減數的個位數）減掉數值較小的 5（被減數的個位數），十位數的計算，則以數值較大的 3（被減數的十位數）減掉數值較小的 1（減數的十位數），結果得到錯誤的 23。針對採用此種錯誤策略的學生，教師可採用如圖 3–1 的診斷性測驗，來確定學生的錯誤類型。

圖 3–1 為某位小二學生的實際作答情形，由該位學生在奇數題的 5 道

題目全部答對，偶數題的 5 道題目全部答錯，可知，該學生有著「大數減小數」的迷思概念，教師可據此進行補救教學。

圖 3–1
某位小二學生的二位數減法的實際作答情形

①	②	③	④	⑤
45 − 13 = 32	33 − 18 = 25	85 − 41 = 44	92 − 24 = 72	76 − 35 = 41

⑥	⑦	⑧	⑨	⑩
74 − 47 = 33	26 − 13 = 13	94 − 35 = 61	86 − 35 = 51	85 − 58 = 33

當完成了幾個不同單元的教學活動之後，教師想瞭解學生在這幾個不同單元的學習總成果時，可透過總結性測驗達成此目的。學校每學期所舉行的段考，即是屬於一種總結性測驗。

綜合上述有關安置性、形成性、診斷性與總結性測驗的探討，可知不同的測驗有其不同的評量目的。安置性測驗的目的強調瞭解學生目前具備的學習能力；形成性測驗的目的偏向協助學生尋找某個單元的學習困難點；診斷性測驗的目的則是進一步診斷學生擁有的錯誤概念；總結性測驗的目的偏向評估學生在幾個大單元的整體學習成果。

在編製測驗的過程中，首要的工作就是決定編製測驗的目的，不同的測驗目的會直接影響測驗的範圍、題目的類型、題目的數量、題目的難易度等測驗編製的歷程。就測驗的範圍而言，安置性與總結性測驗的評量範圍較廣，通常涵蓋好幾個學習單元，形成性與診斷性測驗的評量範圍常侷限在某個小單元或是某個概念；就測驗題目的類型而言，安置性與總結性測驗有較多的題目類型，常常包含兩、三種以上的題型，形成性與診斷性測驗的題型較少；就題目的數量而言，安置性與總結性測驗的題目數量較多，形成性與診斷性測驗的題數較少；就題目的難度而言，安置性與總結性測驗的題目較難，形成性與診斷性測驗的題目較簡單。

由上面的介紹可知，測驗編製者會因不同類型的測驗，而產生許多不同的思考面向，因此，在測驗編製的歷程中，首先需確定測驗的目的。

第二節　發展測驗的細目表

一旦測驗目的確定之後，接著便是決定測驗的發展藍圖，也就是所謂規劃測驗的細目表。測驗的細目表最常出現的型態是雙向度的細目表，它會包含「學習目標」與「教材內容」這兩個向度。雙向細目表的使用，可以讓測驗編製者清楚自己所編寫的題目，在學習目標與教材內容這兩個部分，所占的比例是否有所偏頗，例如測驗的題目是否過度集中評量某個教學目標，或是題目過度集中在某個單元。

雙向細目表的種類，若以每個細格的數字所代表的意涵來區分，大致可分成三種類型。第一種雙向細目表是以題數來表徵的，第二種雙向細目表是以配分來呈現的，第三種雙向細目表則是同時包含題數與配分。

茲以國中九年級上學期自然與生活科技領域的「力與運動」、「功與機械應用」、「探索電的世界」等三個學習單元為例，採用 Anderson 等人（2001）所提出的認知領域學習目標的修正版，來說明雙向細目表的設計方式，請參考表 3–2。

表 3–2

國中九年級自然領域第二次段考雙向細目表

評量領域：	自然	評量年級：	九年級	命題教師：	陳美珍
考試時間：	60 分鐘	版本冊數：	○○第五冊	評量單元：	4 ～ 6

教材內容	知識向度	認知歷程向度						
		記憶	瞭解	應用	分析	評鑑	創作	總題數
力與運動	事實性知識	2						2
	概念性知識		1	1				2
	程序性知識			1			1	2
	後設認知知識					1		1
第四單元總題數		2	1	2	0	1	1	7
功與機械應用	事實性知識	2						2
	概念性知識		3		1			4
	程序性知識			1		1	1	3
	後設認知知識					1		1
第五單元總題數		2	3	1	1	2	1	10
探索電的世界	事實性知識	2						2
	概念性知識		2	2				4
	程序性知識				2			2
	後設認知知識						1	1
第六單元總題數		2	2	2	2	0	1	9
整份測驗總題數		6	6	5	3	3	3	26

在決定每個學習單元的評量題數時，可採用較簡單的分配方式，就是根據每個單元所需的上課節數，然後按比例分配題數，如表 3–3 所示。

表 3–3

國中九年級自然領域第二次段考教材內容的題數分配比例

評量單元	上課節數	預計命題的比例	實際命題的比例	預計命題與實際命題的差距
四、力與運動	7	28%	27%	1%
五、功與機械應用	9	36%	38%	–2%
六、探索電的世界	9	36%	35%	1%
所有單元	25	100%	100%	0%

由於「力與運動」、「功與機械應用」、「探索電的世界」這三個學習單元所需的上課總節數為 25 節，每個單元的上課節數分別是 7 節、9 節、9 節，每個單元的上課節數與三個單元上課總節數的比例分別為 28%、36%、36%，每個單元分配的題數就以此為參考依據，但不一定要剛剛好完全按照此比例，只要接近此比例即可。例如整份測驗總題數為 26 題，「力與運動」、「功與機械應用」、「探索電的世界」這三個學習單元的命題題數分別是 7 題、10 題、9 題，每個單元的題數比例為 27%、38%、35%。

在教學目標的部分，先決定所欲評量的「知識向度」，亦即決定包括事實性知識、概念性知識、程序性知識與後設認知知識等四類知識的題數，這四類的知識題數分別為 6 題、10 題、7 題、3 題，每類知識的題數比例為 23%、38%、27%、12%。其次，決定包括記憶、瞭解、應用、分析、評鑑、創作等六個認知運作歷程的題數，這六類認知運作歷程的題數分別為 6 題、6 題、5 題、3 題、3 題、3 題，每個認知運作歷程的題數比例為 23%、23%、18%、12%、12%、12%。

雙向細目表的每個細格需要包含多少道試題？這個問題與整份測驗的總題數有關。測驗題目的總數，並沒有一個需要多少題的定則，它會受到學習者的年齡、施測的時間、測驗的題型、測驗的種類等因素的影響（郭生玉，2006）。年齡層越小，題目的數量就不應該太多；施測的時間較長，題數就可以較多；挑選反應試題的題數，應該比建構反應試題的題數多；形成性測驗的題數通常比總結性測驗的題數少。在設計雙向細目表的細格題數時，可綜合考量上述影響題數的因素，確定最後的總題數。

雙向細目表的設計需要花費較多的時間，教師在編製測驗時，若只想評量特定的學習目標，則可考慮採用單向細目表，呈現所欲評量的特定學習目標即可。例如欲評量國小四年級學生，有關二位數的四則運算能力，則可採用如表 3–4 的單向細目表。

表 3–4
國小四年級二位數四則運算的單向細目表

二位數四則運算能力	題數
二位數與二位數的加法	10
二位數與二位數的減法	10
二位數與二位數的乘法	10
二位數與二位數的除法	10
二位數與二位數的四則運算混合練習	10
總題數	50

第三節　確定測驗的題型

雙向細目表設計好之後，下一步就可著手思考測驗應包含哪些題型。測驗的題目類型可以分成兩大類：挑選反應試題（selected-response items）與建構反應試題（constructed-response items）。挑選反應試題是指題目本身提供可選擇的項目，讓答題者可以有猜測答案的機會，例如是非題、選擇題、配合題等題型，都是屬於挑選反應試題；建構反應試題是指題目本身並未提供答題的線索，必須仰賴答題者自己主動產出答案，例如填充題、簡答題、問答題等題型，都是屬於建構反應試題，表 3–5 是挑選反應試題與建構反應試題的實例。

表 3–5
挑選反應試題與建構反應試題的實例

挑選反應試題的實例	建構反應試題的實例
是非題 （　　）已知某三角形的兩個內角角度分別為 35° 與 45°，則此三角形為銳角三角形。	填充題 我國中央政府的立法機關是什麼名稱？（　　　　）
選擇題 （　　）下列何者是平面鏡成像的性質？ A. 像是倒立的虛像 B. 物與像左右相反 C. 物的大小大於像的大小 D. 物距小於像距	簡答題 請說明植物能進行光合作用，必須有哪些條件配合？

以挑選反應試題命題時，由於每題的配分較少，故可出較多的試題，試題就比較具有代表性，另外，挑選反應試題的評分較為客觀，評分的一致性自然比較高。挑選反應試題最大的缺點是常常只能評量到學習者低層次的記憶性知識。建構反應試題的優勢在於較能評量到學習者高層次的問題解決能力，其缺點是樣本的代表性不足，以及評分的主觀性較高。有關挑選反應試題與建構反應試題的比較，可參考表 3–6。

表 3–6
挑選反應試題與建構反應試題的比較

比較項目	挑選反應試題	建構反應試題
代表的試題	是非題、選擇題、配合題	填充題、簡答題、問答題
評量的知識內容	較低層次的記憶性知識	較高層次的思考性問題
評量的範圍	較廣	較窄
命題的時間	較多	較少
閱卷的時間	較少	較多
評分的一致性	較高	較低
猜對的容易度	較容易猜測答案	較不易猜測答案

綜合上述的介紹可知，挑選反應試題比較適合評量基礎性的知識概念，建構反應試題比較適合評量高層次的問題解決歷程，不論是安置性測驗、形成性測驗、診斷性測驗，以及總結性測驗，都可將兩大類的題型混合搭配。

第四節　試題編寫與測驗編排

在確定命題的題型之後，即可進行試題的編寫，然後將所有的試題編排成一份完整的測驗，底下分成試題的撰寫與測驗的編排兩個部分來介紹。

一、試題的編寫

在進行題目的編寫時，必須依據雙向細目表所規劃的方向，決定每個教學目標與每個單元的命題數量。試題的編寫，似乎是人人都可以完成的一件容易事情，但若想編出高品質的試題，則是一個不易達成的目標。

傳統包括是非題、選擇題、配合題等紙筆評量的試題編寫，與多元評量的實作作業的命題，有許多不同的地方。底下分成傳統試題的編寫與實作評量作業的編寫兩個部分說明。

㈠傳統試題的編寫

有關傳統試題的編寫，Gronlund（2003）、Linn 與 Miller（2005）等學者曾提出試題編寫的幾項原則，作為試題編製者在編寫試題時的參考。

1. 選擇適合評量某種學習成果的題型

如果打算評量學習者的基礎性知識，則應採用挑選反應試題；若欲評量學習者能否將所學的知識統整成一個有系統的知識組織，建構反應試題是比較合宜的選擇。

2. 所命的題目必須能有效評量到所欲評量的學習目標

根據雙向細目表的規劃，每個題目都有其所欲評量的學習目標，每道試題的命題，應該符合其對應的學習目標。例如社會領域的編製者欲評量學習者分析第一次世界大戰原因的學習目標，若將題目出成「第一次世界大戰發生於西元哪一年？」則只是評量到記憶的學習目標，並無法評量到分析的學習目標。

3. 試題的題意要明確與清晰

題目的用語盡可能簡單明確，避免模糊混淆的詞句與複雜難懂的句型，同時應符合學習者的閱讀能力。

4. 題目應避免無關的干擾訊息

命題的目的若非評量學習者偵測錯誤的能力，則應避免提供與答案無關的干擾訊息，此將容易造成受試者處理訊息時的干擾，而無法有效的評量到受試者的學習成果。

以下的數學題目若是為了瞭解解題者能否判斷哪些訊息是有用的，則題目中出現無關訊息「周長是 26 公分」是合宜的。

（　　）三角形的底是 10 公分，高是 5 公分，周長是 26 公分，請算出三角形的面積是多少平方公分？解此道數學題目時，哪一項訊息是不會用到的？

A. 底 10 公分

B. 高 5 公分

C. 周長 26 公分

D. 無法判斷

以下的數學題目若欲評量解題者能否瞭解如何計算三角形的面積，則提供「三角形是由三個角和三個邊所構成，每個三角形的內角和都是固定的」的訊息，容易造成解題者的閱讀干擾，是屬於不必要的干擾訊息。

（　　）三角形是由三個角和三個邊所構成，每個三角形的內角和都是固定的，已知某個三角形的底是 10 公分，高是 5 公分，請問該三角形的面積是多少平方公分？

A. 15 平方公分

B. 25 平方公分

C. 50 平方公分

D. 100 平方公分

5. 試題應避免過度強調背誦能力

教師在命題時，應避免過度強調低層次的背誦能力，而忽略評量學生高層次的思考能力。例如以下的試題，只是評量學生能否正確背誦唐詩的能力。

請將正確的字填入空格中：「葡萄美酒夜光杯，欲飲（　　）馬上催，醉臥沙場君莫笑，古來征戰幾人回」

若改成如下的試題，則能評量學生的賞析能力。

請分析一下，王翰寫〈涼州詞〉「葡萄美酒夜光杯，欲飲琵琶馬上催，醉臥沙場君莫笑，古來征戰幾人回」的心境？

6.題目應避免出現答題的線索

題目的陳述應該避免提供答題者線索，否則容易造成無法正確評估答題者的學習成果。例如以下的社會領域試題，提供了「教會」的線索，容易協助答題者判斷出答案是基督教。

（　　）中世紀歐洲人民的日常作息與教會息息相關，哪一種宗教信仰，成為人民的信仰主流？

A.基督教

B.佛教

C.回教

D.猶太教

若將上面的試題修改如下，則不會有提供答題線索的機會。

（　　）中世紀歐洲人民的日常作息與哪一個宗教信仰有密切的關係？

A.基督教

B.佛教

C.回教

D.猶太教

7.題目的難度應該適中，避免過度簡單或過度困難

為了協助教師正確掌握學生的學習成果，測驗的試題最好難易適中，應避免出現所有學生都答對的簡單題目，也應避免所有學生皆答錯的困難題目，否則並無法提供教師有用的評量訊息。

8.題目的答案應避免有爭議性

題目的解答，應該是大家公認的正確答案，答案應避免具有爭議性。例如以下的是非題答案，是具有爭議性的。

（　　）冥王星是太陽系的行星。

由於西元 2006 年國際天文學聯會所召開的會議中，將冥王星從太陽系

的九大行星中排除，因此，2006 年之後，冥王星就不隸屬太陽系的行星，但 2006 年以前，冥王星是屬於太陽系的行星。建議上述具爭議的題目，可以修改為明確的指出「根據 2006 年國際天文學聯會」，則可避免不必要的爭議。

（　　）根據 2006 年國際天文學聯會的定義，冥王星是太陽系的行星。

9. 命題的數量應該多於命題計畫所預計的題數

由於出題者所命的題目並無法保證一定是優良試題，經過試題分析後，有些題目可能會被刪除，所以命題的數量應該多於命題計畫所預計的數量。至於命題的數量應該比預計的題數多幾道試題？若是編製標準化成就測驗，則命題題數可以考慮是定稿題數的 1.5 倍或 2 倍；若是教師自編的成就測驗，則命題題數最好可以比定稿題數多個 6 至 10 題。

10. 編好的試題應請別人進行題目的審查

試題編擬好之後，為了避免產生有爭議性的問題或答案，最好請專家學者或是其他教師，協助進行題目品質的審查。

教師在編寫是非題、選擇題、配合題等試題時，若能參照上述的十項編製原則，就能編寫出品質比較優良的試題。

㈡實作作業的編寫

採用實作評量時，如何編寫適當的實作作業，對教師而言，是一項艱鉅的工作。Spinelli（2006）曾提出實作作業設計的八個步驟，來協助教師編寫適切的實作作業。由於實作評量第十章才介紹，故建議讀者在閱讀此處有關實作作業的編寫時，可以同步參閱第十章第二節實作評量的作業類別。或是在閱讀第十章實作評量時，再回到此處複習，可以獲得較好的研讀成效。

1. 從一個想法開始

實作作業的設計，大多來自命題者的一個想法。這個想法的起源，可能來自上課的教科書或參考書、日常生活中的對話情境、報章雜誌、新聞廣播、網際網路、隨意的思索，或是神奇的靈感等。

2. 檢視該想法

產生實作作業的想法後，可能要思索這個想法是否適合變成一個實作作業。思考的問題包括：這個想法是否與學生所學的學科有關？是否符合學習目標？是否適合學生的程度？能否引起學生的作答興趣？是否實際可行？

3. 開始將該想法轉換

經過對該想法的檢視，確定該想法適合當作一個實作作業時，接著便要開始將該想法轉換成評量的作業。在轉換的過程中，需要考量這個想法可以與課程的哪個部分有所連結？如何將這個想法具體化為可以引起學生興趣的實作作業？由這個想法轉換成的作業，可以讓學生展現什麼能力？學生解決這個作業時，需要具備什麼基本知識與技能？如何評量學生在這個實作作業的表現結果？等等的問題。

仔細思量過上述的問題之後，需要開始草擬一個實作作業的初稿，初稿的內容包括實作作業的名稱、評量的對象、評量的學科領域、評量的目的、評量的教學目標、提供清楚解題方向的問題情境、所需完成的實作作業、評分者、受評對象，以及評分規準等等。

4. 考慮反應的型態

實作作業的初稿完成後，便得思索採用什麼方式讓學生呈現其作品。學生作品的呈現型態可以採用多元的方式，例如繳交書面的作業或報告、提出口頭報告、呈現實作歷程的資料、展出團體討論活動的記錄、透過布告欄的展示等方式。

5. 發展教師的筆記

確定展出作品的方式後，教師還要記錄一些關於實作作業的其他事項，例如解答這個實作作業時，學生事先需要知道哪些事項？需要使用到什麼材料或設備？此項實作作業是否會產生可能的問題？學生不會解答時，是否可以尋求他人的協助？學生是採個人或團體的方式完成實作作業？實作作業繳交的期限有多長？等等的問題。

6. 草擬一個評量的取向

完成實作作業的命題內容後，接著需要思考評量的方式。評量的重點是強調實作的歷程？實作的結果？或是同時兼重歷程與結果？是否需要評量有關情意與態度的特質（例如合作、堅持、認真投入等）？不同評分項目的計分，是否需要採用加權計分？評分規準是採用整體性的或是分析性的方式？等等的問題。

7.試驗這個作業

設計好實作作業後，可以先請同事對你設計的實作作業，提供一些回饋。然後將你設計的實作作業，讓幾個不同班級的學生嘗試練習。根據同事的意見與學生實作的回饋資料，決定實作作業是否可行？是否有需要修改的地方？

8.修改需要修正的地方

實作作業經過試驗後，若發現有需要修改的地方（包括實作作業本身、教師的筆記或是評量的方式等），則根據學生的回饋資料，進行適當的修正，讓實作作業可以真正展現出學生的學習表現。

實作作業的設計，對許多只熟悉傳統試題編製的教師而言，確實是一項嶄新的挑戰，教師若能按照上述的八個步驟，相信應該可以逐漸熟悉實作作業的命題方式。

二、測驗的編排

試題編寫的工作完成後，下一個步驟就是測驗的編排。許多測驗編製者常忽略測驗編排的重要性，而測驗編排的好壞，會直接影響答題者的作答心情。

若編製的測驗屬於標準化成就測驗，通常測驗一開始便是一段說明如何作答的指導語；若是教師自編的成就測驗，由於學生已相當清楚作答的方式，教師常會省略作答指導語。

以下提供幾點測驗編排的原則，供測驗編製者進行測驗編排時參考：

1.題目的難度由簡單至困難依序呈現

這是相當重要的一項測驗編排原則，如此的排列方式，作答者一開始作答時，遇到簡單的試題，比較容易有答對的機會，有助於培養答題者的作答信心。相反地，若將困難的試題排在最前面，容易造成答題者的考試焦慮，而影響其評量的表現。

2.題目依據題型的類別加以編排

題目的編排方式，雖然也可依據每個學習單元的方式排列，但較常見的編排方式是依據題目的類型，並且將挑選反應試題安排在建構反應試題之前。根據題型編排的方式，較常編排的題型順序為是非題、選擇題、配合題、填充題、簡答題、問答題等。

3.題目的間距避免過度擁擠

每道題目之間的距離避免過短，否則容易造成答題者的視覺混淆。若試卷的版面空間足夠大的話，可以考慮採用較寬鬆的排列方式，例如下列兩道選擇題的排列方式，前一題橫式的排法較為擁擠，後一題直式的排法較為寬鬆。

（　　）登革熱的傳染媒介是哪一種動物？　A.蒼蠅　B.蚊子　C.蟑螂　D.老鼠

（　　）登革熱的傳染媒介是哪一種動物？

A.蒼蠅

B.蚊子

C.蟑螂

D.老鼠

4.試題的字體避免過小

學生在作答考卷時，若試題的字體太小，容易造成視覺的疲勞，影響學生的表現。如同教科書的字體會因不同年級而有不同的字體大小，年級越小的學生，考卷上的字體應該較大，隨著年級的增大，考卷的字體可以縮小，但不宜過小。

5.每道題目的配分，應該標示清楚

測驗卷上每道試題的得分，應該要標示清楚，讓受試者可以清楚知道哪些題目所占的分數較高，在填答時可以作為答題順序的參考。每道題目的配分，通常標示在題型的標題上。有些測驗編製者不會直接寫出每題的得分，而是改以每種題型的總分代替，例如選擇題有 10 題，總分為 30 分。

第五節　測驗的施測與測驗結果的評估

測驗編排完成後，下一個步驟即是進行測驗的施測工作，最後，根據測驗所獲得的結果，來評估測驗編製的結果，底下分成測驗的施測與測驗結果的評估等兩個部分來介紹。

一、測驗的施測

進行測驗的施測之前，最重要的一件事是讓受試者清楚知道正確的施測日期與時間。無預警的臨時施測，容易造成受試者的測試焦慮，增加測驗結果的誤差。

測驗正式開始施測時，必須先說明施測指導語。倘若是標準化成就測驗的施測，施測指導語的說明，必須按照規定的方式進行；若是教師自編的成就測驗，通常會省略施測指導語的部分。

除了宣讀施測指導語之外，也還需說明下列幾項相關事項：

1. 測試的時間

受試者能清楚掌握施測的時間，便能根據時間的多寡，決定所要採取的作答策略。因此，施測者必須讓受試者清楚知道考試的時間有多長。

2. 答案是直接寫在測驗卷上或是寫在另外一張答案卷上

有些測驗的答題方式是直接將答案寫在考試卷上，有些測驗則是另外備有答案卷。施測者在施測時，應該告知答案的填答位置。

3. 是否可以採用鉛筆作答

比較正式的考試，例如公職考試或入學考試，常會規定不得以鉛筆作答。為了避免因鉛筆作答而不計分的困擾，施測者應該告知是否可以採用鉛筆作答。

4. 答錯時是否會倒扣分數

有些測驗為了避免受試者因猜題而得分的情形，會採取答錯倒扣分數的評分方式，因為答錯會倒扣分數，受試者對於沒有十分把握的試題，就比較不會貿然採取猜題的策略。相對地，若答錯不會倒扣分數時，受試者對不會的題目，就會採取猜題的作答方式。因此，施測者應該讓受試者清楚知道答錯是否會倒扣分數。

二、測驗結果的評估

測驗施測結束後，即可開始進行評分的工作。而閱卷工作結束後，最後，還需要進行包括試題的難度、鑑別度、效度、信度等測驗結果的分析，並且根據這些測驗結果來評估測驗編製的成功與否。有關難度、鑑別度、效度、信度等測驗結果的評估方式，將在第六、七、八章做詳盡的介紹。

第六節　總　結

學校的平常考或是段考考卷，都是由任課教師自行編製，因此，教師應該清楚測驗編製的歷程。一個完整的測驗編製歷程，主要包括決定測驗編製的目的、發展測驗的細目表、確定測驗的題型、試題的編寫、測驗的編排、測驗的施測，以及測驗結果的評估等歷程。

教師在自編測驗時，除了應清楚瞭解測驗的編製目的之外，也應具有設計雙向細目表的能力。另外，在試題的編寫、測驗的編排、測驗的施測、測驗結果的評估等方面，可參考前面所提出的一些注意事項，才能編製出一份合適的測驗。

第三章 習題

一、你覺得國中七年級學生的入學編班，若是根據安置性測驗的得分，可能會有什麼優缺點？

二、請練習設計一份雙向細目表，先挑選命題的科目與單元，再配合 Anderson 等人（2001）所提出的認知領域學習目標的修正版，可參考表 3–2 的作法。

三、你認為形成性測驗與總結性測驗的題型，在挑選反應試題與建構反應試題的試題比例上，是否應該有所不同？

四、有些教師命題時，習慣將困難的題目擺在試卷的最前面，你覺得如此的作法會對學生產生什麼影響？

五、有些入學考試，針對答錯的題目，會採用倒扣分數的方式，你認為這樣的作法合理嗎？

第四章　挑選反應試題的編製

透過是非題、選擇題、配合題等挑選反應的題目施測，可以快速獲得學生學習成果的訊息，因而是許多教師喜愛採用的考試題型。本章主要是介紹挑選反應試題的編製，底下將分別針對是非題的性質與編寫原則、選擇題的性質與編寫原則，以及配合題的性質與編寫原則等部分進行介紹。

第一節　是非題的性質

是非題這一類的題型，如表 4-1 所示，主要是讓學生判斷一個陳述句的對錯，認為陳述句是對的，則在空格中填上「○」，或是填上「對」；認為陳述句是錯的，則在空格中填上「×」，或是填上「錯」。由於是非題的命題與閱卷都較為簡便，透過是非題的施測，可以快速評估學生對基本概念的理解程度，所以是非題是中小學教師常採用的考題。

表 4-1
是非題的例題

（　　）鎳氫電池是屬於可以重複充電的電池。
（　　）英國的國家治理方式是屬於民主共和的型態。
（　　）三角形的邊長分別是 5 公分、12 公分、13 公分，則此三角形是直角三角形。

採用是非題評量學生的學習成果，具有下列的優點：

1. 是非題的評量範圍，較能涵蓋上課所學的教材

是非題由於作答快速，一份考卷可以出較多的是非題，教師課堂所上的每個單元，都可以透過是非題來評量，因而是非題的評量內容比較具有代表性。

2. 是非題的計分很快速

計分快速是是非題一個相當大的優勢，除了讓教師可以節省許多閱卷的時間之外，也可以讓教師快速瞭解學生的答題情形。

3. 是非題的計分很客觀

是非題的計分很客觀，不會因不同的閱卷者而有不同的批閱分數。除非批改錯誤，否則是非題評分結果的一致性相當高。

是非題雖具有上述幾項優點，但也有下列幾項限制：

1. 是非題較常評量到學生低層次的記憶性知識

是非題受限於只能讓學生對一個陳述句判斷對錯的關係，造成最大的限制是常只能評量到學生較低層次的記憶性知識，不太容易評量到較高層次的認知能力。

2. 是非題缺乏學習診斷的功能

教師不易從學生對於是非題的答題情形，瞭解學生具有哪些錯誤的概念。例如下面的例題，正確答案是「○」，若有學生的答案是「×」，則教師不易判斷學生的錯誤觀念，是由於電解的實驗可以將電能轉換為光能，或是轉換成熱能，抑或是轉換成力學能。

（　　）透過電解的實驗，可以將電能轉換為化學能。

3. 是非題容易讓不會的學生猜對答案

對於不知道正確答案的學生，可以從「○」與「×」中，挑選其中一個來回答，猜對的機率可以高達 50%。由於猜題的關係，無法讓教師掌握學生的真實學習成果。

第二節　是非題的編寫原則

雖然是非題的編製工作，對許多教師而言，不是件難事。但在編製過程中，若忽略了應該注意的編製原則，則容易編製出品質不佳的是非題。

有關是非題的編製原則，許多教育與心理測驗的相關書籍都有詳盡的說明，而 Frisbie 與 Becker（1991）參考十七本有關教育測驗的教科書，根據「題目的用語」、「題目的內容」以及「題目的形式」等三個層面，綜合整理出二十一點有關是非題編製的原則，底下說明這二十一點應注意的原則。

一、題目的用語

1. 避免使用特定暗示性的字詞

是非題若出現某些帶有提示性的特定字詞時，容易提高受試者猜題的成功機率。例如當題目出現「所有」、「絕不」、「總是」等極端肯定的字詞時，是非題的正確答案常常是「×」；若出現「有時」、「通常」、「經常」等不是十分確定的字詞時，則是非題的正確答案常常是「○」。

不良試題：(　　) 所有液體的沸點都是 100°C。

修正試題：(　　) 酒精的沸點是 100°C。

2. 避免使用否定的字詞，尤其是雙重否定

受試者遇到否定字詞時，比較容易引起作答的焦慮。若是採用雙重否定的字詞，則容易造成受試者閱讀理解上的困難，兩者都容易影響受試者的答題表現。

不良試題：(　　) 鈍角三角形的三個內角都不是沒有小於 90 度。

修正試題：(　　) 鈍角三角形只有一個大於 90 度的內角。

3. 一道試題只測量一個概念

每一題是非題最好只測量一個概念，才能精準的瞭解受試者對此一概念是否有正確的掌握。若同時測量兩個以上的概念，則無法精準的瞭解受試者的錯誤概念，例如想評量學生是否瞭解肺結核病是受到結核桿菌的感染，而非許多人誤認的「營養不良」或是「操勞過度」，教師出了一道同時包含「營養不良是否會引起肺結核病」與「過度疲勞是否會引起肺結核病」兩個概念的是非題。

不良試題：(　　) 肺結核病是由營養不良與過度疲勞所引起的。

當受試者在此題的回答情形是「×」的時候，代表答對此道題目。然而答對此道試題的受試者卻可能有三種不同的概念理解情形：第一種認為「營養不良與過度疲勞」都不會引起肺結核病，第二種認為「營養不良」會，但「過度疲勞」不會引起肺結核病，第三種認為「營養不良」不會，但「過度疲勞」會引起肺結核病。上述三種答對的情形，教師並無法判斷受試者是具有第一種完全正確的概念，或是具有第二種或第三種部分正確的概念。若將題目修改為下面的兩道試題，則教師可以清楚瞭解受試者是否清楚「營養不良」與「過度疲勞」能否引起肺結核病。

修正試題：(　　) 肺結核病是由營養不良所引起的。

修正試題：(　　) 肺結核病是由過度疲勞所引起的。

4. 使用正確的字詞，避免字義的模糊

由於是非題是屬於一種「非對即錯」的二分判斷，因此在題目的用詞，應該力求精準，避免出現字義模糊的狀況，否則容易造成有爭議性的答案。

5. 盡可能精準的陳述概念的意涵

如同第 4 點原則，模糊的概念意涵，容易讓答案出現爭議性，因此，應該精準地說明概念的正確意涵。

6. 避免使用複雜的語言、句子結構和字詞

是非題的主要評量目的，是想瞭解受試者對於基礎性概念或原則的理解程度，並非想評量受試者的語文閱讀能力。因此，題目所使用的語句，盡可能簡單易懂，應避免出現複雜難懂的語句。

7. 在不可預測的情況下，使用特定的字詞

這個原則與第 1 點的「避免使用特定暗示性的字詞」似乎不太一致，原則上應該避免採用特定的字詞，但遇到不可預測的狀況下，可考慮採用一些引導式的用詞。

8.測量意見的時候，提供適切的參考來源

由於不同的機構、團體或個人，對於某種意見常會有不同的看法。為了避免引用不同的資料來源，導致沒有統一見解的正確答案，在測量意見的時候，最好提供具有公信度的資料參考來源。

二、題目的內容

9.避免直接從課文抄錄題目

是非題的陳述，應避免從課文中直接抄錄，如此容易造成受試者只要背誦課文即可得分的情形。若要擷取某段課文的內容命題，應該要加以改寫，才有辦法評量受試者是否理解課文的概念。

10.題目的陳述應該清楚呈現是對的或是錯的

是非題的陳述句，應該清楚顯示是對的或是錯的，避免發生有部分是對的，有部分是錯的情形。

不良試題：(　　) 3是57的因數，3也是112的因數。

修正試題：(　　) 3是57和111的公因數。

11.避免刁鑽的試題

是非題主要是評量受試者能否理解基本概念或技能，應避免故意評量刁鑽的概念或技能。例如下面的數學例題，$\sqrt{245}\times\sqrt{20}\times\sqrt{16}$ 強調評量受試者對於繁瑣計算歷程的能力，而 $\sqrt{5\times7\times7}\times\sqrt{4\times5}\times\sqrt{2\times4\times2}$ 則評量基本概念（$\sqrt{a}\times\sqrt{a}=a$）的理解。

不良試題：(　　) $\sqrt{490}\times\sqrt{20}\times\sqrt{8}$ 的數值等於280。

修正試題：(　　) $\sqrt{5\times7\times7}\times\sqrt{4\times5}\times\sqrt{2\times4\times2}$ 的數值等於280。

12.只測量重要的概念，避免過於瑣碎的陳述

是非題的題目若過於瑣碎，容易降低學生的填答意願，造成學生無法充分展現其學習成果。因此，是非題的陳述應強調重要的概念，避免過度繁瑣的描述。

不良試題：(　　) 老子認為文明是人類痛苦與罪惡的來源，世上會有貪詐的行為，皆源自知識與智慧。人類累積越多的知識與智慧，也隨之產生越多的痛苦與罪惡。因此，老子主張廢棄知識與文字。

修正試題：(　　) 老子認為文明是人類痛苦與罪惡的來源，因而主張廢棄知識與文字。

13.**題目應鎖定在特定的內容，而非一般的內容**

是非題應該針對某一個特定的概念而命題，若採用一般的內容命題，容易產生題目涉及的範圍較廣，而不易判斷對錯的情形。

14.**當題目使用前提時，應確保前提的真實性**

當題目使用到前提時，假若前提是有問題的，則以前提為基礎的題目，自然會產生問題。因此，使用前提時，應該確保前提具有真實性與正確性。例如下面的不良試題有一個前提「根據 2005 年國際天文學聯會的新定義」，但國際天文學聯會是在 2006 年而非 2005 年對行星提出新的定義，則這個前提是有問題的，自然會影響題目的正確性。

不良試題：(　　) 根據 2005 年國際天文學聯會的新定義，冥王星已不是太陽系的行星。

修正試題：(　　) 根據 2006 年國際天文學聯會的新定義，冥王星已不是太陽系的行星。

15.**題目應評量學生是否瞭解，而非只是評量學生記憶性的知識**

是非題常被批評的缺點是只能評量學生背誦性的知識，較無法評量高層次的思考歷程。教師在編寫是非題時，除了評量學生是否具備基礎的事實性知識之外，也應評量學生對於概念或原則的理解與應用。

三、題目的形式

16.避免對與錯的正確答案，在數量上的分配不太平均

是非題對與錯的正確答案數量，應避免差異太大，否則容易因採用不同的猜題方式，而讓同樣程度的學生，產生得分有很大差異的情形，導致測量產生較大的誤差。例如 10 題是非題（每題 2 分），正確答案為「○」的有 8 題，正確答案為「×」的有 2 題，假若 A 生與 B 生兩人都不知道 10 題是非題的正確答案，都採用猜題的方式，A 生全部 10 題都猜「○」，則可獲得 16 分，相對地，B 生全部 10 題都猜「×」，卻只獲得 4 分。如此，A 生與 B 生的程度是一樣的，但得分卻有很大的差異，將造成較大的測量誤差。

17.對的正確答案與錯的正確答案，在題目的字數上應盡量相近

許多教師對於是非題的命題，常出現當正確答案是「○」時，會用比較多的字詞來陳述，若是正確答案是「×」時，則用比較簡短的陳述語句。如此，容易提供受試者藉由題目字數的多寡，作為猜題的線索。因此，不論正確答案是對或是錯，題目的字數長度應該要相近。

18.避免正確答案呈現特定的型態出現

是非題對或錯的正確答案，應以隨機的型態出現，避免出現特定的型態，以免協助受試者猜對答案。例如 10 題是非題的正確答案呈現下列四種的排列方式，則容易提供受試者猜題的線索。

「○、○、○、○、○、×、×、×、×、×」

「×、×、×、×、×、○、○、○、○、○」

「○、×、○、×、○、×、○、×、○、×」

「×、○、×、○、×、○、×、○、×、○」

19.題目出現否定字詞時，應將否定字詞特別標示清楚

前面第 2 點原則曾提到題目應盡量避免出現否定的字詞，但有時需要採用否定字詞才能讓題意清楚呈現，則應該將否定字詞以**字體加粗**或<u>畫底</u>

線的方式呈現，明確的提醒受試者注意。

不良試題：(　　)座標點（x, y）落在第二象限，則 x 不可能為正數。

修正試題：(　　)座標點（x, y）落在第二象限，則 x 不可能為正數。

20.建議使用較多錯誤陳述的題目

受試者在面對錯誤的陳述時，必須清楚瞭解錯誤的地方，才能判斷答案是否正確。因此，命題時可以考慮採用較多的錯誤陳述。

21.作答指導語應說明如何填答

是非題的作答方式，通常是在空格填上「○」或是「×」，若有不同的填答方式（例如，對的題目圈選 "T"，錯的題目圈選 "F"），應該要有清楚的作答指導語說明。

教師在編寫是非題時，可參考上述的 21 點原則，相信可以協助教師編寫較適切的是非題。

第三節　選擇題的性質

一道選擇題的組成成分，通常包括題幹（stem）與選項（alternatives）兩個部分。題幹是選擇題所呈現出的問題情境，選項則是問題情境的可能解答，選項則有正確選項（correct choice）與誘答選項（distractor）兩種，正確選項即為正確答案，誘答選項則是錯誤的選項，如表 4–2 所示。

表 4–2
選擇題的組成成分

下列的三態變化反應中，何者是放熱反應？	題幹
A. 固態變成液態	誘答選項
B. 固態變成氣態	誘答選項
C. 液態變成氣態	誘答選項
D. 液態變成固態	正確選項

若以題幹的寫法區分，選擇題可分成兩種形式：完全問句（complete

question）與不完全敘述句（imcomplete statement）。完全問句是指題幹呈現完整的問題，受試者閱讀題幹之後，即能清楚瞭解題目的意思；不完全敘述句是指題幹呈現不完整的問題，作答者必須將題幹與選項閱讀完之後，才能清楚題目的用意，表 4–3 為完全問句與不完全敘述句的選擇題實例。

表 4–3
完全問句與不完全敘述句的選擇題實例

完全問句的選擇題	不完全敘述句的選擇題
下列的蔬果何者是屬於水果類？ A. 茄子 B. 苦瓜 C. 絲瓜 D. 香瓜 *	高雄市位於臺灣的： A. 北部 B. 中部 C. 南部 * D. 東部

註：* 代表正確選項

若根據正確選項的性質區分，選擇題可分為正確答案與最佳答案兩類。正確答案是指正確選項是唯一絕對的標準答案；最佳答案是指正確選項是所有的選項相較之下，比較合適的答案。由於最佳答案的題目並沒有唯一絕對正確的答案，常會引起爭議性，表 4–4 為正確答案與最佳答案的選擇題實例。

表 4–4
正確答案與最佳答案的選擇題實例

正確答案的選擇題	最佳答案的選擇題
下列何者是測量長度的單位？ A. 公斤 B. 公升 C. 公尺 * D. 公頃	想測量教室的長度，哪一種測量單位是比較適合的？ A. 公寸 B. 公分 C. 公尺 * D. 公里

註：* 代表正確選項

選擇題可說是中小學教師最常使用的考試題型，它具有下列的優點：

1. **若命題得宜的話，選擇題可以評量低層次與高層次的認知能力**

雖然選擇題常被批評為容易評量到學生的低層次認知能力，但若經過適當的設計，選擇題也可以評量比較、應用、分析的高層次認知能力。例如近年來，國中教育會考的選擇題，不再像從前只是偏重記憶性的知識，而是強調評量學生能否融會貫通的高層次認知能力。

2. 選擇題適用各種不同的學科領域

選擇題的應用非常廣泛，不論是強調文章賞析的語文課、重視問題解決的數學課、強調實驗操作的自然課、聚焦概念理解的社會課，都可透過選擇題，來評量所欲評量的知識與認知能力。

3. 選擇題的評量範圍，較能涵蓋上課所學的教材

如同是非題一樣，選擇題答題所需的時間較短，一份測驗可以有較多的選擇題。因此，選擇題的評量範圍，較能涵蓋教師課堂上教過的所有內容，試題的內容代表性較佳。

4. 選擇題具有教學診斷的功能

教師在撰寫選擇題的題目時，可以將課堂上學生較容易犯的錯誤，當成誘答選項。藉由學生所挑選的誘答選項中，教師即可瞭解學生的錯誤類型。透過合宜的誘答選項安排，選擇題是能具有教學診斷的功能。

5. 選擇題的計分很快速

如同是非題一樣，選擇題的計分也很快速，教師可以很迅速的瞭解學生的學習狀況。

6. 選擇題的計分很客觀

如同是非題一樣，選擇題的計分很客觀，不會因不同的評分者，而產生不同分數的現象，所以選擇題評分結果一致性也很高。

選擇題雖具有上述幾項優點，但也有下列幾項限制：

1. 設計不當的話，選擇題常流於評量低層次的認知能力

若沒有細心的命題，選擇題很容易變成只評量到學生的記憶性知識，這是選擇題最常被批評的限制。但若用心的命題，選擇題還是可以評量到高層次的認知能力，例如國中教育會考的試題。

2. 撰寫品質優良的選擇題，是費時的工作

如同前面所提及的，若用心命題的話，選擇題也可以評量到高層次的認知能力。但編寫出品質優良的選擇題，卻是一件相當費時的工作。

3. 選擇題的選項，不易編寫

選擇題通常有四個選項，想要設計具有誘答力的誘答選項，不是件容易的事。許多有編寫選擇題經驗的命題者，常有一個痛苦的經驗，就是好不容易想了三個選項，卻不容易編寫出第四個選項。

4. 選擇題無法避免猜題的干擾

當學生不會某一題選擇題時，在沒有倒扣分數的情況下，就無法避免學生採用猜測答案的策略。雖然選擇題的猜對機率遠低於是非題，但相較於建構反應題目，選擇題還是會受到猜題的干擾。數學科的問題，若採用選擇題的型態，更容易提供學生猜題的線索。

以下列的數學例題為例，若改成填充題，則會是一道能評量高層次思考的題目，並不易讓學生猜對答案。但若以選擇題型態命題，則不會計算答案的學生，只要從 A 選項至 D 選項，逐一把選項所提供的數值，代入題目中，即可輕易的獲得正確答案□ = 3，◇ = 4。

（　　）下列的算式為二位數的乘法，請問□與◇各為多少？

A. □ = 2，◇ = 6

* B. □ = 3，◇ = 4

C. □ = 4，◇ = 3

D. □ = 6，◇ = 2

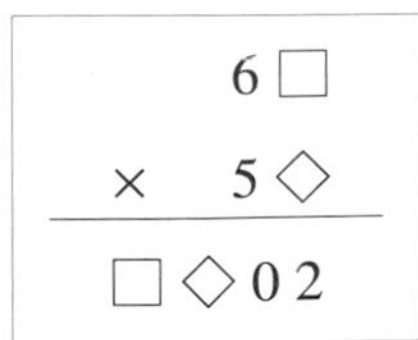

第四節　選擇題的編寫原則

雖然選擇題是中小學教師最常編製的試題，但若不留意的話，可能會編寫出有爭議性的題目。有關選擇題的編製原則，許多教育測驗與評量的教科書，都有專門的章節介紹。但介紹最詳細的，就屬 Haladyna 等人（2002）的文章。他們針對二十七本教育測驗的教科書，以及二十七篇探討選擇題的研究論文，分析這些書籍與論文所提出關於撰寫選擇題試題的原則，針對「題目的內容」、「題目的格式」、「題目的文體」、「題幹的撰寫」，以及「選項的撰寫」等五方面，歸納出三十一點較常被提及的撰寫原則。底下就以中小學的評量內容，舉例說明這三十一點應注意的原則。

一、題目的內容

1. 每道試題需反映特定的內容與特定的心智行為

選擇題的命題，每道試題都必須符合雙向細目表所規劃的教材內容與學習目標兩個層面，亦即每一道題目都是出自於某個教材單元，同時有其所欲評量的學習目標。

2. 每道試題應評量重要的學習內容，而非評量細微的內容

試題的評量重點應該關注在重要的知識，避免評量枝微末節的知識。例如下列的例題，測量學生是否瞭解座標點 (a, b) 表示方式的稱法，是相當細微的記憶性知識。若改為評量根據座標點 (a, b) 位於哪個象限，再判斷 a, b 的數值大小，則屬於評量較高層次的理解與應用。例題中的＊代表正確答案，以下各例題皆同。

不良試題：（　　）座標點 (a, b) 的表示方式，我們稱為什麼？

＊A. 數對
　B. 數標
　C. 數址
　D. 數線

修正試題：(　　) 座標點 (a, b) 落在 X 軸線的上方，Y 軸線的左邊，請選出下列正確的敘述：

A. $a > 0, b > 0$

B. $a > 0, b < 0$

* C. $a < 0, b > 0$

D. $a < 0, b < 0$

3. 若想評量較高層次的思考能力，建議採用學生陌生的題材

若想評量學生高層次的思考能力，應避免以課堂上討論過的上課內容，作為命題的題材。因為經過課堂上的講解與討論，容易讓原本欲評量學生高層次的思考，造成實際上只是評量到學生的記憶能力。因此，可考慮採用學生不熟悉的課外資料，作為命題的素材。

4. 避免題目與題目之間具有關連性

試題與試題之間若具有關連性，容易提供不知道答案的學生，透過兩道題目之間的關連性，尋找答案的線索。

5. 避免過度特定或過度廣泛的題目

評量過度特定的知識內容，容易造成評量到很細微的事實性知識；而評量過度一般性的原理原則，則可能產生有例外的情形。因此，題目的評量內容應避免過度特定或過度廣泛。

6. 避免以意見作為命題的依據

意見的陳述並沒有絕對的對錯，若採用意見作為命題的依據，容易造成有爭議性的答案。為了避免產生見仁見智的見解，題目的內容應以學術界所認可的知識，作為命題的依據。

不良試題：(　　) 下列何者是唐朝最偉大的詩人？

A. 李白

B. 杜甫

C. 王維

D. 杜牧

修正試題：(　　) 下列的唐朝詩人，何者有詩仙的美名？

* A. 李白

B. 杜甫

C. 王維

D. 杜牧

7. 避免出欺弄學生的試題

評量的目的是協助學生瞭解自己的學習狀況，故意出欺弄學生的試題，除了無法達到上述的目的之外，也容易讓學生對測驗產生反感，甚至產生考試焦慮。

不良試題：(　　) 有一個農夫養了 35 頭黑羊和 12 頭白羊，請問農夫今年幾歲？

A. 23 歲

B. 47 歲

C. 55 歲

* D. 無法知道

修正試題：(　　) 有一個農夫養了 35 頭黑羊和 12 頭白羊，他今年的歲數，恰好是黑羊與白羊的總和，再加上 5，請問農夫今年幾歲？

A. 17 歲

B. 40 歲

C. 47 歲

* D. 52 歲

8. 題目的用字，應符合受測學生的語文程度

題目所使用的字彙、用語，若超過學生的語文程度，容易造成無法評量到所欲評量的知識。例如下列的數學文字題「今有雉、兔同籠，上有三十五頭，下有九十四足，問雉、兔各幾何？」是出自《孫子算經》的一道

題目，原先是打算用來評量學生的數學解題能力，但因用較難懂的古文，讓學生看不懂題意，導致無法評量到學生的數學解題能力，而只是評量到學生的語文能力。因此，除非題目的用意是評量學生的語文能力，否則題目的用語應符合學生的語文程度。

不良試題：（　　）今有雉、兔同籠，上有三十五頭，下有九十四足，問雉、兔各幾何？

A. 雉 20 隻、兔 15 隻

B. 雉 21 隻、兔 14 隻

C. 雉 22 隻、兔 13 隻

* D. 雉 23 隻、兔 12 隻

修正試題：（　　）已知有 40 隻的雞和兔，一同關在籠子裡，雞和兔共有 124 隻腳，請問籠子裡有幾隻雞？幾隻兔？

A. 雞 17 隻、兔 23 隻

* B. 雞 18 隻、兔 22 隻

C. 雞 19 隻、兔 21 隻

D. 雞 20 隻、兔 20 隻

二、題目的格式

9. 少用多重選擇題

多重選擇題的形式是在選擇題的題幹中，出現許多個項目，然後將這些在題幹中的項目，以排列組合的方式，出現在選項中。採用多重選擇的優點是可以評量學生對不同概念之相關性的理解程度，多重選擇題的缺點是容易提供答題的線索，當學生知道某個概念是錯誤的，透過消去法，可以輕易獲得正確答案，例如下列的例題，當學生知道《水經》不是屬於《四庫全書》的經部時，透過消去法，可以馬上知道答案為 B。

多重選擇題：(　　) 下列的書籍中：①《詩經》②《左傳》③《水經》④《說文解字》，哪些是歸屬於《四庫全書》的經部？

A. ①、②、③

* B. ①、②、④

C. ①、③、④

D. ②、③、④

一般選擇題：(　　) 下列的書籍，哪一本是歸屬於《四庫全書》的經部？

* A. 《左傳》

B. 《水經》

C. 《世說新語》

D. 《戰國策》

10.試題建議採直立的排列方式

試題採用橫列的排列方式，優點是可以節省空間，缺點是容易造成作答者的閱讀干擾。相對地，直立的排列方式，其優缺點恰好與橫列的相反。若空間允許的話，建議採用直立的排列方式。

橫列的試題排列：(　　) 下列哪一個山脈是位於歐洲大陸上？　A. 喜馬拉雅山脈　B. 阿爾卑斯山脈　C. 洛磯山脈　D. 安地斯山脈

直立的試題排列：(　　) 下列哪一個山脈是位於歐洲大陸上？

A. 喜馬拉雅山脈

* B. 阿爾卑斯山脈

C. 洛磯山脈

D. 安地斯山脈

三、題目的文體

11.題目必須經過編修與校正

題目編寫好之後，必須反覆的檢查與校正，看看是否有錯別字、題意是否清楚、正確選項的設計是否有爭議、正確選項是否只有一個……等等事項。題目若有不適切的地方，則需進行編修。

12.使用正確的文法、標點、大小寫和拼寫

除了檢查題目是否有錯別字、題意是否清楚之外，也必須注意標點符號的使用是否正確。另外，如果是英文試題的話，也需考慮文法、大小寫、拼寫等是否有錯誤。

13.題目的字數應避免過多

題目的字數過多時，作答者必須花費較多的時間，才能瞭解題意，會因而擠壓到作答其他題目的時間，造成作答者的考試焦慮。不過，因素養導向試題強調真實問題情境，所以在編寫素養導向的試題時，題目可有較多的文字敘述。

四、題幹的撰寫

14.確定每道試題的題幹有明確的答題方向

選擇題的題幹，若缺乏明確的答題方向，容易造成學生不知如何作答的困擾。題幹具有明確的答題方向，也可以避免不必要的爭議。

15.試題的主要概念應出現在題幹而非出現在選項

題目的設計，應該讓學生閱讀完題幹之後，就能清楚掌握評量的重點。因此，評量的主要概念應該放在題幹的部分，為了達到此目的，最好採用完全問句的選擇題命題方式，而不要採用不完全敘述句的命題方式。

16.題幹避免過度冗長

題幹若過度冗長，容易產生過多無關的訊息，反而干擾所欲評量的重點，造成作答者的閱讀困擾。題幹雖然不要過度冗長，但也不要過度簡短，否則也容易導致題幹無法清楚呈現所欲評量的重點。例如下面的例題，主要是想評量學生是否知道聖母峰是世界第一高峰，因此，題幹不需要詳盡的介紹喜馬拉雅山的概況。

不良試題：(　　) 喜馬拉雅山是世界最高大的山脈，它分布於中國、尼泊爾、不丹、錫金、巴基斯坦、印度等國，西起印度河的轉折處，東至雅魯藏布江的轉折處。全世界的第一高峰即是屬於喜馬拉雅山的高峰。請問哪一個山峰是全世界最高峰？

A. 奧斯騰峰

* B. 聖母峰

C. 白朗峰

D. 艾伯特峰

修正試題：(　　) 位於喜馬拉雅山的世界第一高峰，是哪一個高峰？

A. 奧斯騰峰

* B. 聖母峰

C. 白朗峰

D. 艾伯特峰

17.盡量避免採用否定字詞，必要時以畫底線或粗體字，強調否定字眼

題目應盡量避免出現否定的字詞，以免引起學生的焦慮。但若題目必須採用否定字詞才能判斷學生是否充分瞭解相關的概念時，則應該將否定字詞以**字體加粗**或畫底線的方式呈現，明確的提醒學生注意。

不良試題：(　　) 下列哪個城市不是與縣為同等級的地方自治團體？

* A. 基隆市

B. 花蓮市

C. 新竹市

D. 嘉義市

修正試題：(　　) 下列哪個地方自治團體不是屬於縣轄市？

* A. 基隆市

B. 花蓮市

C. 臺東市

D. 屏東市

五、選項的撰寫

18.盡可能撰寫較多的有效選項

選擇題的選項大部分是由 3 至 5 個所組成，其中，學校的評量最常使用 4 個選項，若是重大的升學考試，則較常使用 5 個選項。若每個選項的誘答力都很高，則選項越多，作答者猜對題目的機率就越低。但具誘答力的選項並不容易編寫，有些研究結果（Bruno & Dirkzwager, 1995; Rogers & Harley, 1999）即顯示，3 個選項是比較合適的選擇題型態。

19.確定所有選項中，只有一個正確答案

除了複選題可能會有兩個以上的正確答案之外，一般的選擇題都只有一個正確答案。命題應注意是否只有一個正確答案，若不注意時，常會發生有兩個正確答案的情形。

20.正確選項的位置應該隨機排列

正確選項的位置，不可出現特定的排列型態，以免學生藉此找出正確的答案。例如，十題選擇題的正確選項位置，若為下列三種排列方式，都容易提高學生猜對題目的機率。

「A、B、C、D、A、B、C、D、A、B」

「A、A、B、B、C、C、D、D、A、A」

「A、B、C、D、D、C、B、A、A、B」

21.選項採用邏輯或數字順序的呈現方式

選項的排列，若沒有依據邏輯或數字順序排列，容易擾亂學生的閱讀。例如下列的數學例題，選項的排列（0、 −2、3、 −3）並沒有根據由大至小，或由小至大的順序排列，容易干擾學生尋找正確的選項。

不良試題：(　　) $X^2+6X+9=0$ 的方程式中，X = ?

A. 0

B. −2

C. 3

* D. −3

修正試題：(　　) $X^2+8X+16=0$ 的方程式中，X = ?

A. 4

B. 0

* C. −4

D. −8

22.選項必須彼此獨立，避免選項有重疊的部分

選項若有重疊的部分，除了容易協助學生區辨正確選項與誘答選項，提高猜對題目的機率，也有可能產生爭議性的答案。例如下面的例題，美洲和北美洲、南美洲都有重複的地方，因此，很容易讓不會此道題目的學生，猜測多瑙河是位於歐洲。

不良試題：(　　) 著名的多瑙河是位於下列哪一個洲？

A. 美洲

B. 北美洲

C. 南美洲

* D. 歐洲

修正試題：(　　) 著名的多瑙河是位於下列哪一個洲？

A. 亞洲

* B. 歐洲

C. 非洲

D. 北美洲

23.選項在內容與文法結構上，應該具有同質性

正確選項與誘答選項，在內容與文法上，都應該具有相同的性質。若正確選項與其他誘答選項具有不同的性質，會讓受試者因而發覺正確答案。例如，下面的英文試題，正確選項是形容詞的 happy，其他的誘答選項都是名詞，受試者可能根據詞性的差異，而猜測出正確的答案。

不良試題：（　　）"Mary is a（　　）girl." 請選出適切的單字填入空格：

A. diligence
* B. happy
C. beauty
D. loneliness

修正試題：（　　）"Mary studies hard. She is a（　　）girl." 請選出適切的單字填入空格：

* A. diligent
B. happy
C. beautiful
D. lonely

24.選項的長度應該相等

有些命題者會有用較多字數來說明正確選項的傾向，如此容易提供不知道正確答案的學生，根據正確選項與誘答選項的字數差異，來推測可能的正確答案。

25.謹慎使用「以上皆非」的選項

選擇題的正確選項，若是以最佳答案的型態命題，則應避免使用「以上皆非」這個選項，因為最佳答案的問題，並沒有絕對的對錯，「以上皆非」自然可以成為正確的答案。另外，若是在有四個選項，並且是屬於比較大小關係的情況下，因為只有大於、等於或小於三種大小關係，則「以上皆非」一定是一個錯誤的選項。

不良試題：（　　）小華的身高 1.62 公尺，小明的身高 63 英吋，請問兩人身高的大小關係為何？

* A. 小華的身高大於小明的身高

B. 小華的身高等於小明的身高

C. 小華的身高小於小明的身高

D. 以上皆非

修正試題：（　　）小華的身高 1.62 公尺，小明的身高 63 英吋，請問兩人的身高，相差幾公分？

* A. 2 公分

B. 4 公分

C. 6 公分

D. 8 公分

26.避免採用「以上皆是」的選項

採用「以上皆是」的選項，容易提供答題的線索。例如四個選項的選擇題，當學生只知道兩個選項是正確的，不確定另一個選項是否正確時，他（她）則可以直接推測出「以上皆是」這個選項就是正確答案。例如，甲生知道立法院能對司法院院長與監察院院長行使人事任命的同意權，但不確定能否對考試院院長進行人事任命的同意權，若出現下面的選擇題，則甲生可以很容易的推測出正確答案為「D.以上皆是」。

（　　）立法院具有下列何者的人事任命同意權？

A. 司法院院長

B. 監察院院長

C. 考試院院長

* D. 以上皆是

當學生只知道兩個選項的正確與否（一個選項是正確的，一個選項是錯誤的），不確定另一個選項是否正確時，則他（她）可推測「以上皆是」

必定是錯誤的答案，所以正確答案就是已知兩個選項中那個正確的。例如，乙生知道立法院能對審計長行使人事任命同意權，但不能對教育部長行使人事任命同意權，若出現下面的選擇題，則乙生可以很容易推測「D.以上皆是」是錯誤的誘答選項，所以正確答案必定是「C.審計長」。

（　　）立法院具有下列何者的人事任命同意權？

A. 行政院院長

B. 教育部長

＊ C. 審計長

D. 以上皆是

27.選項盡量採用正向的敘述，避免負向的敘述

如同第 17 點屬於題幹方面的建議：盡量少用否定字詞，在選項的用語方面，同樣建議多用正向的語句敘述，少用負向的語句敘述。

28.避免提供正確答案的線索

選項的敘述若提供正確答案的線索，容易讓不知道正確答案的受試者，藉機尋找到解答。例如下列的例題「當冷、暖空氣移動方向接近平行，此時鋒面移動緩慢而近似滯留」，由於題幹出現的「滯留」，容易讓學生與 C 選項的「滯留鋒」作連結，造成提供學生正確答案的線索。

不良試題：（　　）當冷、暖空氣移動方向接近平行，此時鋒面移動緩慢而近似滯留，稱為何種鋒面？

A. 冷鋒

B. 暖鋒

＊ C. 滯留鋒

D. 囚錮鋒

修正試題：(　　) 當冷、暖空氣移動方向接近平行，此時鋒面移動緩慢，稱為何種鋒面？

A. 冷鋒

B. 暖鋒

* C. 滯留鋒

D. 囚錮鋒

29.誘答選項應具有似真性

誘答的選項應該具有似真性，讓不知正確答案的學生，會認為誘答選項就是正確答案。若是誘答選項的誘答力不高的話，就會提高猜題的成功機率。例如下面選擇題的 D 選項岡山區，是屬於高雄市的區域，所以一看就知道不是正確的答案。

不良試題：(　　) 鳳梨是臺南市哪一個鄉鎮的特產？

* A. 關廟區

B. 仁德區

C. 鹽水區

D. 岡山區

修正試題：(　　) 鳳梨是臺南市哪一個鄉鎮的特產？

* A. 關廟區

B. 仁德區

C. 鹽水區

D. 白河區

30.以學生較常犯的錯誤，作為誘答選項

教師在命題時，若能將課堂上學生容易犯的錯誤，作為誘答的選項，則可藉此瞭解學生錯誤的類型，進行處方性的補救教學。例如有些國小四年級的學生，常無法理解「先乘除，後加減」的四則運算規則，可將學生容易犯的錯誤，作為誘答選項，透過下面的例題，來發覺學生的錯誤類型。

(　　) 5×8－6÷2＝?

A. 5

B. 17

C. 25

* D. 37

31.屬於教師自編的測驗，可以考慮採用有趣的選項

採用有趣的選項，例如下面的試題，可能會讓學生覺得有趣，而降低學生答題的焦慮感。不過，有趣的選項只適合偶爾出現在教師自編的測驗中，不適合出現在正式的評量活動中。

(　　)《詩經・碩人》中的「膚如凝脂」最適合用來形容何人？

A. 灰姑娘

* B. 白雪公主

C. 小美人魚

D. 茉莉公主

第五節　配合題的性質

配合題是一種評量概念與概念之間所具有的關連性之題型，它包含兩個部分，一個是前提項目（**premises**），另一個是反應項目（**responses**）。配合題可視為選擇題的一種變形，它是由許多道題目與許多個選項所組合而成的，而前提項目就類似選擇題的題幹，反應項目就類似選擇題的選項。由於需要提醒學生如何連結概念與概念的關連性，所以，配合題常會有作答說明，如表 4–5 所示。

表 4–5

配合題的實例

作答說明：左邊是有關動物分類的問題，右邊是可能的答案，每個問題只有一個正確答案。請以 A, B, C, D, E, F 的代碼，填入左邊的空格。

( )	1. 屬於哺乳類的動物	A. 魟
( )	2. 屬於鳥類的動物	B. 駱駝
( )	3. 屬於爬蟲類的動物	C. 蜥蜴
( )	4. 屬於魚類的動物	D. 蝴蝶
		E. 山椒魚
		F. 信天翁

配合題在使用上，具有下列優點：

1. 配合題可以有效率的評量學生是否理解概念之間的關連性

配合題通常包含四、五個以上的前提項目，也就是一道配合題可以較有效率的同時考到四、五個以上的問題，並且可以迅速瞭解學生對概念之間的關連性之熟悉狀況。

2. 如同選擇題，配合題的計分很快速

配合題與選擇題相似，具有固定的標準答案，閱卷者可以很快速的進行計分的工作，也可以很快速的掌握學生的學習狀況。

3. 如同選擇題，配合題的計分很客觀

配合題如同選擇題一樣，評分的方式，並不會因不同的評分者而產生不同的分數，所以配合題的評分結果，也具有很高的一致性。

雖然配合題具有上述幾項優點，但也有下列幾項限制：

1. 配合題大多只能評量到基礎的事實性知識

配合題偏重評量基礎性的概念知識，只能評量學生背誦的認知能力，無法評量到較高層次的認知能力。

2. 配合題編寫不易

配合題的命題並不容易，因為除了要有清楚的作答說明之外，還得設計出四、五個以上的前提項目，以及與其對應的反應項目。

3. 配合題無法避免猜對答案的機會

如同是非題和選擇題，當學生不知道配合題的正確答案時，會採用猜題的策略。雖然配合題猜對答案的機率，比是非題與選擇題來得低，但學生的分數，還是無法完全避免受到猜題因素的干擾。

第六節　配合題的編寫原則

配合題的編寫過程，教師先確定所欲評量的相似概念，再把相似概念轉化成前提項目與反應項目，同時提供清楚的作答說明，即可完成配合題的命題工作。底下針對編寫配合題應注意的事項，提供幾點命題的原則，作為教師在編寫配合題時的參考。

1. 清楚說明配合題的答題方式

配合題應該有一個作答指導語，說明此道配合題所欲評量的概念，以及如何作答。另外，也應清楚說明反應項目是否可以重複挑選，讓受試者更清楚知道如何將前提項目與反應項目進行配對。請參考前面所提的表4–5 之作答說明。

2. 配合題的題目內容，不論是前提項目或是反應項目，都應具有同質性

配合題主要是針對類似的概念，評量其對應關係，因此，不論前提項目或反應項目，都應具有相同的性質。若題目的內容是不同性質的，則可輕易找出前提項目與反應項目的配對。例如下面的例題，前提項目所評量的概念都不相似（面積最大的洲、最長的山脈、最大的沙漠、最長的河流、最大的海洋），學生可以很輕易的從反應項目中，挑選出正確的答案。

不良試題：

作答說明：左邊是有關世界地理的問題，右邊是可能的答案，每個問題只有一個正確答案。請以 A, B, C, D, E, F, G 的代碼，填入左邊的空格。

(　　) 1. 全球陸地面積最大的洲	A. 美國
(　　) 2. 全世界最長的山脈	B. 亞洲
(　　) 3. 全世界最大的沙漠	C. 尼羅河
(　　) 4. 全世界最長的河流	D. 太平洋
(　　) 5. 全世界最大的海洋	E. 臺北市
	F. 撒哈拉沙漠
	G. 安地斯山脈

修正試題：

作答說明：左邊是有關世界地理的問題，右邊是可能的答案，每個問題只有一個正確答案。請以 A, B, C, D, E, F 的代碼，填入左邊的空格。

(　　) 1. 全球陸地面積最大的洲？	A. 亞洲
(　　) 2. 全世界最長的山脈在哪一洲？	B. 歐洲
(　　) 3. 全世界湖泊最多的是哪一洲？	C. 非洲
(　　) 4. 全世界最長的河流在哪一洲？	D. 北美洲
	E. 南美洲
	F. 大洋洲

3. 前提項目的個數，不宜過多

對命題者而言，由於前提項目必須是相似的概念，因此，要命題許多前提項目，並不是一件容易的事。對作答者而言，前提項目過多時，要從許多相似的概念中，挑選出正確的答案，也是件不容易的事。前提項目的數量，一般以四至六個為宜。

4. 反應項目至少比前提項目多一個以上

如果反應項目與前提項目的數量相同，容易形成最後填答的一個前提項目，恰巧反應項目也剩下一個。當受試者有一個前提項目不知道正確答案，只要作答完其他的前提項目，自然只剩下一個反應項目可以挑選。因此，反應項目至少比前提項目多一個以上，最好前提項目是比反應項目多二至三個。例如下面的配合題，前提項目與反應項目一樣是五個，假若有個甲生除了不知道〈過秦論〉的作者是何人之外，其他四篇文章的作者都清楚（〈出師表〉：諸葛亮、〈陳情表〉：李密、〈諫逐客書〉：李斯、〈祭十二郎文〉：韓愈），當甲生配對完已知作者的四篇文章之後，〈過秦論〉的作者就只剩下「賈誼」可以挑選了。

不良試題：

作答說明：左邊是有關文章作者的問題，右邊是可能的答案，每個問題只有一個正確答案。請以 A, B, C, D, E 代碼，填入左邊的空格。

	問題	答案
（　　）	1.〈過秦論〉的作者是何人？	A. 諸葛亮
（　　）	2.〈出師表〉的作者是何人？	B. 李斯
（　　）	3.〈陳情表〉的作者是何人？	C. 李密
（　　）	4.〈諫逐客書〉的作者是何人？	D. 賈誼
（　　）	5.〈祭十二郎文〉的作者是何人？	E. 韓愈

修正試題：

作答說明：左邊是有關文章作者的問題，右邊是可能的答案，每個問題只有一個正確答案。請以 A, B, C, D, E, F, G 代碼，填入左邊的空格。

	問題	答案
（　　）	1.〈過秦論〉的作者是何人？	A. 諸葛亮
（　　）	2.〈出師表〉的作者是何人？	B. 柳宗元
（　　）	3.〈陳情表〉的作者是何人？	C. 李密
（　　）	4.〈諫逐客書〉的作者是何人？	D. 賈誼
（　　）	5.〈祭十二郎文〉的作者是何人？	E. 韓愈
		F. 李斯
		G. 蘇軾

5. 反應項目應該採用邏輯或數字大小的排列方式

配合題的反應項目通常是由相似概念所構成，為了避免造成受試者作答的困擾，反應項目的排列，應該依據邏輯或數字大小的方式。例如下面是有關我國公職人員選舉候選人年齡限制的例題，反應項目的數字，是以隨機的呈現方式，容易造成學生答題上的困擾，建議將年齡改成由小至大的方式排列。

不良試題：

作答說明：左邊是有關我國公職人員選舉候選人的年齡限制問題，右邊是可能的答案，每個問題只有一個正確答案。請以 A, B, C, D, E, F, G, H 代碼，填入左邊的空格。

(　　)	1. 選總統需滿幾歲？	A. 30 歲
(　　)	2. 選立法委員需滿幾歲？	B. 23 歲
(　　)	3. 選臺北市長需滿幾歲？	C. 26 歲
(　　)	4. 選員林市長需滿幾歲？	D. 40 歲
		E. 25 歲
		F. 20 歲

修正試題：

作答說明：左邊是有關我國公職人員選舉候選人的年齡限制問題，右邊是可能的答案，每個問題只有一個正確答案。請以 A, B, C, D, E, F, G, H 代碼，填入左邊的空格。

(　　)	1. 選總統需滿幾歲？	A. 20 歲
(　　)	2. 選立法委員需滿幾歲？	B. 23 歲
(　　)	3. 選臺北市長需滿幾歲？	C. 25 歲
(　　)	4. 選員林市長需滿幾歲？	D. 26 歲
		E. 30 歲
		F. 40 歲

6. 避免提供答題的線索

編寫配合題時，應隨時注意前提項目與反應項目之間，是否有提供受試者答題的線索。例如第 2 點原則中所舉的例子，前提項目的第一道題目「全球陸地面積最大的洲」，在反應項目中只有「亞洲」有「洲」的概念，自然容易讓受試者輕易猜對答案。

7. 前提項目以數字標號，反應項目以字母標號

一般而言，前提項目是以數字標示在題目的左邊，反應項目是以字母標示在題目的右邊。另外，前提項目類似選擇題的題幹，反應項目類似選擇題的選項，因此，前提項目的字數應該比較長，而反應項目則盡量簡短。

8. 前提項目與反應項目應該在試卷的同一頁上

測驗的編排，有時基於版面空間不夠的關係，會將前提項目與反應項目分開在不同的頁數上，這樣的排版方式，讓受試者必須不斷的翻閱不同頁數的試卷，尋找正確的反應項目，除了容易造成受試者答題的不便之外，也常讓受試者因不小心而容易答錯。

第七節　總　結

本章所介紹的是非題、選擇題與配合題等挑選反應的試題，由於具有評量範圍較廣、計分快速且客觀等優勢，是中小學教師常用來評量學生基礎性知識學習狀況的題型。但這些可由學生挑選選項的試題，也容易提供不知正確答案的學生，一個很好猜對答案的機會。同時，這些試題通常只評量到學生低層次的認知能力。

教師在編寫挑選反應試題時，應清楚掌握其優勢與限制的地方，並參酌本章所提供的編製原則，就能編寫出品質優良的試題。

第四章 習題

一、不同類型的試題，各有其優缺點，請比較是非題、選擇題、配合題等題型的優勢與限制？

二、請找尋一份有是非題的中小學段考考卷，根據前面所提到的是非題命題原則，檢視有哪些題目可能需要修正？

三、請找尋一份有選擇題的中小學段考考卷，根據前面所提到的選擇題命題原則，檢視有哪些題目可能需要修正？

四、請找尋一份有配合題的中小學段考考卷，根據前面所提到的選擇題命題原則，檢視有哪些題目可能需要修正？

五、你覺得多重選擇題的題型是否適合出現在國小或國中的試卷上？

第五章　建構反應試題的編製

本章所要談的建構反應試題，與前一章所提的挑選反應試題，不論是題目的型態、測量的目的、答題的方式、計分的方式等方面，都有相當大的差異。不像挑選反應試題通常只能評量較低層次的學習目標，建構反應試題可以評量到分析、組織、統整、評鑑、創造等高層次的學習目標。最常見的建構反應試題包括填充題、簡答題和問答題這三種，其中，簡答題與問答題都是屬於論文題（essay items），簡答題被稱為限制反應的論文題（restricted-response essay items），問答題則稱為擴散反應的論文題（extended-response essay items）。底下分別介紹填充題的性質與編寫原則，以及論文題的性質與編寫原則。

第一節　填充題的性質

填充題常出現在形成性測驗與總結性測驗，是中小學教師常採用的考試題型。填充題有兩種類型：直接問句與不完全敘述句，如表 5–1 所示。直接問句是由一個意思完整的疑問句，再加上一個空格所組成，受試者作答的方式，是根據疑問句的問題來填答。不完全敘述句是由一個意思不完整的敘述句，再加上一個空格所組成，受試者的答題方式，是將適當的語詞填入空格，讓題目具有完整的意義。

表 5–1
直接問卷與不完全敘述句的填充題實例

直接問句的填充題實例	不完全敘述句的填充題實例
大氣的組成成分中，哪一種氣體所占的比例最高？（　　　　　）	大氣的組成成分中，所占比例最高的氣體是（　　　　　）。

填充題有下面幾項優點：

1. 相對選擇題而言，填充題比較容易出題

教師在撰寫選擇題的題目時，常會為了編寫四個適切的選項而苦惱。相對地，撰寫填充題時，只要選定一個重要的概念，即可輕鬆的命題。

2. 相對選擇題而言，填充題可降低猜對答案的機率

學生在作答選擇題時，遇到不會的題目，可以採用猜題的策略，並且猜對四個選項中的正確選項之機率高達 1/4。但若遇到不會的填充題，通常是讓空格留白，幾乎沒有猜對答案的機會。

3. 相對論文題而言，填充題的評量範圍，較能涵蓋上課所學的內容

論文題需要學生花較多的時間回答，一份測驗因而無法有太多的論文題，相對侷限了論文題的評量範圍。學生填答填充題的時間較短，一份測驗可以出許多道填充題，所以每個學習單元都可以出許多道填充題，因此，填充題的評量內容比論文題更廣泛。

4. 相對論文題而言，填充題的評分工作較簡單

論文題針對一段論述進行評分，是相當困難與費時的。而填充題針對幾個字詞進行評分，是相對簡單的。

填充題雖具有上述的幾項優點，但也有下列的幾項限制：

1. 不易評量高層次的認知能力

填充題只要求學生填答簡單的字詞，因而較大的限制是無法評量學生高層次的認知能力。

2. 填充題的評分，較不客觀

填充題的評分工作，常會遇到相同的回答內容，不同教師給不同分數的狀況。例如對於與正確答案相似的回答內容，有些教師會算全對，有些教師則會扣一些分數。如此，容易造成評分的不客觀。

第二節　填充題的編寫原則

填充題的編寫，按照雙向細目表的規劃，根據某個單元的內容與所欲評量的認知能力，選定某一個重要的概念進行命題。下面是在撰寫填充題的題目時，可以參考的命題原則。

1.確定填充題是否為適切的題型

填充題的評量目的主要是瞭解學生對於基礎性知識概念的理解程度，若是想評量應用或分析等較高層次的學習目標，則可考慮採用簡答題的題型。

填充題試題：由地方上的人民，自己管理地方上的公共事務，稱為何種行政方式？（　　　　　）

簡答題試題：地方自治所涉及的事務，與人民有最直接的密切關係。請說明何謂地方自治？

2.題目建議以直接問句型態命題，避免採用不完全的敘述句型態

填充題若採用直接問句的型態命題，受試者讀題後就能清楚題意。若以不完全的敘述句命題，受試者容易讀完題目後仍不知答題的方向，需要花時間猜測命題者的用意。例如下面的例題「大洋洲面積最大的國家是（　　　　　）」採用不完全的敘述句，容易讓填答者無法掌握填答的方向。

不良試題：大洋洲面積最大的國家是（　　　　　）

修正試題：大洋洲哪一個國家的面積最大？（　　　　　）

3.題目應該只有一個明確的答案，避免有多個可能的答案

題目應該只有一個明確的答案，讓受試者在填答時，清楚答題的方向。若因題意不清，造成有多個可能的答案，容易導致命題者在評分時的困擾。例如下面的例題「全世界最高的聖母峰位於（　　　　　）」，由於答案可能是問位在哪一個國家，或是位在哪一個洲？容易造成受試者在填答上的困擾。

不良試題：全世界最高的聖母峰位於（　　　　　）

修正試題：全世界最高的聖母峰位於哪一洲？（　　　　　）

4.填充題的空格最好出現在題目後面，避免出現在題目的開頭

空格若出現在題目的開頭，受試者開始讀題時，立即遇到空格，容易產生作答焦慮，並且讀完題後還必須回頭思考可能的答案。空格若出現在題目的後頭，除了避免容易產生焦慮，讀題後也可以直接作答。

不良試題：（　　　　　）是〈桃花源記〉的作者。

修正試題：〈桃花源記〉的作者是何人？（　　　　　）

5.一道填充題只考一個空格，避免同時考多個空格

一道填充題若同時考多個空格，容易造成有些空格測量到較枝微末節的概念，也容易造成受試者的填答困擾。因此，一道填充題最好只考一個主要概念即可。

不良試題：導線線圈中磁場發生變化時，導線線圈內會產生（　　　　　），進而產生（　　　　　）來阻抗原線圈中的磁場變化，此種判斷方法，稱為何種定律？（　　　　　）

修正試題：導線線圈中磁場發生變化時，導線線圈內會產生感應電流，進而產生感應磁場來阻抗原線圈中的磁場變化，此種判斷方法，稱為何種定律？（　　　　　）

6.避免提供答題的線索

填充題最常出現的答題線索，就是空格的長短。有些命題者容易忽略這一點細節，常根據填入空格的字數多寡，來決定填充題所留空格的大小。如此，容易提供作答者答題的線索。所有填充題的空格都應該一樣大，最好每個空格都預留比較大的空間，讓答題者有充足的空間作答。

7.避免直接從課文擷取填充題的題目

直接從課文抄錄題目，只能測量到學生的背誦能力，無法測量到較高層次的理解或應用。命題者可以考慮採用課外讀物的題材來命題，若要以課文的內容命題時，應該將題目加以改寫，避免與課文完全相同。

8.填充題的答案若為數字時，應清楚說明要求的精準程度

填充題的答案若為數字時，應該清楚說明要求填入的精準程度，例如答案若為小數時，需要呈現到小數點第幾位；答案若是分數時，是否需要約分；答案若為平方根時，是否需要化成小數的型態等。

不良試題：一個圓形生日蛋糕的周長是40公分，請問生日蛋糕的直徑是多長？（　　　　）

修正試題：一個圓形生日蛋糕的周長是40公分，請問生日蛋糕的直徑是多少公分？請算到小數點第二位。（　　　　）

9.清楚說明計分的相關事項

填充題計分的一些相關事項，應該清楚的說明。例如每個空格是多少分？寫錯字是否會扣分？受試者的填答內容與正確答案不完全一致時，是如何計分？等等的相關事項。

第三節　論文題的性質

論文題是最能評量到學生高層次認知能力的題型，它主要包含簡答題與問答題兩種，如表5–2所示。簡答題比較強調評量學生的理解、解釋、應用與分析的能力，通常簡答題會指引學生答題的範圍與型態；問答題比較強調評量學生的統整、評鑑與創造的能力，問答題不會限制學生的答題範圍與型態，給學生較多的答題自由。

表 5–2
簡答題與問答題的例題

簡答題的例題	問答題的例題
請列舉三種鋒面的類型，並說明其形成的原因。	冷鋒過境，常影響冬季的臺灣天氣，請解釋為何冷鋒常發生在冬季。
請說明「酸雨」的形成原因。	臺灣的溪流常因「優養化」的問題，導致魚類生存不易，針對此一問題，請提出可行的解決方案。
請分析李斯寫〈諫逐客書〉的用意。	假設學校規定你們不可以留長髮，請寫一篇說服學校決策者可以讓學生留長髮的文章。

簡答題與問答題都是可以評量學生高層次的認知思考能力，然而兩者所偏重的能力卻不一樣，Linn 與 Miller（2005）曾分析簡答題與問答題所能評量的能力，分別如下：

一、簡答題能評量的能力

1. 解釋因果關係的能力。
2. 描述原則應用的能力。
3. 呈現相關論點的能力。
4. 提出可能的假設之能力。
5. 歸結有效結論的能力。
6. 陳述必要的假設之能力。
7. 描述資料的限制性之能力。
8. 解釋方法和程序的能力。

二、問答題能評量的能力

1. 產生、組織和表達想法的能力。
2. 整合不同學習領域的能力。
3. 創造新的形式之能力（例如設計一個實驗）。
4. 摘要的能力（例如撰寫一個故事的摘要）。

5. 建構創發性的故事（例如敘述性的論文）。

6. 解釋概念或原則（例如闡釋性的論文）。

7. 說服一個讀者（例如說服性的論文）。

由上述對簡答題與問答題所能評量的能力之分析，可知簡答題所欲評量的能力偏重對資料的整理、描述、歸納、因果推論等能力，而問答題所欲評量的能力則強調對所蒐集的資料，進行統整、轉化、建構、創新等創造能力。

論文題有下面幾項優點：

1. 論文題可以測量到學生較高層次的認知能力

在所有的題型中，論文題是最有辦法評量學生高層次的認知能力。學生在回答論文題時，必須將所學的知識，透過比較、分析、綜合、評判等認知運作歷程，統整成一篇有系統、有組織的論述。教師可從學生的答題情形，判斷學生是否達到高層次教學目標的表現水準。

2. 論文題可以鼓勵學生進行更深層理解的研讀方法

對於論文題的作答，學生自己必須對所學的知識，有全面性的理解，才有辦法充分的答題。如此，自然會鼓勵學生平常在研讀所學的知識時，不能只靠死背硬記的方式，必須深層的理解所學的知識，才有辦法順利回答論文題的題目。

3. 論文題可讓學生有較自由的答題方式

是非題、選擇題、配合題等挑選反應的試題，學生只能從命題者所呈現的選項中，挑選正確答案，無形中便侷限了學生的答題自由。論文題的作答方式，完全由學生自行建構正確答案，學生就擁有較多的答題自由，也因而可能幫助學生培養其擴散性思考能力。

4. 論文題可以避免猜測答案的機會

挑選反應的試題有提供學生可挑選的選項，學生遇到不會的題目，自然無法避免採用隨便猜測答案的作答方式。相對地，論文題的作答，學生必須自行建構答案，遇到不會回答的論文題，學生幾乎沒有猜測答案的可能。

5. 相對於選擇題，論文題的命題時間較短

一份測驗會包含許多道選擇題，相對地，一份測驗常包含較少的論文題，因而論文題的命題時間，通常會比選擇題的命題時間短。

論文題雖然具有上述的幾項優點，但也有下列的幾項限制：

1. 論文題評分結果的一致性較低

挑選反應試題的評分，並不會因為不同的閱卷者，而有不同的得分。然而不同的閱卷者評閱論文題時，常因所關注的焦點不同，而會產生不同的分數，導致評分結果的一致性較低。

2. 論文題的計分較困難且費時

論文題不像挑選反應試題有固定的標準答案，閱卷者必須花許多時間，看完答題者的論述之後，根據自己所擬訂的評分大綱，才能決定一個分數，所以論文題的評分過程，是相當困難且費時的。

3. 一份測驗的論文題題數較少，無法評量到所有的上課內容

一道論文題需要花較長的時間作答，故整份測驗不會有太多道論文題。論文題由於題數較少，所以只能針對部分的上課內容評量，無法評量到所有的上課內容。

4. 論文題的評分，常受到學生寫作能力的影響

雖然論文題的評量重心在於高層次的認知能力，但因為必須藉由寫作方式呈現出來，所以寫作能力較好的學生，往往有助於提高論文題的得分。

第四節　論文題的編寫原則

由於論文題的閱卷工作，較困難且費時，因此，有關論文題的編寫原則，除了提出命題應注意的原則之外，也提出計分應注意的原則。下面就分成論文題的命題原則與計分原則兩個部分說明。

一、論文題的命題原則

論文題的命題與其閱卷有著密切的關聯性，品質不佳的論文題，容易增加閱卷的困難度。底下提供幾點有關論文題的命題原則，協助讀者可以掌握論文題的命題要訣。

1. 欲評量學生高層次的認知思考能力時，才考慮採用論文題的題型

假若想評量學生對於基礎性知識的理解程度，建議採用是非題、選擇題、配合題，或是填充題，除了評量的範圍可以較廣泛之外，也可以較經濟且快速的達到此目的。因此，除非是想評量學生高層次的認知思考能力，才考慮採用論文題，否則就應該考慮採用其他題型。

2. 確定所命題的論文題，與學習目標有密切的關連

論文題的作答，學生有較多的自由決定如何答題。若缺乏適切的設計，常造成無法根據學生的回答內容，評量其是否達成所欲評量的學習目標。因此，論文題的設計，一定要與學習目標有密切的關連性，才能根據學生的回答內容，來判斷學生是否達成學習目標所設定的水準。

一般而言，簡答題由於會引導學生的答題方向，所以比較能確定學生的答題內容是否與學習目標有關連。至於問答題，由於學生的回答內容較為自由，較不易確定是否與學習目標有關連。

3. 清楚的呈現論文題的題意，讓學生明確瞭解答題的方向

學生在作答論文題時，常發生弄錯題意，導致答題的內容偏離了教師所期待的方向。因此，教師在命題時，應該呈現清楚的題意，讓學生瞭解教師所希冀的答題內容與方向。

多年前，曾經發生一個有關論文題評分的爭議性故事：有位物理系的教授，出了一道物理的論文題，題目要求學生透過氣壓計的協助，提出測量一棟高樓的高度之可能方法。

某個學生的回答是將氣壓計拿到高樓的樓頂，把氣壓計綁上一條長的繩子，將綁上氣壓計的繩子垂到地面，最後計算繩子的長度，即可知道高樓的高度。

後來學生的回答內容被教授評為零分，因為學生的答題內容並不是教授所期待的應用氣壓計計算樓頂的重力與地面的重力，再求出高樓的高度。

由於教授在題目中，並沒有清楚說明必須利用氣壓計進行重力的計算，所以，如此的評分，引起了許多的爭論。

4. 命題時應考量學生的作答時間，論文題的題數不宜多

學生在作答論文題時，為了展現分析、組織和統整的論述能力，每一道論文題都需要花許多時間才能完成作答。論文題不是速度測驗，應該給學生足夠的時間作答，才能評量到所欲評量的高層次思考能力。教師在命題時，應該給學生較充足的答題時間，避免因時間不夠，導致學生無法順利的作答完所有的論文題。

在中小學的課堂評量情境中，很少有測驗是全部採用論文題的型態，大部分的測驗都是由是非題或選擇題的題型，再搭配上論文題。因此，一份測驗的論文題，通常不會有太多題，也不應該太多題。至於該命多少題的論文題，必須考量搭配的是非題與選擇題的題數，以及學生可能需要的作答時間，才能決定出較適合的題數。

5. 避免讓學生任意挑選作答的題目

有些命題者，常會多出一些論文題，然後由學生自行挑選其中的某些題目作答，例如從五題的論文題中，任意挑選三題作答。當學生挑選不同的試題作答，容易因每一道論文題的難度與鑑別度的不同，而造成評分上的困擾與評分的不公平。因此，教師最好讓每一位學生都作答相同的題目。

6. 教師命好題目之後，應逐題親自作答一次

教師在撰寫論文題的題目時，常會期待學生應該如何答題。由於只是在腦海裡推測學生的答題狀況，並沒有親自拿筆實際作答，無法體會學生的答題實況。因此，建議教師命完題目之後，應該親自拿筆作答一次，從實際的答題中，也能協助教師檢視題目是否恰當、作答時間是否足夠等相關事項。

二、論文題的計分原則

論文題的計分不但繁雜，而且容易產生較主觀的評分。底下提供幾點計分的原則，協助教師可以更容易且客觀的進行評分工作。

1.論文題評分應關注所欲評量的能力

每道論文題都有其所欲評量的能力，例如分析、推論、綜合、統整、評鑑、創造……等等，倘若某一題論文題是想評量學生推論的能力，則評分的重心應該擺放在學生是否有清楚呈現推論的能力，盡量避免受到其他因素（例如字跡、標點符號、寫作風格等）的干擾。

2.閱卷前，事先準備好正確答案的評分標準

論文題的評分，常被批評過於主觀。為了讓評分工作更客觀，教師在閱卷之前，應該擬妥正確答案的評分標準，然後根據評分標準上所列出的重點，進行評分的工作。

3.評閱論文題時，避免知道答題者的姓名

教師在評閱論文題的分數時，若知道答題者的姓名，常會因對該名學生的印象，而影響評分的公正性，即發生所謂的月暈效應（halo effect）。

例如某一道論文題 20 分，閱卷者在不知 A 生姓名的情況下，由於 A 生的答題內容普通，會給 A 生 12 分；若閱卷者知道 A 生的姓名時，可能會聯想到 A 生上課都很認真的聽講，無形中可能會給 A 生較高的 16 分。相對地，閱卷者在不知 B 生姓名的情況下，因 B 生答題內容相當完整，打算給 B 生 18 分；若閱卷者知道 B 生的姓名時，可能會聯想到 B 生上課常打瞌睡，無形中可能將 B 生的分數調低為 13 分。

4.評閱論文題時，也應避免知道其他題目的得分

除了知道答題者容易產生月暈效應之外，含有兩道論文題目以上的測驗，若知道其他論文題的得分，也容易造成評分上的干擾。

例如在不知 A 生第一題論文題的得分情形之下，閱卷者可能給 A 生第二題論文題 18 分；但在看到 A 生第一題得 6 分的情況下，閱卷者有可能受到第一題得分低的影響，而只給 A 生第二題 15 分。相對地，在不知 B 生第一題論文題的得分情形之下，閱卷者可能給 B 生第二題論文題 8 分；但在看到 B 生第一題得 17 分的情況下，有可能受到 B 生第一題得分高的影響，閱卷者給 B 生第二題較高的 10 分。

5. 應評閱完同一題之後，再評閱其他的題目

含有兩道論文題以上的測驗，應該先評同一題，然後再評其他的題目，避免同時評閱同一份測驗的不同題目。評閱同一道題目，除了可以讓評分者的評分標準，不會因轉換於不同的題目，而產生干擾的作用，也可以避免因評閱不同的題目，而受到其他題目得分高低的影響。

另外，在評閱另一道題目之前，最好隨機改變測驗卷的順序。例如某測驗有兩道論文題，教師先針對第一份的第一道題目閱卷，接著評閱第二份的第一題，評閱完最後一份考卷的第一題時，最好將所有的考卷，隨機調換順序，然後才開始針對新的第一份考卷的第二題進行評分工作。

6. 論文題的評分，盡可能評閱兩次

為了讓論文題的評分工作更嚴謹與客觀，若可能的話，最好評閱兩次。兩次的評閱，可由同一位教師，進行兩次的閱卷，但第二次閱卷時，需在不知第一次得分的情形下進行；或是由兩位教師各自進行一次閱卷工作。

兩次閱卷的得分，若得分差異小於五分的話，可採用分數較高的成績，或是兩次得分的平均。當得分差距高於五分的話，則應考慮進行第三次的評閱工作。

7. 論文題的評分，除了分數之外，盡可能也給評語

論文題的分數高低，只能讓學生知道自己的學習程度如何，卻無法提供學生瞭解自己優缺點的機會。因此，若可能的話，可以提供有關學生論文題答題內容的優缺點之評語，讓學生有調整和修正的指引方向。

教師除了應注意論文題的命題原則與計分原則之外，由於許多學生都很害怕作答論文題，因此，教師也應該設法協助學生應考論文題。有關教師如何協助學生準備論文題的應答，Chase（1999）提出下面幾點的建議：

1.提醒針對不同的學科，採用其獨特的用語與邏輯

不同的學科常有其獨特的用語與論述的邏輯性，因此，應該提醒學生針對不同的學科領域，採用符合該學科慣用的用語和邏輯。

2.建議學生以肯定的陳述句開頭

開頭的第一句，常能看出答題者的論述方向，若一開始的論述即能吸引評分者的認同，就比較有得高分的機會。論文題的開頭，建議最好採用肯定的陳述句，例如「關於這主題，個人的看法是」，避免採用不確定的語氣，例如「我對這個主題不太熟悉，但我個人的猜測是」。

3.教導學生先閱讀完所有的題目，才開始動筆回答

學生在開始回答問題之前，務必先看完所有的題目，確定哪些題目是自己比較有把握的，哪些題目是自己不太有把握的。在正式回答問題之前，最好針對每個題日，草擬答題的大綱。實際回答問題時，則根據所草擬的大綱，依序有條理的鋪陳。

4.強調筆跡工整的重要性

回答論文題時，筆跡的工整性，會直接影響評分者的給分。教師應該鼓勵學生花一些時間練習寫字，不要因自己的字跡潦草，而降低了論文題的得分。

5.提醒正確使用文法與標點的重要性

文法與標點符號的正確使用，也是回答論文題的基本要求。一旦這些基本要求出現問題時，評分者自然會給較低的分數。

6.測驗之前，提供學生寫論文題的練習機會

是非題或選擇題的題型，學生可能不需要練習即可接受測驗。但論文題的回答，卻是需要經過適當的練習，才能掌握回答的重點。教師若要以論文題評量學生的學習狀況時，應該要讓學生有足夠的練習機會。

7.教導準備論文題的讀書習慣

測驗的不同題型，常會影響學生的讀書方式。當測驗的題型為是非題或選擇題時，學生只要能理解且記住重要的概念，即可輕鬆的應答。對於論文題的讀書方式，學生除了要能理解重要的概念之外，還必須分析相關的概念，並且將相關的概念統整成一個有系統的知識組織。因此，若是測驗的題型是論文題時，教師應該教導學生準備論文題的讀書方式和習慣。

教師若能根據上述的七點建議，來引導學生對於論文題的準備，相信學生比較不會擔心作答論文題的題型。

第五節 總 結

本章主要是介紹包括填充題與論文題等題型的建構反應試題，建構反應試題的最大優勢在於可以測量到學生較高層次的認知能力，同時可以避免學生猜對答案的機會，比較能正確的評估學生的學習成效；而建構反應試題較大的限制是計分的困難，以及評分結果的一致性較低。

教師若想評估學生對於基礎性問題的理解程度，可採用填充題的題型；若想評量學生能否將所學的知識，透過比較、分析、組織、綜合、評鑑、創造等認知運作歷程，統整成屬於自己有系統的知識結構，則可採用簡答題或問答題等題型。不論填充題、簡答題，或是問答題，都有其優勢與限制，教師在命題時，應該綜合考慮其優缺點，並留意命題的原則，就有可能藉由優質的試題，正確評量學生的學習成果。

第五章 習題

一、不同類型的試題，各有其優缺點，請比較填充題、簡答題、問答題等題型的優勢與限制。

二、有些教師要求填充題所寫的答案，要與正確答案完全一樣才給分，你是否認同此種作法？理由是什麼？

三、請根據前面所提及的填充題命題原則，試著練習出一道填充題。

四、請根據前面所提及的簡答題命題原則，試著練習出一道簡答題。

五、以下為引自朱自清〈背影〉的一段文章，請根據前面所提及的問答題命題原則，試著練習出一道問答題。

我看那邊月台的柵欄外有幾個賣東西的等著顧客。走到那邊月台，須穿過鐵道，須跳下去又爬上去。父親是一個胖子，走過去自然要費事些。我本來要去的，他不肯，只好讓他去。我看見他戴著黑布小帽，穿著黑布大馬褂，深青布棉袍，蹣跚地走到鐵道邊，慢慢探身下去，尚不大難。可是他穿過鐵道，要爬上那邊月台，就不容易了。他用兩手攀著上面，兩腳再向上縮；他肥胖的身子向左微傾，顯出努力的樣子。這時我看見他的背影，我的淚很快地流下來了。

（引自朱自清的〈背影〉）

第六章　試題分析

試題編製完成之後，並無法保證每道試題的品質都是優良的，必須透過試題分析的工作，來確保試題的品質。

一般而言，試題分析可分成主觀性的試題分析與客觀性的試題分析兩類（李坤崇，2006）。主觀性的試題分析，通常是在試題尚未實際施測之前，由試題編製者或學者專家，針對每道試題能否達到所欲測量的學習目標、題目的語意是否清楚、題目是否有錯別字等部分，進行主觀性的判斷。

客觀性的試題分析，通常是在實際施測之後，藉由施測所獲得的受試者作答反應，根據難度與鑑別度兩個數值指標，加以判斷試題的優劣。

挑選反應試題（是非題、選擇題、配合題）的計分方式，是屬於二元計分法，亦即答對有得分，答錯或未作答則沒有得分。建構反應試題（簡答題、問答題）的計分方式，則屬於多元計分法，以一題五分的簡答題為例，可能的得分有5分、4分、3分、2分、1分、0分。由於挑選反應試題與建構反應試題的計分方式不同，其難度與鑑別度的計算方式也就不同。因此，底下有關難度與鑑別度的介紹，將分別介紹挑選反應試題的二元計分難度與鑑別度，以及建構反應試題的多元計分難度與鑑別度。

第一節　難　度

試題品質的好壞，試題的難度是一個重要的評判指標。所謂試題的難度是指題目對學生而言，是容易答對，或是不容易答對。教師所編寫的題目，最好是難易適中，不應該困難到大部分的學生都無法答對，也不應該簡單到大部分的學生都可以答對。

底下將分成挑選反應試題二元計分方式的難度、建構反應試題多元計分方式的難度，以及合適的難度值大小等三個部分。

一、挑選反應試題二元計分方式的難度

挑選反應試題二元計分方式的難度有兩種不同的計算方式，一種是以全體受試者為計算的人數，另一種是只以高分組與低分組受試者人數來計算。

㈠採用全體受試者的難度計算方式

若採用全體受試者的難度計算，則二元計分方式的難度計算是答對某道題目的人數與作答總人數的比例，亦即將答對某道題目的人數除以作答總人數，通常以英文字母大寫 P 來表示，如公式 6–1。

$$P = \frac{R}{N} \qquad \text{公式 6–1}$$

公式 6–1 中的 R 代表該道試題答對的人數，N 代表該道試題所有作答的總人數。

難度 P 通常以小數點的形式表示，例如某道試題，總共有 30 位同學作答，其中有 15 位同學答對，則難度 P 為 .50。

$$P = \frac{R}{N} = \frac{15}{30} = 0.5$$

由公式 6–1 可知，P 值大小的範圍為 $0 \le P \le 1$，當所有受試者都答對時，P 有最大值 1；當所有受試者都答錯時，P 有最小值 0。

㈡採用高分組與低分組受試者的難度計算方式

由於試題分析包括難度與鑑別度的判斷，而鑑別度指標的計算過程，只關注高低分組受試者的答題情形，而不探討中分組受試者的答題情形。因此，在計算難度 P 值時，就不適合採用公式 6–1 的計算方式，而應改採

公式 6–2 的計算方式。

$$P = \frac{R_H + R_L}{N_H + N_L} \quad \text{公式 6–2}$$

公式 6–2 中的 R_H 代表高分組答對該道試題的人數，R_L 代表低分組答對該道試題的人數，N_H 代表高分組的總人數，N_L 代表低分組的總人數。

當高分組的人數等於低分組的人數時，亦即 $N_H = N_L$ 時，則公式 6–2 可以改寫為公式 6–3。

$$P = \frac{P_H + P_L}{2} \quad \text{公式 6–3}$$

公式 6–3 中的 P_H 代表高分組受試者答對人數的百分比，其計算公式為公式 6–4；P_L 代表低分組受試者答對人數的百分比，其計算公式為公式 6–5。

$$P_H = \frac{R_H}{N_H} \quad \text{公式 6–4}$$

$$P_L = \frac{R_L}{N_L} \quad \text{公式 6–5}$$

公式 6–4 與公式 6–5 的 R_H、N_H、R_L、N_L 的意涵，皆與公式 6–2 相同。

表 6–1 為採用高分組與低分組受試者的難度計算實例，高分組與低分組的人數皆為 5 人，則這四道題目的難度 P 值，以第一題的 .80 最大，以第二題與第四題的 .40 最小。

表 6–1
挑選反應試題二元計分方式難度的計算實例

題目	高分組答對人數	低分組答對人數	P_H	P_L	$P=(P_H+P_L)/2$
第 1 題	5	3	$5/5=1$	$3/5=0.6$	$(1+0.6)/2=0.8$
第 2 題	4	0	$4/5=0.8$	$0/5=0$	$(0.8+0)/2=0.4$
第 3 題	5	2	$5/5=1$	$2/5=0.4$	$(1+0.4)/2=0.7$
第 4 題	3	1	$3/5=0.6$	$1/5=0.2$	$(0.6+0.2)/2=0.4$

二、建構反應試題多元計分方式的難度

建構反應試題多元計分方式的難度也有兩種不同的計算方式，一種是以全體受試者為計算的人數，另一種是只採計高分組與低分組的受試者人數。

㈠採用全體受試者的難度計算方式

若採用全體受試者的難度計算，則多元計分方式的難度計算公式，如公式 6–6。

$$P=\frac{R_T-(X_{min}\times N)}{(X_{max}-X_{min})\times N} \qquad \text{公式 6–6}$$

公式 6–6 中的 R_T 代表所有受試者的總得分，N 代表所有的受試者人數，X_{max} 代表每道題目可獲得的最高分，X_{min} 代表每道題目可獲得的最低分。

若將公式 6–6 的分子與分母同除以總人數 N，則可獲得公式 6–7。

$$P=\frac{\overline{X}-X_{min}}{X_{max}-X_{min}} \qquad \text{公式 6–7}$$

公式 6–7 中的 $\overline{X}$ 代表所有受試者的平均分數，X_{max} 代表每道題目可獲得的最高分，X_{min} 代表每道題目可獲得的最低分。

表 6–2 為 A、B、C、D、E 五位學生在四道簡答題的得分情形，由於教師要求每位學生每道試題都必須作答，每道題目最低可得 1 分，最高可得 5 分。將五位學生的得分情形，代入公式 6–6 與公式 6–7，可得到第一題的難度為 .60，第二題的難度為 .50，第三題的難度為 .50，第四題的難度為 .65，代入公式 6–6 或公式 6–7，可獲得相同的結果。

表 6–2

建構反應試題多元計分方式（以所有受試者）的難度計算實例

學生	第一題	第二題	第三題	第四題
A	5	3	1	4
B	3	4	5	4
C	1	4	4	3
D	4	2	3	4
E	4	2	2	3
總分	17	15	15	18
平均	3.4	3	3	3.6

P_1 的計算	$P_1 = \{17-(1\times5)\}/\{(5-1)\times5\} = 0.6$	採用公式 6–6
	$P_1 = (3.4-1)/(5-1) = 0.6$	採用公式 6–7
P_2 的計算	$P_2 = \{15-(1\times5)\}/\{(5-1)\times5\} = 0.5$	採用公式 6–6
	$P_2 = (3-1)/(5-1) = 0.5$	採用公式 6–7
P_3 的計算	$P_3 = \{15-(1\times5)\}/\{(5-1)\times5\} = 0.5$	採用公式 6–6
	$P_3 = (3-1)/(5-1) = 0.5$	採用公式 6–7
P_4 的計算	$P_4 = \{18-(1\times5)\}/\{(5-1)\times5\} = 0.65$	採用公式 6–6
	$P_4 = (3.6-1)/(5-1) = 0.65$	採用公式 6–7

多元計分的題目，通常最低得分是 0 分。當每道題目的最低得分是 0 分時，則公式 6–6 簡化為公式 6–8。

$$P = \frac{R_T}{X_{max} \times N} \qquad \text{公式 6–8}$$

公式 6–8 中的 R_T 代表所有受試者的總得分，N 代表所有受試者人數，X_{max} 代表每道題目可獲得的最高分。

同樣地，當每道題目的最低得分是 0 分時，公式 6–7 簡化為公式 6–9。

$$P = \frac{\overline{X}}{X_{max}} \qquad \text{公式 6–9}$$

公式 6–9 中的 $\overline{X}$ 代表所有受試者的平均分數，X_{max} 代表每道題目可獲得的最高分。

㈡採用高分組與低分組受試者的難度計算方式

建構反應試題多元計分方式的難度，若採用高分組與低分組受試者的計算方式，則計算公式如公式 6–10。

$$P = \frac{(R_H + R_L) - X_{min} \times (N_H + N_L)}{(X_{max} - X_{min}) \times (N_H + N_L)} \qquad \text{公式 6–10}$$

公式 6–10 中的 R_H 代表高分組受試者的總得分，R_L 代表低分組受試者的總得分，N_H 代表高分組的受試者人數，N_L 代表低分組的受試者人數，X_{max} 代表每道題目可獲得的最高分，X_{min} 代表每道題目可獲得的最低分。

若將公式 6–10 的分子與分母同除以高分組與低分組的總人數（$N_H + N_L$），則可獲得公式 6–11。

$$P = \frac{\overline{X}_{H+L} - X_{min}}{X_{max} - X_{min}} \qquad \text{公式 6–11}$$

公式 6–11 中的 $\overline{X}_{H+L}$ 代表高分組與低分組受試者的平均分數，X_{max} 代表每道題目可獲得的最高分，X_{min} 代表每道題目可獲得的最低分。

表 6–3 為高分組 A、B、C、D、E 五位學生，以及低分組 V、W、X、Y、Z 五位學生，在四道簡答題的得分情形，由於教師要求每位學生每道試

題都必須作答，每道題目最低可得 1 分，最高可得 5 分。將十位學生的得分情形，代入公式 6–10 與公式 6–11，可得到第一題的難度為 .55，第二題的難度為 .525，第三題的難度為 .55，第四題的難度為 .50。代入公式 6–10 或公式 6–11，可獲得相同結果。

表 6–3

建構反應試題多元計分方式（以高分組與低分組受試者）的難度計算實例

高分組五位學生的得分情形					低分組五位學生的得分情形				
學生	第一題	第二題	第三題	第四題	學生	第一題	第二題	第三題	第四題
A	5	4	5	3	V	2	3	2	1
B	4	3	4	5	W	1	1	2	1
C	3	4	4	4	X	3	1	2	3
D	5	5	5	5	Y	3	3	3	2
E	5	4	4	4	Z	1	3	1	2
總分	22	20	22	21	總分	10	11	10	9
平均	4.4	4	4.4	4.2	平均	2	2.2	2	1.8

P_1	$P_1 = \{(22+10) - 1\times(5+5)\}/\{(5-1)\times(5+5)\} = 0.55$	採用公式 6–10
	$P_1 = \{(22+10)/(5+5) - 1\}/(5-1) = 0.55$	採用公式 6–11
P_2	$P_2 = \{(20+11) - 1\times(5+5)\}/\{(5-1)\times(5+5)\} = 0.525$	採用公式 6–10
	$P_2 = \{(20+11)/(5+5) - 1\}/(5-1) = 0.525$	採用公式 6–11
P_3	$P_3 = \{(22+10) - 1\times(5+5)\}/\{(5-1)\times(5+5)\} = 0.55$	採用公式 6–10
	$P_3 = \{(22+10)/(5+5) - 1\}/(5-1) = 0.55$	採用公式 6–11
P_4	$P_4 = \{(21+9) - 1\times(5+5)\}/\{(5-1)\times(5+5)\} = 0.5$	採用公式 6–10
	$P_4 = \{(21+9)/(5+5) - 1\}/(5-1) = 0.5$	採用公式 6–11

當每道題目的最低得分是 0 分時，公式 6–10 簡化為公式 6–12。

$$P = \frac{(R_H + R_L)}{X_{max} \times (N_H + N_L)} \qquad \text{公式 6–12}$$

公式 6–12 中的 R_H 代表高分組受試者的總得分，R_L 代表低分組受試者的總得分，N_H 代表高分組的受試者人數，N_L 代表低分組的受試者人數，X_{max} 代表每道題目可獲得的最高分。

同樣地，當每道題目的最低得分是 0 分時，公式 6–11 簡化為公式 6–13。

$$P = \frac{\overline{X}_{H+L}}{X_{max}}$$ 公式 6–13

公式 6–13 中的 $\overline{X}_{H+L}$ 代表高分組與低分組受試者的平均分數，X_{max} 代表每道題目可獲得的最高分。

三、合適的難度值大小

試題的難度 P 值應該多少，才是一道良好的試題呢？一般而言，P 值越接近 .50，越能區隔出不同能力的受試者，所以 P 值越接近 .50，是屬於比較理想的狀況。通常 P 值介於 .30 與 .70 之間（$.30 \leq P \leq .70$），都是屬於可以接受的範圍值。

若考慮猜測的因素，則可以採用公式 6–14 算出理想的 P 值大小（Gregory, 1996）。

$$\frac{(1+g)}{2}$$ 公式 6–14

公式 6–14 中的 g 代表猜對的機率，例如是非題的猜對機率為 .50，三個選項的選擇題，其猜對機率為 .33，四個選項的選擇題，其猜對機率為 .25，五個選項的選擇題，其猜對機率為 .20，填充題、簡答題、問答題的猜對機率為 0。因此，若考慮猜題因素，則各種題型的理想試題難度，如表 6–4 所示。

表 6–4
不同題型的理想試題難度值

題型	理想試題難度值
是非題	.75

表 6–4　（續）

三個選項的選擇題	.665
四個選項的選擇題	.625
五個選項的選擇題	.60
填充題	.50
簡答題	.50
問答題	.50

由表 6–4 可知，是非題較理想的試題難度大約為 (1 + 0.5)/2 = .75；三個選項的選擇題，其較理想的試題難度大約為 (1 + 0.33)/2 = .665；四個選項的選擇題，其較理想的試題難度大約為 (1 + 0.25)/2 = .625；五個選項的選擇題，其較理想的試題難度大約為 (1 + 0.2)/2 = .60；填充題、簡答題、問答題的理想試題難度大約為 (1 + 0)/2 = .50。

第二節　鑑別度

試題品質的優劣，除了判斷難度 P 的大小之外，另一個很重要的評判指標是鑑別度。下列有四題有關學生的作答結果，請判斷哪一道題目是屬於比較優良的試題？

A 題：班上所有的學生都答對此題。

B 題：班上所有的學生都答錯此題。

C 題：班上得高分的同學都答對，得低分的同學都答錯。

D 題：班上得高分的同學都答錯，得低分的同學都答對。

在回答上面的問題時，我們先來思考一個問題：一道試題是否應該具有區隔班上高能力與低能力者的功能？答案應該是肯定的。一道優良的題目，應該讓班上高能力同學的答對人數，高於班上低能力同學的答對人數，如此才符合大家的預期，也比較合乎常理。由此可知，上述的四道試題，A 題與 B 題都不具有區隔班上高能力與低能力者的功能；C 題可以正確的區隔高、低能力者，是比較優良的題目；D 題雖能區隔高、低能力者，卻是屬於不合常理的狀況。

所謂鑑別度即是在考量高能力者答對人數和低能力者答對人數的差異情形。鑑別度有幾種不同的評判方式，其中以鑑別度指標（**discrimination index**）最為簡單。鑑別度指標主要是用以判斷高分組受試者答對人數的百分比，與低分組受試者答對人數的百分比之差異情形，它通常以英文字大寫 D 表示。

既然鑑別度的目的是在區隔高能力與低能力者答對人數的差異情形，則在計算鑑別度時，必須面臨如何確定高分組的人數與低分組的人數。高低分組人數的決定方式，常採用三種分法。第一種是以全部受試者得最高分的前 25%，作為高分組的受試者人數；選取全部受試者得最低分的後 25%，作為低分組的受試者人數。第二種分法是以最高分的前 27% 與最低分的後 27%，作為高低分組的人數。第三種分法是以最高分的前 33% 與最低分的後 33%，作為高低分組的人數。上述的這三種方法，第三種採用前後 33% 的分類，比較不符合人類認知能力的分配情形，故較少被採用。第二種前後 27% 的分類方法，因會有比較好的區隔效果，是最常被採用的。

底下將分成挑選反應試題二元計分方式的鑑別度、建構反應試題多元計分方式的鑑別度，以及合適的鑑別度指標大小等三個部分，介紹鑑別度的計算方式，以及判斷鑑別度好壞的依據。

一、挑選反應試題二元計分方式的鑑別度

進行挑選反應試題二元計分方式的鑑別度指標 D 值的計算時，需要確定高分組與低分組的人數。通常是選取全部受試者最高分的前 27%，作為高分組的受試者人數；選取全部受試者最低分的後 27%，作為低分組的受試者人數。挑選反應試題二元計分方式的鑑別度指標 D 的計算公式為公式 6–15。公式 6–15 中的 P_H 計算方式請參考公式 6–4，P_L 計算方式請參考公式 6–5。

$$D = P_H - P_L \qquad \text{公式 6–15}$$

例如表 6–5 的例題，是甲班 30 位同學在四道題目的鑑別度指標計算結果。計算這四題的鑑別度指標，首先確定高低分組的人數，若採用前後 27% 的分類方法，則 $30 \times 27\% = 8.1$，高低分組的人數都選取 8 人。以第一題為例，$P_H = 8/8 = 1, P_L = 8/8 = 1, D = P_H - P_L = 1-1 = 0$。

表 6–5
挑選反應試題二元計分方式的鑑別度計算實例

題目	高分組答對人數	低分組答對人數	P_H	P_L	$D = P_H - P_L$
第一題	8	8	$8/8 = 1$	$8/8 = 1$	$1-1 = 0$
第二題	0	0	$0/8 = 0$	$0/8 = 0$	$0-0 = 0$
第三題	8	0	$8/8 = 1$	$0/8 = 0$	$1-0 = 1$
第四題	0	8	$0/8 = 0$	$8/8 = 1$	$0-1 = -1$

由公式 6–15 與表 6–5 可知，D 值大小的範圍為 $-1 \le D \le 1$。當 $P_H = 1$，即高分組的受試者全部答對該道試題，$P_L = 0$，即低分組的受試者全部答錯該道試題，則 D 有最大值 1；當 $P_H = 0$，即高分組的受試者全部答錯該道試題，$P_L = 1$，即低分組的受試者全部答對該道試題，則 D 有最小值 -1。

二、建構反應試題多元計分方式的鑑別度

進行建構反應試題多元計分方式的鑑別度指標 D 值的計算時，也需要確定高分組與低分組的人數。通常是選取全部受試者最高分的前 27%，作為高分組的受試者人數；選取全部受試者最低分的後 27%，作為低分組的受試者人數。建構反應試題多元計分方式的鑑別度指標 D 的計算公式為公式 6–16：

$$D = \frac{R_H \times N_L - R_L \times N_H}{(X_{max} - X_{min}) \times N_H \times N_L} \qquad \text{公式 6–16}$$

公式 6–16 中的 R_H 代表高分組受試者的總得分，R_L 代表低分組受試者的總得分，N_H 代表高分組的受試者人數，N_L 代表低分組的受試者人數，X_{max} 代表每道題目可獲得的最高分，X_{min} 代表每道題目可獲得的最低分。

將公式 6–16 的分子與分母同除以高分組人數與低分組人數的乘積 $(N_H \times N_L)$，則可獲得公式 6–17。

$$D = \frac{\overline{X}_H - \overline{X}_L}{X_{max} - X_{min}} \qquad \text{公式 6–17}$$

公式 6–17 中的 $\overline{X}_H$ 代表高分組受試者的平均分數，$\overline{X}_L$ 代表低分組受試者的平均分數，X_{max} 代表每道題目可獲得的最高分，X_{min} 代表每道題目可獲得的最低分。

若採用先前表 6–3 的難度例子：高分組 A、B、C、D、E 五位學生，低分組 V、W、X、Y、Z 五位學生，在四道簡答題的得分情形，由於教師要求每位學生每道試題都必須作答，每道題目最低可得 1 分，最高可得 5 分。則鑑別度的計算，可得到表 6–6 的結果。

表 6–6
建構反應試題多元計分方式的鑑別度計算實例

高分組五位學生的得分情形					低分組五位學生的得分情形				
學生	第一題	第二題	第三題	第四題	學生	第一題	第二題	第三題	第四題
A	5	4	5	3	V	2	3	2	1
B	4	3	4	5	W	1	1	2	1
C	3	4	4	4	X	3	1	2	3
D	5	5	5	5	Y	3	3	3	2
E	5	4	4	4	Z	1	3	1	2
總分	22	20	22	21	總分	10	11	10	9
平均	4.4	4	4.4	4.2	平均	2	2.2	2	1.8
D_1	$D_1 = (22 \times 5 - 10 \times 5) / \{(5-1) \times 5 \times 5\} = 0.6$								採用公式 6–16
	$D_1 = (4.4-2)/(5-1) = 0.6$								採用公式 6–17
D_2	$D_2 = (20 \times 5 - 11 \times 5) / \{(5-1) \times 5 \times 5\} = 0.45$								採用公式 6–16
	$D_2 = (4-2.2)/(5-1) = 0.45$								採用公式 6–17
D_3	$D_3 = (22 \times 5 - 10 \times 5) / \{(5-1) \times 5 \times 5\} = 0.6$								採用公式 6–16
	$D_3 = (4.4-2)/(5-1) = 0.6$								採用公式 6–17
D_4	$D_4 = (21 \times 5 - 9 \times 5) / \{(5-1) \times 5 \times 5\} = 0.6$								採用公式 6–16
	$D_4 = (4.2-1.8)/(5-1) = 0.6$								採用公式 6–17

當每道題目的最低得分是 0 分時，公式 6–16 簡化為公式 6–18。

$$D = \frac{R_H \times N_L - R_L \times N_H}{X_{max} \times N_H \times N_L}$$ 公式 6–18

若高分組人數等於低分組人數時（$N_N = N_L$），可將高分組與低分組人數皆設為 n，則公式 6–18 可以簡化為公式 6–19。

$$D = \frac{R_H - R_L}{X_{max} \times \mathrm{n}}$$ 公式 6–19

公式 6–19 中的 R_H 代表高分組受試者的總分數，R_L 代表低分組受試者的總分數，X_{max} 代表每道題目可獲得的最高分，n 代表高分組或低分組的人數。

當每道題目的最低得分是 0 分時，公式 6–17 簡化為公式 6–20。

$$D = \frac{\overline{X}_H - \overline{X}_L}{X_{max}}$$ 公式 6–20

公式 6–20 中的 $\overline{X}_H$ 代表高分組受試者的平均分數，$\overline{X}_L$ 代表低分組受試者的平均分數，X_{max} 代表每道題目可獲得的最高分。

三、合適的鑑別度指標大小

試題的鑑別度 D 值應該多少，才是一道良好的試題呢？一般而言，我們期待試題的 D 值應大於 0，如此顯示高分組受試者的答對百分比，大於低分組受試者的答對百分比，這樣的試題，比較符合高分組受試者的能力，優於低分組受試者的能力。至於判斷 D 值的依據，可參考表 6–7。

表 6–7
鑑別度指標的判斷依據

鑑別度指標的數值	試題鑑別度的評鑑
.40 以上	極佳的鑑別度
.30 至 .39	好的鑑別度
.10 至 .29	普通的鑑別度
.01 至 .09	不好的鑑別度
負值	答案可能有誤，或是不明確的

註：引自 *Educational and psychological measurement and evaluation* (p. 260) by K. D. Hopkins, 1998, Allyn & Bacon.

若將表 6–5 四道題目的鑑別度指標，以表 6–7 的評判標準，可以發現，除了第三題的鑑別度是非常好之外，其他三題的鑑別度都是不佳的。這樣的結果，恰好回應第二節一開頭所提出的問題：A 題、B 題、C 題、D 題，哪一道題目的品質比較好。

第三節　試題分析的程序

瞭解難度與鑑別度的意義與計算方式之後，即可介紹整份測驗的試題分析程序。對於整份測驗的試題分析，是以每道試題各自進行試題分析，其程序大致可以分成下面幾個步驟。為了讓讀者清楚試題分析程序，我們以表 6–8 的實例，說明如何進行試題分析。

一、選取適當的樣本，進行測驗的施測

欲編製的測驗若是屬於要求較為嚴謹的標準化成就測驗，則受試對象的人數，最好要選取多一些的樣本，建議至少要 300 人以上。若是教師自編的成就測驗，則以班級的學生人數為施測的樣本，例如表 6–8 的實例，即是以全班 30 位同學接受測驗。

二、將所有受試者的測驗總得分，依得分高低依序排列

測驗施測結束後，即進行評分的作業。評分工作完成後，則按照每位同學在測驗的得分情形，依得分高低排列。例如表 6–8，將全班 30 位同學的得分，依 3 號同學的最高分 100 分，排序到 28 號同學的最低分 0 分。

三、依總得分的高低，選取前 27% 的受試者作為高分組，即 N_H，選取後 27% 的受試者作為低分組，即 N_L

將學生的分數依序排列之後，接著便是決定高低分組的人數，再由高低分組的人數確定高低分組的名單。高低分組的人數，通常以得分最高的前 27% 為高分組人數，以得分最低的後 27% 為低分組人數。高低分組人數確定之後，最後再找出哪些受試者是屬於高分組，哪些受試者屬於低分組。

例如表 6–8，全班人數為 30 人，高低分組的人數各為 $30 \times 27\% = 8.1$，所以，高低分組人數各取整數的 8 人。由表 6–8 可找出高分組的 8 位同學分別是 3 號、7 號、12 號、16 號、19 號、22 號、24 號、27 號等 8 人。低分組的 8 位同學分別是 8 號、10 號、11 號、14 號、17 號、23 號、25 號與 28 號等 8 人。

四、逐一計算每道試題的 P_H 與 P_L

確定高低分組的人數與名單之後，即可逐一計算每題的 P_H 與 P_L。以計算表 6–8 第一題的 P_H 與 P_L 為例。高分組的 8 人中，除了 27 號沒有答對之外，其餘的 7 位同學全答對，所以第一題的 $P_H = 7/8 = .875$。低分組的 8 人中，除了 8 號答對之外，其餘的 7 位同學全答錯，所以第一題的 $P_L = 1/8 = .125$。

五、將 P_H 與 P_L 代入公式 6–15，求出鑑別度指標 D 值，並代入公式 6–3，求出難度 P 值

每一題的 P_H 與 P_L 計算好之後，將每一題的 P_H 與 P_L 代入公式 6–15

的 $D = P_H - P_L$，以及公式 6–3 的 $P = (P_H + P_L)/2$，分別可獲得鑑別度指標 D 值與難度 P 值。

以計算表 6–8 第一題的 D 值與 P 值為例，第一題的 $P_H = .875$, $P_L = .125$，故第一題的鑑別度指標 $D = .875 - .125 = .75$，第一題的難度 $P = (.875 + .125)/2 = .50$。

六、依據所求出的 D 值與 P 值，判斷試題是否適切

試題分析的最後步驟，即是根據每一題的鑑別度指標 D 值與難度 P 值，判斷題目品質的優劣。評判試題的品質時，應先考量鑑別度指標 D 值的適切性，再判斷難度 P 值是否合宜。根據表 6–7 鑑別度指標的判斷依據，若 D 值高於 .40，則具有極佳的鑑別度；難度 P 值建議設定在高於 .30 且低於 .70 之間。

以表 6–8 的十道試題為例，每一題的 D 值與 P 值，以及是否保留該題目的判斷結果，皆呈現於表 6–9。由表 6–9 可知，除了第三題的 $D = .25 < .40, P = .75 > .70$ 之外，其他的九道試題 D 值皆高於 .40，P 值皆落在 .30 與 .70 之間。因此，最後試題的判斷結果是除了第三題被刪除之外，其他九道優良的試題皆保留。

表 6–8
30 位同學在 10 道題目的得分情形

座號＼題號	item1	item2	item3	item4	item5	item6	item7	item8	item9	item10	total	
3	10	10	10	10	10	10	10	10	10	10	100	8位高分組
7	10	10	10	10	10	10	10	10	10	10	100	
12	10	10	10	10	10	10	10	10	10	10	100	
16	10	10	10	0	10	10	10	10	10	10	90	
19	10	10	10	10	10	10	0	10	10	10	90	
22	10	10	10	10	10	10	10	10	10	0	90	
24	10	10	0	10	10	10	10	10	10	10	90	
27	0	10	10	10	10	10	10	10	10	10	90	

表 6-8　（續）

30	10	10	10	10	10	0	10	0	10	10	80	
1	10	10	10	0	0	10	10	0	10	10	70	
2	10	10	10	0	10	0	10	0	0	10	60	
5	0	0	10	10	10	0	10	10	10	0	60	
9	10	10	10	0	10	10	0	0	0	10	60	
13	10	0	0	0	10	10	10	0	0	10	50	
15	0	0	0	10	10	10	0	10	10	0	50	
18	10	0	0	0	0	10	10	10	10	0	50	
20	10	0	0	0	10	0	0	0	10	10	40	
21	0	10	10	10	10	0	0	0	0	0	40	
26	0	0	10	10	0	0	0	0	10	10	40	
29	10	0	0	10	0	0	10	0	0	10	40	
4	10	0	0	0	0	0	0	0	10	10	30	
6	0	0	10	0	0	10	10	0	0	0	30	
8	10	0	10	0	0	0	0	0	0	0	20	
10	0	0	10	0	0	0	10	0	0	0	20	
11	0	0	0	0	0	10	0	0	0	10	20	
14	0	0	0	0	10	0	0	0	0	0	10	8位低分組
17	0	0	10	0	0	0	0	0	0	0	10	
23	0	0	10	0	0	0	0	0	0	0	10	
25	0	0	10	0	0	0	0	0	0	0	10	
28	0	0	0	0	0	0	0	0	0	0	0	

表 6–9
每道題目的試題分析結果

題目	R_H	R_L	P_H	P_L	$P=(P_H+P_L)/2$	$D=P_H-P_L$	試題的評鑑
1	7	1	.875	.125	.50	.75	保留
2	8	0	1	0	.50	1	保留
3	7	5	.875	.625	.75	.25	刪除
4	7	0	.875	0	.438	.875	保留
5	8	1	1	.125	.5625	.875	保留
6	8	1	1	.125	.5625	.875	保留
7	7	1	.875	.125	.50	.75	保留
8	8	0	1	0	.50	1	保留
9	8	0	1	0	.50	1	保留
10	7	1	.875	.125	.50	.75	保留

第四節　選擇題的選項分析

選擇題的試題分析，除了以鑑別度與難度的指標作為判斷的依據之外，還可以針對正確選項與誘答選項，進行選項的分析工作。選擇題的選項分析有助於教師瞭解學生的答題狀況，也可協助教師改善命題的技巧。

進行選擇題的選項分析時，可先根據試題的鑑別度與難度指標，來判斷試題的品質，再根據試題品質的優劣，找出是否有設計不良的選項。下面以六道選擇題的試題為例，每一道試題的高低分組都是 10 人，說明如何進行選擇題的選項分析。

由表 6–10 可知，第一題的鑑別度指標 D 值為 –.20，難度 P 值為 .60，根據表 6–7 鑑別度的判斷依據，是屬於極不佳的試題。第一題的正確選項為 B 選項，高分組選 B 選項的人數只有 5 人，但低分組選 B 選項的卻有 7 人，由於高分組答對人數低於低分組的答對人數，因而產生負的鑑別度指標 D 值，顯示 B 選項可能有問題，命題者應該重新設計 B 選項，才能有機會提高試題的品質。

表 6–10
高低分組學生的第一題作答情形

題號	組別	選擇題的選項				*P* 值	*D* 值	試題品質
		A	B*	C	D			
1	高分組（10 人）	2	5	1	2	.60	–.20	極不佳
	低分組（10 人）	1	7	0	2			

註：* 代表正確選項

由表 6–11 可知，第二題的鑑別度指標 *D* 值為 .10，難度 *P* 值為 .55，是屬於不佳的試題。第二題的正確選項為 C 選項，高分組選 C 選項的人數有 6 人，低分組選 C 選項的有 5 人，由於高低分組答對人數相差不大，顯示 C 選項的區隔效果不佳，無法有效的區隔高能力者與低能力者。命題者若想修改試題的話，建議重新調整 C 選項，讓 C 選項具有更高的區隔效果，才有可能提升題目的品質。

表 6–11
高低分組學生的第二題作答情形

題號	組別	選擇題的選項				*P* 值	*D* 值	試題品質
		A	B	C*	D			
2	高分組（10 人）	2	2	6	0	.55	.10	不佳
	低分組（10 人）	1	2	5	2			

註：* 代表正確選項

由表 6–12 可知，第三題的鑑別度指標 *D* 值為 .20，難度 *P* 值為 .40，是屬於普通的試題。第三題的正確選項為 A 選項，高分組選 A 選項的人數有 5 人，但 B 選項卻也有 5 位高分組學生挑選，顯見 B 選項可能有問題。命題者若想修改試題的話，建議重新檢視 B 選項。看看 B 選項是否因語意上的模糊，才導致被 5 位高分組同學挑選，或是看看 B 選項是否也是一個可行的答案。

表 6–12
高低分組學生的第三題作答情形

題號	組別	選擇題的選項				P 值	D 值	試題品質
		A*	B	C	D			
3	高分組（10 人）	5	5	0	0	.40	.20	普通
	低分組（10 人）	3	3	2	2			

註：* 代表正確選項

由表 6–13 可知，第四題的鑑別度指標 *D* 值為 .30，難度 *P* 值為 .85，是屬於普通的試題。第四題的正確選項為 B 選項，高分組全部 10 人都選 B，而低分組也有 7 人挑選 B 選項，顯見 B 選項的區隔效果不佳。命題者若想修改試題的話，建議重新調整 A、C、D 等選項，讓這三個選項更具有誘答力，才能增加 B 選項的區隔效果，提升試題的品質。

表 6–13
高低分組學生的第四題作答情形

題號	組別	選擇題的選項				P 值	D 值	試題品質
		A	B*	C	D			
4	高分組（10 人）	0	10	0	0	.85	.30	普通
	低分組（10 人）	1	7	1	1			

註：* 代表正確選項

由表 6–14 可知，第五題的鑑別度指標 *D* 值為 .40，難度 *P* 值為 .50，是屬於優良的試題。第五題的正確選項為 A 選項，高分組有 7 人都選 A，低分組有 3 人選 A 選項，顯見 A 選項具有不錯的區隔效果。但是高低分組的同學都沒有人選擇 C 選項，顯示 C 選項不具任何的誘答力，答題者一看就知道是錯誤的選項。命題者應該重新修改 C 選項，使其具有誘答力，才能讓試題的品質更好。

表 6–14
高低分組學生的第五題作答情形

題號	組別	選擇題的選項				*P* 值	*D* 值	試題品質
		A*	B	C	D			
5	高分組（10 人）	7	2	0	1	.50	.40	優良
	低分組（10 人）	3	4	0	3			

註：* 代表正確選項

由表 6–15 可知，第六題的鑑別度指標 *D* 值為 .80，難度 *P* 值為 .50，是屬於相當優良的試題。第六題的正確選項為 D 選項，高分組有 9 人都選 D，低分組只有 1 人選 D 選項，顯見 D 選項具有很好的區隔效果，而 A、B、C 等三個誘答選項，都有誘使低分組的同學挑選。因此，A、B、C、D 這四個選項，無須進行調整。

表 6–15
高低分組學生的第六題作答情形

題號	組別	選擇題的選項				*P* 值	*D* 值	試題品質
		A	B	C	D*			
6	高分組（10 人）	1	0	0	9	.50	.80	極優良
	低分組（10 人）	4	3	2	1			

註：* 代表正確選項

綜合上述對選擇題的選項分析可知，選擇題除了透過試題的難度與鑑別度，來瞭解試題的品質之外，還能結合選項的分析，深入探討試題優劣的原因。透過選項的分析，也有助於提升教師的命題技巧。

第五節　總　結

試題編寫好之後，為了確保題目的品質，必須進行試題的分析。試題分析通常可分成主觀性與客觀性的試題分析。主觀性的試題評估主要是命題者或專家學者，根據邏輯推理與個人命題經驗，判斷題目是否合適。客觀性的試題評估，則藉由學生的答題情形，採用難度與鑑別度等指標，來判斷試題的品質。

第六章 習題

一、A 道試題的難度值是 .80，B 道試題的難度值是 .30，請問哪一道試題對學生而言，是比較簡單的題目？

二、一道試題高分組有四分之三的人答對，低分組有五分之二的人答對，請問該試題的難度是多少？（高低分組的人數是一樣的）

三、難度 (*P*) 與鑑別度指標 (*D*) 有密切的關係，請問當難度 *P* 是多少時，會有最大的鑑別度指標 *D*？

四、數學老師出了一道數學計算題：

求一元二次方程式 $3a^2-7a-20=0$ 的解，並計算若 a 為等腰直角三角形的斜邊長，則斜邊上的高有多長？

數學老師決定採用部分給分的方式，算出 a 的解答得 3 分，算出斜邊上的高得 2 分，全答錯或沒有填答者，得 0 分。下表是高分組與低分組八位同學的得分情形，請計算該題的難度與鑑別度。

高分組四位學生的得分情形		低分組四位學生的得分情形	
學生	得分	學生	得分
王畢輝	5	陳亦年	3
施福飛	3	黃百新	0
林嘉心	5	趙美貽	3
吳靖蓉	5	郭純蕙	0

五、下表是一道選擇題的答題情形，請算出 *P* 值與 *D* 值，並判斷此道試題的品質。

高低分組學生在一道選擇題的作答情形

組別	選擇題的選項				*P* 值	*D* 值	試題品質
	A	B	C*	D			
高分組（6 人）	1	0	5	0			
低分組（6 人）	1	2	1	2			

註：* 代表正確選項

第七章　效　度

效度可說是一份測驗最重要的核心關鍵，評判一份測驗的品質，效度是一項重要的評鑑指標。一份高品質的測驗，必定是一份具有高效度的測驗。而缺乏良好效度的測驗，絕對無法達成所預期的評量目標。為了讓讀者清楚掌握效度的概念，本章將針對效度的意涵、效度的特性、效度的檢證方式、影響效度的因素等部分，分別作介紹。

第一節　效度的意涵與特性

效度是判斷一份測驗是否具有優良品質的重要指標，本節將先介紹效度的意涵，然後再介紹效度所具有的特性。

一、效度的意涵

在談效度的意涵之前，我們先來看一個可能的測驗結果。

❖ 假若有甲乙兩個國中七年級學生，已知甲生有很棒的類比推理能力，乙生的類比推理能力則相當的不好。甲乙兩人同時接受 A 老師所自編的類比推理能力測驗，測驗結果顯示，甲乙兩生的得分都偏低，而甲生的得分並沒有顯著高於乙生的得分。針對這樣的結果，A 老師相當的納悶，原本期待甲生的得分應該顯著優於乙生的得分，經過深入的探究原因之後，終於找到了問題的所在。原來 A 老師自編的類比推理能力測驗，是採用問題情境的類比推理，作答者必須先閱讀某段文章，瞭解該段文章的問題情境之後，才能做出適切的類比推理。然而 A 老師所設計的文章，由於用字遣詞過於艱澀，以致甲生不易瞭解問題的情境，甲生的測驗結果自然不佳。

上述的測驗結果，A 老師所自編的類比推理測驗，原本是打算測量受試者的類比推理能力，若真的是測量受試者的類比推理能力，則類比推理能力較佳的受試者，其得分應該顯著優於類比推理能力較差的受試者。然而因題目設計不良的緣故，導致測驗的結果，並非顯示受試者類比推理能力的高低，而是顯示受試者國語文能力的高低，亦即國語文能力較佳的受試者，其測驗得分才有可能較佳。此種實際測量結果與測驗宣稱所欲測量的結果，存在的差異情形，即是測驗學界所探討的重要主題——效度。

對於效度的意義，測驗學界的傳統看法主張效度是指測驗測量到它所宣稱欲測量的特質之程度（Aiken, 2003）。近年來測驗學者對於效度的看法，較傾向將效度界定為對測驗結果的詮釋與使用之適切程度（Hogan, 2007）。

對於效度概念的演變，可從美國心理學會（American Psychological Association，簡稱 APA）、美國教育研究學會（American Educational Research Association，簡稱 AERA），以及國家教育測量諮詢會（National Council on Measurement in Education，簡稱 NCME）等三個機構，所聯合出版的《教育與心理測驗標準》（*Standards of Educational and Psychological testing*）一書，清楚的看出其演變的歷程。

APA 於 1954 年出版《心理測驗與診斷技巧的技術性建議》（*Technical Recommendations for Psychological Tests and Diagnostic Techniques*）一書中，將效度的類型，區分為內容、預測、同時、建構等四種不同的效度型態。APA 於 1966 年出版《教育與心理測驗及指導手冊之標準》（*Standards for Educational and Psychological Tests and Manual*）一書，書中對於效度的類型，將 1954 年所提出的預測效度與同時效度，整合為效標關聯效度，因此，效度的類型變成內容效度、效標關聯效度、建構效度等三種（吳毓瑩，2004）。

到了 1980 年代之後，測驗評量專家對於這種將效度分成內容、效標關聯、建構等三種類型的見解，提出許多的批評（Ellis & Blustein, 1991; Guion, 1980; Landy, 1986）。其中，受到較大的批評是，有些測驗或量表的編製者，認為既然效度分成三種類型，因此，在編製測驗的過程，只要針對其中一種效度進行考驗，即符合測驗的效度考驗要求。

經過對於效度種類的批評，測驗評量學界漸漸形成將效度視為單一整體的概念，亦即測驗的效度應該同時包含內容的代表性、效標的關聯性與建構的理論性。

雖然測驗學界已開始將效度視為單一整體的概念，但對於剛開始接觸學習評量課程的學生而言，此種單一整體的概念，比較不容易理解。在考量為了讓初學者更容易理解效度內涵的情況下，下面對於效度的介紹，還是採用傳統分成內容效度、效標關聯效度、建構效度等三種類型的分類方式。若讀者對於三種效度類型已有清楚的理解，建議參考美國心理學會、美國教育研究學會，以及國家教育測量諮詢會等三機構，於 2014 年所聯合出版的《教育與心理測驗標準》一書（該書可從此網址免費下載 https://www.testingstandards.net/open-access-files.html），該書對於單一整體的概念，有清楚詳實的介紹。

二、效度的特性

瞭解效度的意涵之後，接著我們來介紹效度具有哪些特性。有關效度的特性，Gronlund（2003）曾提出下列七點特性：

1. 效度是由獲得的證據中推論而來的，並非是由測量而來的

所謂的效度是指對於測驗結果的使用與解釋是否適切，它是針對所蒐集的測驗結果，進行推論所獲得的。雖然測驗分數是由測量而得到的，但效度則非藉由測量可直接獲得的，必須透過對測驗分數，進行實驗、分析、檢證等方式推論而得。

2. 效度包含許多不同型態的證據

由單一型態的證據，是無法清楚呈現完整的效度內容，它必須同時由多種不同型態的證據，例如試題的內容代表性、與其他相似測驗的相關性、和理論與實際資料的符合性等證據，才能顯示完整的效度。

3.效度是程度多寡的概念，並非全有或全無的概念

效度的檢驗結果，並不是屬於「有效度」或「沒有效度」的二分法，它不是屬於全有或全無，而是程度高低的問題。因此，採用「高的效度」、「中的效度」或是「低的效度」來稱呼測驗結果的效度，是比較合適的。

4.效度是具有特定性的

對於測驗結果的檢證，是有其特定性的。每種測驗都有其特定的受試樣本、特定的使用與解釋方式。例如一份以〈桃花源記〉、〈出師表〉、〈諫逐客書〉等古文為命題內容的語文測驗，對評量高中學生的語文理解能力，可能會是一份具有高效度的測驗，但若以國小學生為施測對象，則一定不會是具有高效度的測驗。

5.效度是指測驗結果的推論，而非測驗工具

效度是指針對測驗結果獲得的分數，所進行的推論、解釋和使用，因此，效度並非是測驗工具本身所具有的特性。對於效度比較合適的說法是「測驗分數的效度」，習慣上大家常簡稱為「測驗的效度」，此種稱法容易造成誤認效度是指測驗工具本身。

6.效度是單一性的概念

傳統上習慣將效度分成內容效度、效標關連效度，以及建構效度等三大類，因此，在效度的考驗上，往往只呈現某一類的效度考驗。近年來，逐漸將效度視為是整合內容、效標、建構等證據的單一性概念，在效度的考驗上，需要同時呈現對於內容、效標、建構的考驗結果。

7.效度應關注使用評量的結果

效度應該關注所採用的評量，是否有達到其預期的結果，例如是否能客觀呈現學生的學習成就，是否有助於學生瞭解自己的學習狀況等。

由上述效度的七點特性可知，效度是由蒐集的測驗結果所推論而來的，它是針對某些特定對象或是某些特定目的，由許多不同類型的證據所組成的單一性概念，用以評判測驗或量表能否確切的測量到所欲測量的能力或特質。

第二節　內容效度

想要瞭解內容效度，較適合從其意涵與檢驗方式著手。底下分別介紹內容效度的意涵，以及內容效度的檢驗方式。

一、內容效度的意涵

所謂內容效度是指測驗所選取的試題樣本，能適切測量到所欲測量的行為或特質之程度。越能測量到所欲測量的行為或特質，其內容效度越高。

「這道題目好像不是這一次段考的考試範圍」，是許多人在考試時，常面臨到的問題。當某道試題確實超出考試的預定內容時，我們就無法透過學習者在該道試題的得分情形，來推論其真實的學習狀況。此種問題牽涉到測驗的內容，亦即屬於測驗結果的效度之內容證據部分。

教師若想採用成就測驗來評量學生的學習成果時，受限於時間與經濟因素，並無法將所有可能的試題，全部出在同一份測驗上，僅能就所有試題所形成的母群中，選取一些代表性的試題樣本，來進行施測。若所選取的樣本試題，能夠適切代表母群的試題，則教師就比較有信心根據學生在測驗上的表現，來推論其在母群所有試題上的可能表現。相反地，若選取的樣本試題，無法有效的代表母群的所有試題，則教師無法正確判斷出學生的實際表現。

例如，某位國小一年級的級任教師，上完數學領域中的「個位數與個位數的加法」與「個位數與個位數的減法」這兩個教學單元，想出一份全部都是計算題的數學考卷，來瞭解班上學生對於這兩個單元的學習成果。這兩個教學單元的內容分量大約相同，由這兩個教學單元所形成的母群題數，總共包含 50 題加法與 50 題減法的題目。

該教師打算從這 100 道有關個位數與個位數的加法和減法的計算題中，選取 10 題加法與 10 題減法，作為這兩個單元的考卷。若所選取的這 20 道加減法的試題，具有適切的代表性，則某生在這 20 題中，答對 16 題，該教師可以比較有信心的推論，在所有的母群試題中，該生可能有 80% 的答對率。

相反地，若教師選取 18 題加法與 2 題減法，作為這兩個單元的考卷。由於所選取的這 20 道加減法的試題，比較偏重加法的運算，較不具有試題的代表性。若某生在這 20 題中，答對 16 題，該教師比較不敢推論該生在所有加法與減法的母群試題中，可能有 80% 的答對率。

由此可知，一份測驗的試題若具有代表性，則該測驗會具有高的內容效度，顯見試題具有代表性是一份優良測驗的重要條件。

二、內容效度的檢驗方式

在成就測驗中，通常是透過雙向細目表的方式，來檢驗測驗的內容效度。檢視成就測驗中的試題，是否具有內容的代表性，較常關注教材內容與學習目標兩個面向，而由這兩個面向所構成的表格即是所謂的雙向細目表。表 7–1 即是一個國中九年級社會領域的雙向細目表。

表 7–1

國中九年級社會領域第一次段考雙向細目表

評量領域：	社會	評量年級：	九年級	命題教師：	鄭輝德
考試時間：	60 分鐘	版本冊數：	○○第五冊	評量單元：	1 ～ 6

教材內容	認知歷程向度						
	記憶	瞭解	應用	分析	評鑑	創作	總題數
一、世界陸地與海洋	3	2	1	1	1	1	9
二、人口分布	2	2	2	2			8
三、亞洲古文明	3	2	2	1	1		9
四、近代歐洲的興起	3	3	2	2	1	1	12
五、市場與交易	2	2	1	1			6
六、分工與貿易	2	1	1				4
總題數	15	12	9	7	3	2	48

雙向細目表的設計，可採用題數或分數兩種型態，作為規劃的單位，表 7–1 是採用題數的型態。在決定每個學習單元的評量題數時，可採用較

簡單的分配方式，就是根據每個單元所需的上課節數，然後按比例分配題數，例如表 7–2。

表 7–2
國中九年級社會領域第一次段考教材內容的題數分配比例

評量單元	上課節數	預計命題的比例	實際命題的比例	預計命題與實際命題的差距
一、世界陸地與海洋	3	17%	19%	–2%
二、人口分布	3	17%	17%	0%
三、亞洲古文明	4	22%	19%	3%
四、近代歐洲的興起	4	22%	25%	–3%
五、市場與交易	2	11%	12%	–1%
六、分工與貿易	2	11%	8%	3%
所有單元	18	100%	100%	0%

以表 7–1 國中九年級社會領域第一次段考為例，本次段考總共評量包括「世界陸地與海洋」、「人口分布」、「亞洲古文明」、「近代歐洲的興起」，「市場與交易」、「分工與貿易」等六個單元。這六個學習單元的上課總節數為 18 節，每個單元的上課節數分別是 3 節、3 節、4 節、4 節、2 節、2 節，每個單元的上課節數與六個單元上課總節數的比例分別為 17%、17%、22%、22%、11%、11%，每個單元分配的題數就以此比例為參考依據，但不一定要剛剛好完全按照此比例，只要接近即可。例如整份測驗總題數為 48 題，「世界陸地與海洋」、「人口分布」、「亞洲古文明」、「近代歐洲的興起」、「市場與交易」、「分工與貿易」這六個學習單元的命題題數分別是 9 題、8 題、9 題、12 題、6 題、4 題，每個單元的題數比例為 19%、17%、19%、25%、12%、8%。由於每個單元的題數比例，與上課時數的比例接近，因此，就教材內容的部分，試題應具有代表性。

在學習目標的部分，是根據 Anderson 等人（2001）所提學習目標的修正版，其認知歷程層面分成記憶、瞭解、應用、分析、評鑑、創作等六個歷程。這六類認知運作歷程的題數分別為 15 題、12 題、9 題、7 題、3 題、

2 題。由學習目標題數的分布可知，此份測驗所欲評量的認知能力，除了包含較多題的基礎性記憶、瞭解、應用等認知能力之外，同時也涵蓋了題目較少的分析、評鑑、創作等高層次認知能力。因此，就學習目標的部分，試題也具有代表性。

除了雙向細目表的檢驗方式之外，較嚴謹的內容效度考驗，通常是聘請一群專家學者就其專業知能，進行主觀的判斷。然後就專家學者意見的一致性，來判斷內容效度的高低。Lawshe（1975）曾提出**內容效度比率**（**content validity ratio，簡稱 CVR**）的概念，來判斷內容效度的高低。Lawshe 在進行內容效度比率的計算之前，會先請專家學者針對每道試題，判斷每一道試題是否評量到所欲評量的技能或知識，如表 7–3 所示。

表 7–3

試題必要性的內容效度評判表

根據您的評判，每道試題能否評量到所欲評量的知識或技能？請在下列的空格中，勾選您的意見。

題目	必要的	有用但並非必要	沒有需要的
第 1 題	☐	☐	☐
第 2 題	☐	☐	☐
第 3 題	☐	☐	☐
第 4 題	☐	☐	☐
第 5 題	☐	☐	☐
第 6 題	☐	☐	☐
第 7 題	☐	☐	☐
第 8 題	☐	☐	☐
第 9 題	☐	☐	☐
第 10 題	☐	☐	☐

有關內容效度比率的計算方式，請參考公式 7–1。

$$CVR = \frac{n_e - \frac{N}{2}}{\frac{N}{2}} \qquad \text{公式 7–1}$$

公式 7–1 中的符號，n_e 代表專家學者認定該試題屬於「必要的」數量，N 為專家學者的人數。

表 7–4 是請四位專家學者根據表 7–3 十道題目的評判結果，例如第一道試題有三位專家學者認為是屬於「必要的」，則其 CVR 為可以得到如下的 .50。

$$\mathrm{CVR} = \frac{n_e - \frac{N}{2}}{\frac{N}{2}} = \frac{3 - \frac{4}{2}}{\frac{4}{2}} = \frac{1}{2} = 0.5$$

表 7–4

四位專家學者根據表 7–3 十道題目的評判結果

試題	甲專家			乙專家			丙專家			丁專家			CVR
	必要的	有用但非必要	沒有需要的	必要的	有用但非必要	沒有需要的	必要的	有用但非必要	沒有需要的	必要的	有用但非必要	沒有需要的	
1	■			■			■				■		0.5
2		■				■			■		■		–1
3	■			■			■			■			1
4	■			■			■			■			1
5	■			■			■			■			1
6		■			■		■				■		–0.5
7	■			■			■			■			1
8	■			■			■			■			1
9	■				■		■				■		0
10	■			■			■			■			1

註：■ 表示每位專家學者勾選的選項

內容效度比率要多少才算是合適的呢？ Lawshe（1975）提出內容效度比率最低值的標準，如表 7–5 所示。根據表 7–5 的標準，表 7–4 每道試題請四位專家學者評判，內容效度比率應該高於 0.99，所以表 7–4 的十道試題，共有第 3、4、5、7、8、10 等六題有理想的內容效度比率。

表 7–5
內容效度比率的評判標準

專家人數	最低值
5	.99
6	.99
7	.99
8	.78
9	.75
10	.62
11	.59
12	.56
13	.54
14	.51
15	.49
20	.42
25	.37
30	.33
35	.31
40	.29

註：引自 "A quantitative approach to content validity," by C. H. Lawshe, 1975, *Personnel Psychology*, *28*, p. 568.

Lawshe（1975）的內容效度比率是用來判斷每道試題的適切性，而 Gregory（2004）則是針對測驗的所有試題，提出另一種內容效度的計算方法。Gregory 同樣請專家學者針對每道試題的代表性進行判斷，總共有「沒有關聯的」、「有些關聯的」、「相當有關聯的」、「非常有關聯的」等四個選項，讓專家學者勾選，如表 7–6。

表 7–6
試題關聯性的內容效度評判表

根據您的評判，每道試題與所欲評量的內容，是否有關聯性？請在下列的空格中，勾選您的意見。

題目	沒有關聯的	有些關聯的	相當有關聯的	非常有關聯的
第 1 題	□	□	□	□
第 2 題	□	□	□	□
第 3 題	□	□	□	□
第 4 題	□	□	□	□
第 5 題	□	□	□	□
第 6 題	□	□	□	□
第 7 題	□	□	□	□
第 8 題	□	□	□	□
第 9 題	□	□	□	□
第 10 題	□	□	□	□

若專家學者認為該題是屬於「沒有關聯的」或「有些關聯的」，則該題是屬於「弱關聯性」；若專家學者認為該題是屬於「相當有關聯的」或「非常有關聯的」，則該題是屬於「強關聯性」。由兩位專家學者對同一份試題的判斷，就可以獲得兩位專家學者四種不同結果的看法，如圖 7–1 所示。

圖 7–1
兩位專家學者對試題關聯性的評判結果

		專家學者甲	
		弱關聯性	強關聯性
專家學者乙	弱關聯性	A	B
	強關聯性	C	D

根據圖 7–1 兩位專家學者的評判結果，Gregory（2004）所提出的內容效度，其算法如公式 7–2。

$$內容效度 = \frac{D}{A + B + C + D} \qquad 公式\ 7\text{–}2$$

公式 7–2 中的符號所代表的意涵，分別如下：

A：兩位專家學者同樣歸類為「弱關聯性」的題數

B：甲專家學者歸類為「強關聯性」，乙專家學者歸類為「弱關聯性」的題數

C：甲專家學者歸類為「弱關聯性」，乙專家學者歸類為「強關聯性」的題數

D：兩位專家學者同樣歸類為「強關聯性」的題數

例如兩位專家學者針對一份 40 道試題的測驗，進行內容效度的判斷，判斷的結果，如圖 7–2 所示。

圖 7–2
兩位專家學者對試題關聯性的實際判斷結果

		專家學者甲	
		弱關聯性	強關聯性
專家學者乙	弱關聯性	4	3
	強關聯性	1	32

以圖 7–2 的相關資料為例，將 $A = 4,\ B = 3,\ C = 1,\ D = 32$ 代入公式 7–2，可得到內容效度為 .80。

$$\text{內容效度} = \frac{32}{4 + 3 + 1 + 32} = \frac{32}{40} = 0.8$$

若遇到專家學者超過兩人的情況，則採用兩兩配對的方式，計算出所有的內容效度數值，最後再將所獲得的數值加以平均，以平均數來表示整份測驗的內容效度。例如有甲、乙、丙三位專家學者參與試題關聯性的判斷，由甲乙兩位專家學者判斷結果所獲得的內容效度為 .80，乙丙兩位專家學者獲得的內容效度為 .70，甲丙兩位專家學者獲得的內容效度為 .90，則整份測驗的內容效度為 $(.80 + .70 + .90)/3 = .80$。

第三節　效標關聯效度

有關效標關聯效度的介紹，主要關注於內涵與檢驗方式兩個方面。底下分別介紹效標關聯效度的意涵，以及效標關聯效度的檢驗方式。

一、效標關聯效度的意涵

在學校情境中，教師常會使用測驗來預測學生未來的學業成就，而在工作職場的面試情境中，公司主管也常使用測驗來預測員工未來的工作表現。上述兩種情境中，學生未來的學業成就和員工未來的工作表現，都是測驗的施測者主要關心的結果，此種結果就是所謂的效標（criterion），效標通常是指測驗所欲預測的心理或行為特質。

所謂效標關聯效度是指求測驗分數與效標兩者的積差相關，此積差相關稱為效度係數（validity coefficient）。積差相關係數是一種評估兩個連續變項之間的關連性之統計方法，通常以英文字小寫的 r 來表示。兩個連續變項的積差相關係數 r 介於 -1 至 1 之間（積差相關係數公式，請參考附錄二）。若 $0<r\leq 1$，則稱為正相關，表示一個變項的數值越大，另一個變項的數值也會比較大。若 $r=0$，則稱為零相關，表示兩個變項沒有關連性。若 $-1\leq r<0$，則稱為負相關，表示一個變項的數值越大，另一個變項的數值反而會比較小。有關兩個連續變項的積差相關係數之三種關係，請參考表 7–7 所示。

表 7–7

兩個連續變項的積差相關之三種實例

相關類型	實例
正相關	智力越高的人，其學業成績也會比較高，所以智力與學業成績呈現正相關。
零相關	頭髮數量多寡，與其學業成績沒有關係，所以髮量與學業成績呈現零相關。
負相關	越容易有高學習焦慮的人，其學業成績會比較低，所以學習焦慮與學業成績呈現負相關。

效標關聯效度可以根據測驗分數與效標獲得時間的先後順序，而區分成同時效度（concurrent validity）與預測效度（predictive validity）兩種。

同時效度是指測驗分數與效標，是同一個時間點所獲得的。同時效度的使用，常常是希望藉由選取一個受到大家認可的有效效標，若測驗分數與效標能求出高的積差相關係數，則測驗編製者可以較有信心的宣稱自己所編製的測驗具有高的效度。例如某國小四年級導師，自編一份四年級標準化數學成就測驗，為了瞭解自編的標準化數學成就測驗是否具有良好的效度，該教師讓班上同學同時接受其自編的標準化數學成就測驗，以及由出版社所出版的標準化數學成就測驗（出版社的標準化數學成就測驗具有良好的效度），然後計算班上同學在兩次數學測驗得分的相關係數。由於教師自編的標準化數學成就測驗與出版社出版的標準化數學成就測驗，是在相同的時間點所獲得，求兩者的積差相關，就可獲得同時效度。

預測效度是指先獲得測驗分數，間隔一段時間之後，才能獲得效標。預測效度的效標挑選，也是希望使用受到大家認可的有效效標。預測效度的使用，則是著重在測驗分數能否準確的預測效標。例如某國中八年級導師，打算利用該班國中八年級學生的期末考成績，去預測該班學生明年參加國中教育會考的分數（效標），由於國中八年級期末考成績與國中教育會考成績間隔一段時間，所獲得的積差相關，就是預測效度。

二、效標關聯效度的檢驗方式

不論是同時或是預測效標關聯效度，其檢驗方式都是採用積差相關的統計方法。例如表 7–8 即是前面提到的教師自編四年級標準化數學成就測驗，與出版社所出版的標準化數學成就測驗同時效度的計算實例。

進行效標關聯效度的檢驗，首要的工作是慎選適合的效標，然而要挑選到適合的效標，卻是最常遇到的困難。若選擇的效標是不良的，縱使自編測驗與效標的積差相關係數很高，也無法說明自編測驗的效標關聯效度是良好的。若選擇大家公認具有良好效度的效標，則自編測驗的效標關聯效度比較能獲得認可。例如若要自編智力測驗，選擇魏氏智力測驗或是比西智力測驗作為效標，由於魏氏或比西智力測驗是學術界公認有相當良好的效度，因此，若自編的智力測驗與魏氏或比西智力測驗有很高的相關，則自編的智力測驗就能被大家接受是具有良好效度的測驗。

表 7–8

同時效度的計算方式

10 月 8 日 20 位同學接受教師自編的標準化數學成就測驗的得分情形			10 月 8 日相同的 20 位同學接受出版社出版的標準化數學成就測驗的得分情形	
學生代號	得分		學生代號	得分
A	78		A	85
B	96		B	97
C	56		C	64
D	82		D	83
E	76		E	79
F	74		F	73
G	85		G	84
H	91		H	89
I	36	間隔三小時之後	I	31
J	88		J	83
K	90		K	87
L	86		L	76
M	85		M	85
N	77		N	79
O	80		O	85
P	89		P	87
Q	82		Q	85
R	58		R	72
S	79		S	86
T	85		T	66

同時效度的計算方式就是求這 20 位同學，在兩種考卷上得分的積差相關，經過計算積差相關係數為 .87。

第四節　建構效度

有關建構效度的介紹，主要也是關注於內涵與檢驗方式兩個方面。底下分別介紹建構效度的意涵，以及建構效度的檢驗方式。

一、建構效度的意涵

在心理與教育研究領域中，存在許多心理特質，這些心理特質都是屬於理論假設，是無法直接透過測量的方式而獲得，必須輾轉藉由對行為的觀察記錄，來間接推論其存在的事實。這些心理特質就是所謂的建構（**construct**），它是心理學用來解釋個體差異行為的理論基礎，例如動機、焦慮、認知風格、後設認知等。

而我們所熟知的智力，也是一種心理建構。智力這種心理建構，並不像身高體重一樣，可以直接由個體的外表來判斷。一個人的智力高低，是無法由肉眼直接觀察的，必須透過間接的智力測驗加以測量。而經由智力測驗所獲得的智力高低，只是一種推論的結果，並無法完全確定個體的智力就是智力測驗上的得分。

所謂的建構效度是指測驗能夠測量到理論建構或特質的程度（Anastasi & Urbina, 1997）。一份測驗越能測量到所欲測量的理論特質，顯示該測驗具有高的建構效度。一份高建構效度的測驗，較能精準的反映受試者的真正能力或特質。

前面已提及在 1980 年代之前，有關效度的分類，大致分成內容效度、效標關聯效度、建構效度等三類。在 1980 年代之後，許多研究效度問題的學者專家，都主張應該將三類的效度，整合成同時包含內容效標關連與建構效度的單一概念。亦即測驗應該呈現的效度是建構效度，然而建構效度的檢證中，應該同時包含內容關聯的證據、效標關聯的證據、建構關聯的證據。

二、建構效度的檢驗方式

在檢驗是否具有建構關聯效度的方法上，並沒有像內容效度或效標關聯效度一樣，可採用單一的方法，而必須使用多種不同的方法，最後綜合判斷是否具有建構效度。下面是幾種較常見的檢驗方法（Cohen & Swerdlik, 2009; Gregory, 2004）：

1. 分析測驗的試題是否具有同質性，以確定測驗是否測量單一的建構

測驗的試題若具有同質性（**homogeneity**），顯示測驗是測量單一的建構。不具備同質性的試題，可能除了測驗編製者所欲測量的建構之外，也混淆了其他的建構。但是要特別注意的是，試題的同質性只能當作是一種參考的指標，具同質性的測驗並無法確定一定具有建構效度，因為同質性的試題，也有可能是測量不同的建構。

試題的同質性檢驗，較簡單的方式，是採用試題與總分的相關，選取正相關，且相關係數較高的題目（例如相關係數 .40 或 .50）。若測驗包含分量表，則採用分量表分數與總量表分數的相關，當分量表與總量表的相關係數不高時，則通常必須重新編製分量表的試題。另外，也可以採用內部一致性係數（例如 α 係數），作為檢驗試題同質性的依據。

2. 探究隨著時間或年齡的改變而發生的變化，是否符合理論的預測

某些建構會隨著年齡的增加而有所增長，例如智力、閱讀理解能力、邏輯推理能力等。針對這些會受時間或年齡影響的建構，可將測驗運用於縱貫研究法（**longitudinal study**）或橫斷研究法（**cross-sectional study**），探究測量的結果是否符合理論的預測。要注意的是，並非所有的建構都會因時間或年齡因素而有所增長，例如個人的成就動機，並不一定會隨著年齡的增加而增加。

3. 探究不同組別受試者的得分差異情形，是否符合理論的預測

不同組別的受試者，常因背景條件的不同，對同樣的建構，常會有差異的表現。例如根據相關的文獻顯示，在數學解題能力方面，高後設認知能力的學生其數學解題能力，顯著優於低後設認知能力的學生。假若今天我們編製一份數學解題能力測驗，讓不同後設認知能力的受試者接受此份測驗，然後檢驗高後設認知能力的學生，其數學解題能力測驗的得分，是否顯著優於低後設認知能力的學生，藉此判斷是否符合上述理論的預測。

4. 分析實驗操弄對測驗的影響，是否符合理論的預測

透過實驗設計的方式，也可以判斷測驗是否符合建構關聯效度。例如根據文獻顯示，後設認知能力有助於提升學生的數學解題能力。假若今天我們編製一份適合國中七年級學生的數學解題能力測驗，便可以選擇國中七年級學生的班級，進行以「後設認知能力訓練」的教學實驗課程，然後檢驗接受教學實驗的國中七年級學生，其數學解題能力測驗的後測得分，是否顯著優於前測的分數，以判斷是否符合上述理論的預測。

5. 分析聚斂相關（convergent correlation）和區辨相關（discriminant correlation）

假若有一群國小三年級的學生同時接受 A, B, C 三種成就測驗，A 測驗與 B 測驗都是數學成就測驗，C 測驗是國語成就測驗，求這些學生在這三種成就測驗得分的相關，則哪兩個成就測驗的積差相關係數應該比較高？

根據理論分析，由於 A 測驗與 B 測驗同樣測量數學成就，因而，A 與 B 兩個測驗所獲得的積差相關係數 r_{AB} 應該是最高的。相對地，A 測驗與 C 測驗，以及 B 測驗與 C 測驗，是測量不同的能力，故 A 與 C 兩個測驗所獲得的積差相關係數 r_{AC}，或是 B 與 C 兩個測驗所獲得的積差相關係數 r_{BC}，應該比較低一些。

所謂聚斂相關是指測量相同建構的測驗之相關，由於測量相同的建構，理論上聚斂相關係數應該高一些。區辨相關是指測量不同建構的測驗之相關，由於測量不同的建構，因此區辨相關係數應該低一些。

較常用的聚斂相關和區辨相關的評判方法，是 Campbell 與 Fiske (1959) 所提出的「多特質多方法矩陣」（**multitrait-multimethod matrix**），如表 7–9 所示。

表 7–9
多特質多方法矩陣的例子

方法	特質	量表		課堂觀察	
		正義感	責任感	正義感	責任感
量表	正義感	(.86)			
	責任感	{.29}	(.83)		
課堂觀察	正義感	[.61]	〈.15〉	(.91)	
	責任感	〈.13〉	[.56]	{.27}	(.88)

表 7–9 是由兩種方法與兩種特質組合而成的多特質多方法，它是屬於最簡單的多特質多方法類型。研究的設計是採用讓學生填答的「量表」與請教師進行「課堂觀察」等兩種測量的方法，分別各自測量「正義感」和「責任感」兩種特質。

表 7–9 以（　　）、[　　　]、｛　　　｝，以及〈　　〉等四種不同的括號，來表示兩種方法與兩種特質的組合型態。

以括號（　　）呈現的數字，代表採用相同方法測量相同特質所獲得的相關係數，此即為信度係數。例如（.86）這個積差相關係數的獲得，都是採用「量表」的測量方式，都是測量「正義感」這個特質。

以括號 [　　　] 呈現的數字，代表採用不同方法測量相同特質的相關係數，此即為聚斂相關係數。例如 [.61] 這個積差相關係數，一個是採用「量表」，另一個是採用「課堂觀察」的測量方式，但都是測量「正義感」的特質。

以括號｛　　　｝呈現的數字，代表採用相同方法測量不同特質的相關係數，此即為區辨相關係數。例如 {.29} 這個積差相關係數，都是採用「量表」的測量方式，但一個是測量「正義感」，另一個是測量「責任感」。

以括號〈　　〉呈現的數字，代表採用不同方法測量不同特質的相關係數，此即為區辨相關係數。例如〈.13〉這個積差相關係數，在測量方法上，一個是採用「量表」，另一個是採用「課堂觀察」；在測量的特質上，一個是測量「正義感」，另一個是測量「責任感」。

由表 7–9 中可以清楚看出，採用同樣方法測量同樣特質，所獲得的相關係數都是最高的，分別是（.86, .83, .91, .88）；透過不同方法測量相同特質，所獲得的相關係數是次高的，分別是 [.61, .56]；採用相同方法測量不同特質，其所獲得的相關係數是第三高的，分別是 {.29, .27}；採用不同方法測量不同特質，其所獲得的相關係數是最低的，分別是〈.13〉與〈.15〉。上述相關係數的大小，因符合信度係數高於聚斂相關係數，而聚斂相關係數又高於區辨相關係數，故具有不錯的建構效度。

6. 採用因素分析的方法

因素分析是一種可以將相關程度較高的變項，分類成同一個共同因素的統計分法。進行因素分析時，必須先獲得一個包含所有變項的相關矩陣，透過因素分析的演算歷程，會將彼此積差相關係數較高的變項，歸類成同一類，形成一個所謂的共同因素。

表 7–10 是由八道虛構的題目所求得的積差相關矩陣，請仔細觀察哪些題目彼此之間有較高的積差相關係數。

表 7–10
八道試題的積差相關係數矩陣

題目	V1	V2	V3	V4	V5	V6	V7	V8
V1	1.00							
V2	**.846**	1.00						
V3	**.805**	**.881**	1.00					
V4	**.859**	**.826**	**.801**	1.00				
V5	.009	.007	.001	.004	1.00			
V6	.001	.001	.005	.005	**.762**	1.00		
V7	.003	.002	.007	.009	**.730**	**.783**	1.00	
V8	.002	.006	.009	.003	**.729**	**.777**	**.739**	1.00

表 7–10 所呈現的積差相關係數，透過粗體字的協助，應該可以很輕易的發現，V1、V2、V3 和 V4 這四道題目彼此的相關係數都很高，其中最高為 V2 與 V3 的積差相關係數 .881，最低為 V3 與 V4 的積差相關係數 .801。

另外，V5、V6、V7 和 V8 這四道題目彼此的相關係數也都很高，其中最高為 V6 與 V7 的積差相關係數 .783，最低為 V5 與 V8 的積差相關係數 .729。但 V1、V2、V3、V4 這四道題目與 V5、V6、V7、V8 這四道題目彼此的相關係數都很低，而最高的積差相關係數也只有 .009，最低的積差相關係數是 .001。

由上述的分析可知，V1、V2、V3 和 V4 這四道題目應該是屬於同一類的，或是用因素分析的用語，應該是屬於同一個因素的。同樣地，V5、V6、V7 和 V8 這四道題目，也應該是屬於另外一個因素。將這八道試題，以 SPSS 統計軟體進行因素分析，可獲得如圖 7–3 的統計結果。

圖 7–3
以表 7–10 的資料採用 SPSS 所獲得的因素分析結果

轉軸後的因子矩陣 [a]

	因子	
	1	2
V1	.915	.002
V2	.938	.002
V3	.903	.004
V4	.902	.003
V5	.003	.846
V6	.001	.904
V7	.003	.863
V8	.003	.859

萃取方法：主軸因子。
旋轉方法：含 Kaiser 常態化的 Varimax 法。
a. 轉軸收斂於 3 個疊代。

圖 7–3 出現的數值，是所謂的因素負荷量（**factor loading**），因素負荷量是指變項與因素之間的積差相關係數。判斷試題是屬於哪個因素的簡單方法，就是以試題在哪個因素的因素負荷量較大，就歸屬於哪個因素。例如，第一道試題 V1 與第一個因素的因素負荷量為 .915，而 V1 與第二個因素的因素負荷量為 .002，所以第一道試題 V1 歸屬於第一個因素。

由圖 7–3 可知，V1、V2、V3、V4 這四道題目同歸屬於第一個因素，而 V5、V6、V7、V8 這四道題目則歸屬於第二個因素。此結果與前面我們觀察積差相關係數的大小，而判斷有兩個因素是一致的。

應用上述因素分析的方法，假設有位國中數學教師編製一份數學成就測驗，該份數學測驗有 20 道試題，其中 1 至 10 題為代數題，11 至 20 題為幾何題。該名國中數學教師將施測所獲得的資料，進行因素分析。因素分析的結果得到，1 至 10 題屬於同一個因素，而 11 至 20 題屬於另一個因素。由於因素分析的結果，與原先題目的設計（1 至 10 題同屬於代數題，11 至 20 題同屬於幾何題）是一致的，顯示該份數學測驗具有建構效度。

綜合上述的介紹可知，建構效度的評估，並沒有單一的方式，而是透過多種考驗的方法，最後綜合判斷是否具有建構效度。

Zeller（1997）曾提出檢驗建構效度的六個步驟，茲以建構一份評量國小五年級數學學習態度量表為例，說明如何根據 Zeller 所提的檢驗步驟，來評估是否具有建構效度。

一、定義每個概念並預測每個變項的關聯性

要建立一份測驗或量表的建構效度，首先，要蒐集與測驗或量表相關的理論，然後根據理論，清楚的定義每個概念的意涵。最後根據理論，推測變項之間可能的關聯性。例如要編製一份國小五年級數學學習態度量表，根據蒐集的理論顯示，數學學習態度會影響數學焦慮，而數學學習態度與數學焦慮會同時影響數學學業成績。

因此，要編製數學學習態度量表時，先對「數學學習態度」、「數學焦慮」、「數學學業成績」等三個概念，進行清楚的定義。三個概念的定義如下：

1. 數學學習態度：是指學生在從事數學學習活動時，對數學學習所持的一種持久性與一致性的傾向。
2. 數學焦慮：是指學生接觸數學時，所產生的一種緊張、不安、憂慮、

恐懼等情緒狀態。

3. 數學學業成績：是指學生在教師自編的五年級數學測驗的成績表現。

確定上述三個概念的定義之後，根據理論的推演，我們提出以下幾個假設：

1. 國小五年級學生的數學學習態度與數學焦慮具有顯著的負相關。
2. 國小五年級學生的數學學習態度與數學學業成績具有顯著的正相關。
3. 數學學習態度越正向的國小五年級學生，其數學學業成績越佳。
4. 國小五年級學生的數學焦慮與數學學業成績具有顯著的負相關。
5. 數學焦慮越高的國小五年級學生，其數學學業成績越差。
6. 數學學習態度與數學焦慮能有效的預測學生的數學學業成績。

二、挑選表徵每個概念的評定指標

每個概念定義清楚之後，接著便是挑選能夠真正呈現概念內涵的指標。根據理論的探討，三個概念的評定指標如下：

1. 數學學習態度量表包括「數學學習信心」、「數學學習動機」與「數學學習習慣」等三個評定指標。
2. 數學焦慮量表包括「擔憂」、「厭惡」、「測試焦慮」與「壓力」等四個評定指標。
3. 數學學業成績是指在教師自編數學測驗的成績，自編數學測驗包括「因數與倍數」、「分數的計算」與「小數的計算」等三個教學單元的評定指標。

三、建立評定指標的向度

為了確保每個概念的評定指標能真正顯現概念的內涵，必須透過統計的方式，確定評定指標具有的向度。最常採用確定指標向度的統計方法是因素分析。例如數學學習態度包含「數學學習信心」、「數學學習動機」與「數學學習習慣」等三個評定指標，透過因素分析，數學學習態度應該可獲得三個因素，亦即可以清楚地將評定指標區隔成三個向度。

在建立評定指標的向度時，若遇到試題不符合原先設定的評定指標，則可考慮刪除該題目。例如有一道題目「我覺得學好數學是一件容易的事」，原先設定是屬於「數學學習信心」的評定指標，但因素分析的結果，卻歸屬於「數學學習習慣」的評定指標，由於此道試題不適合歸類為「數學學習習慣」，因此，決定將此題目刪除。

四、建構評定指標的量表

經過建立評定指標的向度之步驟後，把不合宜的數學學習態度試題刪除，保留合適的題目，編製成一份數學學習態度量表。在數學學習態度量表得分越高的學生，表示其數學學習態度越正向；得分越低的學生，顯示其數學學習態度越負向。

五、計算量表或測驗之間的相關係數

將測量概念的量表或測驗，施測後所獲得的分數，進行相關係數或其他統計方法的考驗。例如將每個五年級學生在「數學學習態度」與「數學焦慮」的得分情形，區分成數學學習態度的高分組、中分組與低分組等三組，以及數學焦慮的高分組、中分組與低分組等三組。然後將每個五年級學生的「數學學習態度量表」、「數學焦慮量表」與「教師自編數學測驗」的得分，進行相關係數或變異數分析的考驗。

六、比較由資料蒐集所獲得的相關係數是否與預測的關聯性吻合

根據步驟五所得到的相關係數或變異數分析的統計結果，與第一個步驟所提出的六個假設，進行相互比較，看看結果是否吻合。若統計結果符合原先的預測，則五年級數學學習態度量表的編製工作即可結束；若統計結果與原先的假設不吻合，則必須重新回到第一個步驟，按照每個步驟依序進行，直到統計結果與預測獲得一致的結果。

第五節　影響效度的相關因素

有許多的因素會影響一份測驗結果的效度，Linn 與 Miller（2005）曾歸納出五個主要來源如下。

一、測驗或評量本身產生的影響

測驗試題或評量作業的品質，會直接影響測驗結果的效度，例如題目的用語模糊、用字超過學生的語文程度、題目無法有效評量所希冀的教學目標等都會降低測驗的效度。

另外，測驗的編排也會影響效度的高低，例如缺乏清楚的作答指導語、不適切的題目順序排列（由難而易）、題目的間距與填答空間過於狹小等，也會影響測驗的效度。

二、評量作業或教學歷程的影響

評量作業是否適合評量受試者的學習狀況，會影響測驗結果的效度高低。例如以國中標準化英文成就測驗，評量國小學生的英文表現，會降低原先測驗結果所具有的效度。

教學活動也會影響測驗結果的效度，例如原先設定要評量學生對課文分析、鑑賞的高層次能力之國文試題，但因教師在教學歷程中，已經對課文的賞析，有清楚詳盡的解說，導致該題目並非評量到高層次能力，而只是評量到學生的記憶能力。

三、施測與計分的影響

測驗施測的歷程會影響到效度的高低，例如有些教師在監考巡視時，會好心提醒答錯題目的學生，這樣的提醒動作會降低測驗結果的效度。

對於建構反應試題的評分工作，教師常會因為知道學生的姓名，而影響評分的客觀性，造成降低測驗結果的效度。

四、學生反應的影響

學生本身作答動機的高低、考試焦慮程度、是否有情緒困擾等因素，都會影響學生能否展現其真正的學習狀況。如此，也會影響測驗結果的效度高低。

五、群體與效標的影響

測驗都有其適用的對象，不同的受試群體會影響測驗結果的效度，將原先適用評量普通班學生的自然科學測驗，以資優班學生進行施測，則自然會得到不同的效度。

進行效標關連效度的考驗時，效標的選擇也會影響測驗結果的效度。選用的效標，若與測驗具有相似的特性，會獲得較高的效度。相對地，若效標與測驗的差異性較大，則會產生較低的效度。

教師若瞭解以上影響測驗結果的效度之因素，在編製測驗時，應該在題目的編寫、測驗的編排、施測與計分的歷程、學生的答題情緒、受測的團體、挑選的效標等方面，特別留心注意，藉此提高測驗結果的效度。

第六節　總　結

本章介紹了影響測驗品質相當重要的核心概念——效度，一份低效度的測驗，一定不是一份品質優良的測驗。測驗編製者在編製測驗時，應該要清楚效度的特質，並且掌握影響效度的因素，同時提出有關內容、效標與建構等方面的證據，透過多方面來源的證據，來支持測驗結果是否具有高的效度。

第七章 習題

一、請分析測驗結果的效度，對一份測驗有何重要性？

二、某道試題打算採用內容效度比率（CVR），來判斷內容效度的高低。結果 10 位專家學者中，有 8 位專家學者認為是屬於「必要的」，請計算 CVR 的大小，並根據表 7–5 的判斷標準，判斷此道試題是否具有理想的內容效度比率？

三、一份有 25 道題目的測驗，欲採用 Gregory（2004）所提出的內容效度，經由 2 位專家學者對此份測驗所進行的判斷，判斷結果如下圖。請計算內容效度的大小？

		A 專家	
		弱關聯性	強關聯性
B 專家	弱關聯性	3	2
	強關聯性	4	16

四、請解釋內容效度、效標關聯效度、建構效度等三種效度，各自採用何種檢驗的方法？

五、一份測驗在進行建構效度的考驗時，分別計算聚斂相關係數與區辨相關係數，當聚斂相關係數為 .78 時，則理論上區辨相關係數應該比 .78 高或是低？

第八章 信 度

繼上一章介紹評量測驗品質的重要指標「效度」的概念之後，本章還要介紹另一個評量測驗品質的重要指標「信度」的概念。底下將分別介紹測量誤差的概念、信度的意涵與特性、常模參照測驗與效標參照測驗的信度估計方式、測量標準誤、影響信度大小的因素等部分。

第一節 測量誤差的概念

進行測量活動時，不論是牽涉物理性質的直接測量，或是有關心理特質的間接測量，常因誤差的影響，導致測量結果的不一致。以學校保健室為學生所進行的身高體重的測量為例，甲生在同一天進行三次身高的測量，第一次測量的身高為 170.1 公分，第二次測量的身高為 169.8 公分，第三次測量的身高為 169.2 公分。甲生三次測量到的身高都不相同，就會產生甲生真正身高是多少公分的問題。同樣地，乙生在同一天作答同一份數學測驗兩次，結果第一次數學成績為 94 分，而第二次數學成績為 86 分，則同樣面臨乙生的數學成績，應該是哪一個分數的難題。

有關這樣的問題，古典測驗理論（classical test theory），也被稱為古典真分數理論（classical true-score theory），主張一個受試者所獲得的觀察分數（observed score），又稱為實得分數（obtained score），是由該受試者的真實分數（true score）與測量所產生的誤差分數（error score）所組成，即可表示為公式 8–1。

$$X = T + E$$ 公式 8–1

公式 8–1 就是「觀察分數 = 真實分數 + 誤差分數」的概念，其中，觀察分數（X），是指受試者接受測量活動後，所獲得的實得分數；真實分數（T）是指受試者因本身的真正實力，所應該得到的分數；誤差分數（E）是指因測量誤差所導致的分數。

古典測驗理論除了提出上述公式 8–1 的假定之外，也提出下列幾項基本假定（Allen & Yen, 1979）：

1. 誤差分數的平均數為零，亦即 $\mu_E = 0$。μ 表示平均數，μ_E 表示誤差分數的平均數。

2. 觀察分數的平均數為真實分數，亦即 $\mu_X = T$。μ 表示平均數，μ_X 表示觀察分數的平均數。

3. 真實分數與誤差分數兩者並無相關，亦即 $\rho_{TE} = 0$。ρ 表示積差相關係數，ρ_{TE} 表示真實分數與誤差分數兩者的積差相關係數。

4. 兩個不同測驗的誤差分數之間，也沒有相關，亦即 $\rho_{E_1E_2} = 0$。ρ 表示積差相關係數，$\rho_{E_1E_2}$ 表示第 1 項誤差分數與第 2 項誤差分數兩者的積差相關係數。

古典測驗理論主張受試者的真實分數是一個定值，並且受試者的真實分數是無法得知的。而誤差分數是隨機產生的，所以誤差分數有可能是正值，也有可能是負值。當誤差分數為正值時，則觀察分數會高於真實分數，相反地，當誤差分數為負值時，觀察分數會低於真實分數。

以上述的乙生為例，假設乙生數學成績的真實分數為 88 分（乙生數學成績的真實分數是無法得知的，故此處只能採取假設的方式），乙生第一次作答數學測驗時，猜對 3 道不會寫的選擇題，共猜對了 6 分，這 6 分就是正值的誤差分數，因此，乙生第一次數學測驗成績的觀察分數為真實分數 88 分加上誤差分數 6 分等於 94 分。乙生第二次作答數學測驗時，因粗心的關係，答錯一道會寫的填充題，因而失去了 2 分，這 2 分就是負值的誤差分數，因此，乙生第二次數學測驗成績的觀察分數為真實分數 88 分加上誤差分數 −2 分等於 86 分。

由公式 8–1 的 $X = T + E$ 可知，觀察分數、真實分數與誤差分數三者分數之間的關係，而觀察分數、真實分數與誤差分數三者的變異數之關係，則如公式 8–2。

$$\sigma_X^2 = \sigma_{(T+E)}^2 = \sigma_T^2 + \sigma_E^2 + 2\rho_{TE}\sigma_T\sigma_E \qquad \text{公式 8–2}$$

公式 8–2 的 σ^2 表示變異數，ρ 表示積差相關係數，σ 表示標準差。σ_X^2 表示觀察分數的變異數；σ_T^2 表示真實分數的變異數；σ_E^2 表示誤差分數的變異數；ρ_{TE} 表示真實分數與誤差分數兩者的積差相關係數；σ_T 表示真實分數的標準差；σ_E 表示誤差分數的標準差。

由上面第三個假設可知，真實分數與誤差分數兩者之相關為零，亦即 $\rho_{TE} = 0$，因此，公式 8–2 可以改寫為公式 8–3。

$$\sigma_X^2 = \sigma_T^2 + \sigma_E^2 \qquad \text{公式 8–3}$$

公式 8–3 顯示，觀察分數的變異數，恰巧等於真實分數的變異數加上誤差分數的變異數。

第二節　信度的意涵與特性

當我們採用某個測驗，去測量受試者的某種能力或特質時，由於受到誤差因素的影響，常使測量結果產生不一致的情形。一般而言，在評量的過程中，容易導致評量結果不一致現象的來源，主要可分成三種類型：受測時間不同的因素、評量作業題目不同的因素，以及評分者不同的因素。

第一種類型的誤差是指受試者在不同的時間點，接受相同的測驗，可能因為身心狀態、記憶、作答意願、興趣等因素，而導致受試者在不同時間點所獲得的評量結果產生不一致的情形。

第二種類型的誤差是指受試者接受不同試卷的測驗時，可能因為題目的差異，而導致受試者在不同試卷，獲得不一致的評量結果。

第三種類型的誤差是指受試者的測驗結果，可能因為不同的評分者，而導致受試者因不同評分者，而有不一致的評量結果。

在測驗與評量的領域中，探討測量結果一致性的問題，就是屬於探討信度的問題。所謂信度，簡單的說就是指評量結果一致性的程度。信度越高，代表評量結果越一致，信度越低，代表評量結果越不一致。

在心理與教育測驗中，對於信度的定義，是採用真實分數的變異數與觀察分數的變異數之比值，即公式 8–4。

$$\rho_{XX} = \frac{\sigma_T^2}{\sigma_X^2} \qquad \text{公式 8–4}$$

公式 8–4 中的 ρ_{XX} 代表測驗的信度，σ_T^2 代表真實分數的變異數，σ_X^2 代表觀察分數的變異數。由公式 8–3 與公式 8–4 可知，當誤差分數的變異數越小時，真實分數的變異數就會更接近觀察分數的變異數，由此，測驗的信度就會越高。

瞭解了信度的意涵之後，接著來介紹信度所具有的特性。根據 Linn 與 Miller（2005）的看法，信度具有以下幾點特性：

1. 信度是指測驗結果，而非指測驗工具本身

信度是根據一群受試者的得分所估算出來的，不同受試者群體可能會有不同的得分情形，也會估算出不同大小的信度值。因此，信度指的是測驗結果的一致性，而非測驗工具本身的一致性。

2. 信度的估算是針對特定的類型

推估信度的方法有許多種，如前面所提及的，可分成針對時間、評量作業題目、以及評分者等三類。因此，一份測驗的信度估算，可能是針對時間、試題或評分者等其中一類，故都有其特定的類型。

3. 信度是效度必要的條件，但不是充分的條件

信度是指測量結果的一致性，效度是指測量結果的精準性，信度與效度具有密切關係。兩者的關係，可採用射箭的方式來思考，如圖 8–1 所示。一旦測驗結果的信度低，則測驗結果的效度就不會高，如圖 8–1 的 A 圖。因此，信度是效度的必要條件。但是信度高並不保證一定會有高的效度，如圖 8–1 的 B 圖，故信度不是效度的充分條件。倘若測驗結果的效度高，通常會得到高的信度，如圖 8–1 的 C 圖。

圖 8–1
信度與效度的關係

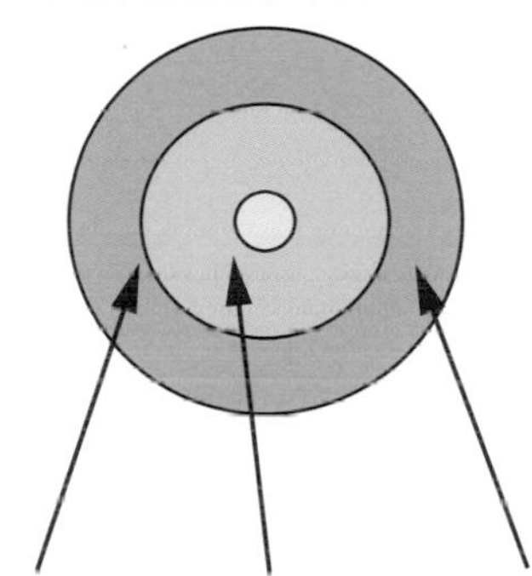

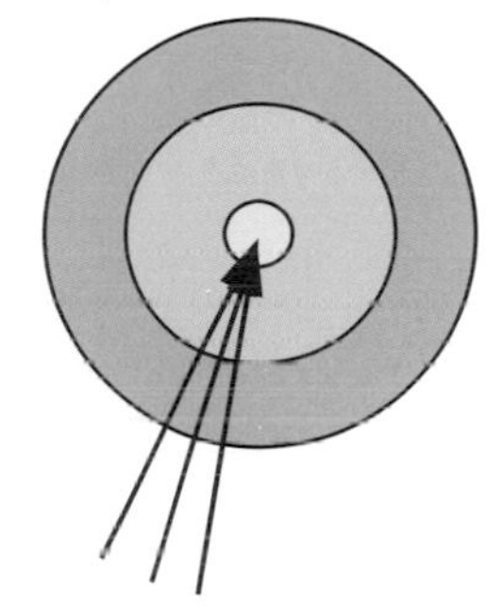

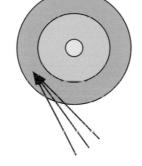

A.信度低；效度低　　B.信度高；效度低　　C.信度高；效度高

4. 信度的估算，是透過統計分析的數據

信度的估算都是透過統計分析得到的結果，積差相關是信度估算時常用的統計方法。根據公式 8–4 可知，信度的範圍介於 0 至 1 之間。至於信度值要高於多少才是屬於好的信度？筆者綜合學者專家的看法（Crocker & Algina, 1986; Nunnally, 1978; Nunnally & Bernstein, 1994; Schmitt, 1996），提出如表 8–1 的建議。一般而言，測驗結果的信度大小，最好高於 .80，至少高於 .70。

表 8–1
測驗信度的判斷依據

信度的大小	信度的評鑑
.90 以上	優良
.80 至 .89	良好
.70 至 .79	普通
.60 至 .69	尚可接受
.60 以下	不佳

在評判測驗結果的信度時，由於題數越多，信度會越高，因此，除了可以參考表 8–1 的數據之外，也應該同時考量測驗題數的多寡。例如有些情意態度量表，常會含有幾個不同的分量表，當分量表的題數過少時，則信度低一些也是可以考慮接受的。譬如分量表的題數只有 3 至 5 題時，則信度 .60 至 .69 是可以接受的。

第三節　常模參照測驗的信度估計

在公式 8–4 中，有關信度的定義，由於我們無法真正得知真實分數的變異數，因而無法透過公式 8–4，求得信度的大小。我們並無法精準的算出信度的大小，只能採用推估的方式，來估算信度的大小。下面是幾種較常採用的信度估計方式。

一、再測信度

所謂再測信度是指讓相同的受試者，在前後不同的兩個時間點，接受相同的一份測驗。再求取所有受試者在兩次不同時間點，所獲得的評量結果之積差相關。由於再測信度是指兩次評量結果的穩定性，所以，再測信度也被稱為穩定係數（**coefficient of stability**）。

在進行再測信度的估計時，要特別注意的是兩次施測的時間間隔長短。若兩次施測的時間間隔過短，容易造成受試者在第二次作答時，透過回憶的方式，直接以第一次答題的情形，來填寫第二次的試題，如此往往導致高估了再測信度的大小。相對地，若兩次施測的時間間隔過長，則容易造成受試者因為學習或成熟的因素，導致兩次評量結果的差異較大，因而容易低估再測信度的大小。再測信度的間隔時間，必須視測驗的目的，來加以決定。一般而言，兩次測驗間隔的時間，可設定在約四至六週（Lester & Bishop, 2000）。再測信度較適合使用在進行前後測的實驗研究。為了讓讀者瞭解再測信度的計算方式，以表 8–2 的 10 位同學在間隔一個月的時間，前後都接受甲卷施測的例子，來解說再測信度的計算方式。

表 8–2
再測信度的計算實例

4 月 6 日 10 位同學接受甲卷的測驗結果								5 月 6 日相同的 10 位同學接受甲卷的測驗結果						
學生	1	2	3	4	5	總分		學生	1	2	3	4	5	總分
A	0	1	0	1	1	3		A	0	1	0	1	0	2
B	1	0	1	0	1	3		B	1	0	1	0	1	3
C	1	1	0	1	0	3		C	1	1	0	1	1	4
D	1	0	1	0	0	2	間隔一個月後	D	1	0	1	1	0	3
E	0	0	0	0	0	0		E	0	0	0	0	1	1
F	0	0	1	0	0	1		F	0	1	1	0	0	2
G	1	1	1	0	1	4		G	1	1	1	1	1	5
H	1	1	0	1	1	4		H	1	1	0	1	1	4
I	1	1	1	1	0	4		I	1	1	1	1	1	5
J	1	1	1	1	1	5		J	1	1	1	1	1	5

再測信度的計算方式就是求這 10 位同學，在間隔一個月的兩次相同考卷上，所獲得的兩次總分，將兩次總分求其積差相關，即得到再測信度係數。透過統計軟體，得到積差相關係數為 .89，亦即再測信度係數為 .89。

積差相關的求法，可以透過 Excel 程式的協助。首先，將 4 月 6 日與 5 月 6 日施測所獲得的總分，分別輸入 Excel 的 A 欄與 B 欄，如圖 8–2 所示。4 月 6 日施測的總分，放在 A 欄的 A1 至 A10 的位置；5 月 6 日施測的總分，放在 B 欄的 B1 至 B10 的位置。由於 Excel 積差相關的語法是：

= CORREL (第一筆資料所在位置，第二筆資料所在位置)

圖 8–2

用 Excel 求積差相關係數

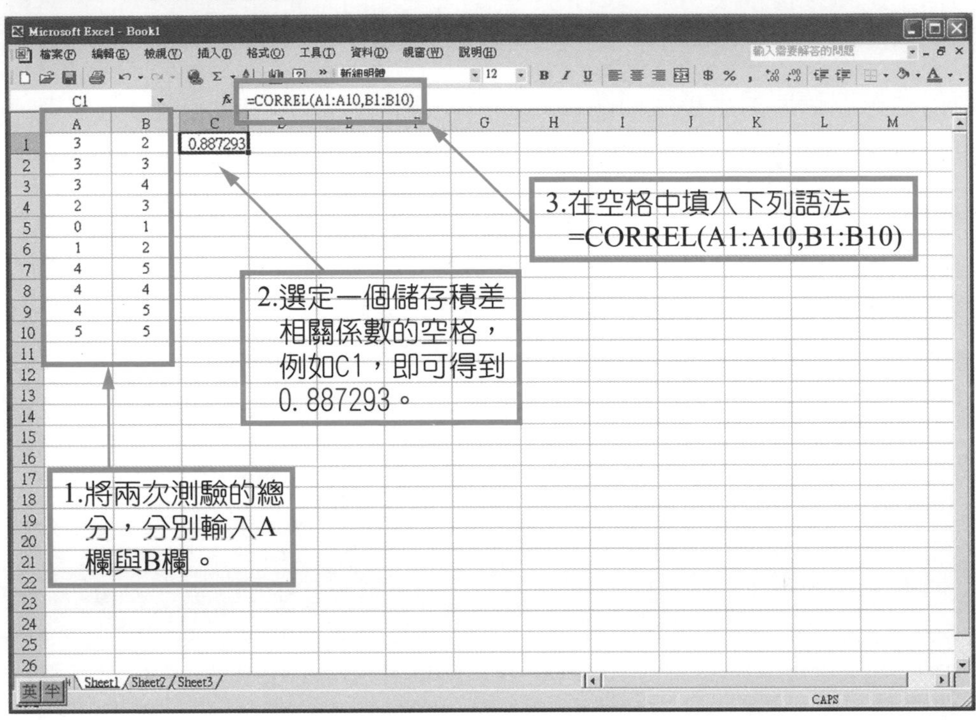

所以，在挑選一個空格（例如 C1），以便儲存所獲得的積差相關係數之後，則在 *fx* 後面的空格中，填入下面的程式語法，即可在 C1 的欄位看到積差相關係數 0.887293，四捨五入之後，得到 .89。

= CORREL(A1 : A10, B1 : B10)

若有兩筆資料各 30 位同學的成績，儲存在 C1 至 C30，以及 D1 至 D30 的欄位，要求這兩筆資料的積差相關係數，只要將上面的語法，修改成下列的語法即可。

= CORREL(C1 : C30, D1 : D30)

二、複本信度

要介紹複本信度之前，首先應先瞭解什麼是複本測驗。所謂複本測驗是指兩份測驗，根據相同的雙向細目表，所發展出的測驗。雖然題目不一樣，但是不論在施測的指導語、題型、題數、題目難易度、施測的時間等方面，兩份測驗都是相同的。

古典測驗理論對於複本測驗有較嚴謹的定義：兩個測驗的觀察分數，除了滿足第一節所提到的五個基本假定之外，對所有受試者而言，在兩份測驗的真實分數，必須相同（$T = T'$），並且兩份測驗的誤差分數之變異數（$\sigma_E^2 = \sigma_{E'}^2$），也必須相同。如此，兩份測驗才能說是複本測驗（Crocker & Algina, 1986）。

所謂複本信度是指讓相同的受試者，在相近的時間點，接受兩份不同的複本測驗（例如甲卷和乙卷），再求取所有受試者在兩份不同複本測驗得分的積差相關。複本信度也被稱為等值係數（**coefficient of equivalence**），複本信度也適合使用在進行前後測的實驗研究。為了讓讀者清楚複本信度的計算方式，以表 8–3 的例子說明。表 8–3 是 10 位同學在間隔兩個小時的時間，前後各填答一次的甲卷和一次的乙卷。

若是受試者先接受一份複本測驗，間隔一段時間之後，再接受另一份複本測驗，則所求得的兩份複本測驗的積差相關，稱為再測複本信度。為了讓讀者清楚再測複本信度的計算方式，以表 8–4 的 10 位同學在間隔一個月的時間，前後各作答一次的甲卷和一次的乙卷為例。

表 8–3

複本信度的計算實例

3 月 12 日上午 10 位同學接受甲卷的測驗結果 →（間隔兩個小時）→ 3 月 12 日下午相同的 10 位同學接受乙卷的測驗結果

學生	1	2	3	4	5	總分		學生	1	2	3	4	5	總分
A	1	0	1	0	0	2		A	1	0	1	1	0	3
B	0	1	1	1	1	4		B	1	1	1	1	1	5
C	1	1	0	1	0	3		C	1	1	0	0	0	2
D	0	0	1	0	0	1	間隔兩個小時	D	1	0	1	0	0	2
E	0	1	0	1	0	2		E	1	0	0	1	0	2
F	0	0	1	0	0	1		F	0	0	1	0	0	1
G	0	1	0	1	1	3		G	0	1	0	1	1	3
H	1	1	1	1	1	5		H	1	1	1	1	0	4
I	0	0	1	1	0	2		I	0	1	1	1	0	3
J	1	1	1	0	1	4		J	1	1	1	1	1	5

複本信度的計算方式就是求這 10 位同學，在相近時間點的兩次不同試卷上，所得總分的積差相關，亦即為複本信度係數。透過統計軟體，得到積差相關係數為 .81，亦即複本信度係數為 .81。

表 8–4

再測複本信度的計算實例

5 月 20 日 10 位同學接受甲卷的測驗結果 →（間隔一個月後）→ 6 月 20 日相同的 10 位同學接受乙卷的測驗結果

學生	1	2	3	4	5	總分		學生	1	2	3	4	5	總分
A	1	1	1	0	0	3		A	1	1	1	1	0	4
B	0	0	0	1	0	1		B	0	0	0	1	0	1
C	1	1	1	1	0	4		C	1	1	1	1	0	4
D	1	0	0	0	1	2	間隔一個月後	D	1	0	0	0	0	1
E	1	1	1	1	1	5		E	1	1	1	1	1	5
F	1	1	1	0	0	3		F	1	1	0	0	0	2
G	1	1	1	1	1	5		G	0	1	1	1	0	3
H	0	0	0	0	0	0		H	0	0	0	0	1	1
I	1	0	1	0	0	2		I	1	0	1	1	1	4
J	1	1	1	1	0	4		J	1	1	1	0	1	4

再測複本信度的計算方式就是求這 10 位同學，在間隔一個月的兩次不同試卷上，所得總分的積差相關，亦即為再測複本信度係數。透過統計軟體，得到積差相關係數為 .74，亦即再測複本信度係數為 .74。

三、內部一致性係數

上述的再測信度與複本信度，受試者都必須接受兩次的測驗，如此，容易降低受試者的作答意願。採用內部一致性係數，只要讓受試者接受一次的測驗即可，故採用內部一致性的信度估計方式，會比再測信度與複本信度更為簡便。

內部一致性係數主要是考量整份測驗的試題，是否測量同一個建構，內部一致性係數較高時，顯示整份測驗的試題具有同質性（**item homogeneity**）。若整份測驗同時測量幾個不同的建構，則內部一致性係數，通常會比較低。例如一份同時包含語文、數學、理化、歷史等試題的成就測驗，其內部一致性係數會低於一份只包含數學題目的成就測驗。

一般較常使用的內部一致性係數為折半信度、KR20、α 係數與 ω 係數等四種。

㈠折半信度

折半信度是指受試者接受一份測驗之後，將整份測驗的試題，拆成兩個部分，分別計算受試者在兩個部分的得分，再求受試者在兩個部分得分的積差相關。

將整份測驗拆成兩個部分，較常使用的方式是依據題號的奇偶數，將整份測驗分成一半為奇數題，另一半為偶數題，如此所獲得的折半信度，也被稱為奇偶信度（**odd-even reliability**）。另外一種常用的折半方式是採用隨機折半，透過隨機選取的方式，將所有的試題拆解成兩半。為了讓讀者清楚折半信度的計算方式，以表 8–5 的例子，說明折半信度的計算。表 8–5 是 10 位同學在 6 道試題的作答情形，區分成奇數題的總分與偶數題的總分，再求奇數題總分與偶數題總分的積差相關，即可得到折半信度。

表 8–5
折半信度（奇偶折半方式）的計算實例

10 位同學接受甲卷的測驗結果								
學生	1	2	3	4	5	6	奇數題總分	偶數題總分
A	0	0	0	0	0	1	0	1
B	1	0	0	0	0	0	1	0
C	1	0	0	1	1	1	2	2
D	1	0	0	0	0	1	1	1
E	0	1	1	1	1	1	2	3
F	0	1	0	0	1	0	1	1
G	1	1	0	1	1	0	2	2
H	0	1	1	1	1	0	2	2
I	0	1	1	0	0	1	1	2
J	1	1	1	1	1	1	3	3

奇偶折半的折半信度計算方式就是以這 10 位同學，3 題奇數題的總分，與 3 題偶數題的總分，求兩者之積差相關為 .76，亦即折半信度為 .76。

由於題目的長度會影響信度的高低，題目的數量越多，通常測驗的信度會越高，而折半信度所使用的題目數量，比原測驗的題目數量少一半。所以，採用折半信度所估算的信度，會產生低估的現象。為了解決折半信度低估原測驗的信度，測驗學者發展出幾種不同的校正方式。其中，以斯布校正公式（**Spearman-Brown prophecy formula**）是較常被使用的。斯布校正公式，是由 Spearman（1910）與 Brown（1910）於 *British Journal of Psychology* 期刊所發表的兩篇文章中，共同提出來的校正公式，即公式 8–5。

$$r_{XX} = \frac{k \times r_{YY}}{1 + (k-1) \times r_{YY}} \qquad \text{公式 8–5}$$

公式 8–5 中符號所代表的意涵，分別如下：

k：題目數量改變後的倍數

r_{XX}：校正後的信度係數

r_{YY}：原先測驗的信度係數

以表 8–5 的實例，10 位學生接受甲卷 6 題題目的測驗，採用奇偶折半方式，得到其折半信度為 .76，則其甲卷的信度係數為多少？

由於折半信度是以奇數題與偶數題各 3 題所獲得的信度係數，現在要計算整份測驗 6 題的信度係數，所以公式 8–5 的 k 可以得到，$k = 6/3 = 2$，而折半信度為 .76，所以公式 8–5 的 $r_{YY} = .76$，代入公式 8–5，即可得到信度係數為 .86。

$$r_{XX} = \frac{2 \times 0.76}{1 + (2 - 1) \times 0.76} = 0.86$$

經過校正之後，甲卷的信度係數為 .86。由上面的計算可知，若是在計算折半信度校正後的信度係數時，則公式 8–5 可以簡化為公式 8–6。

$$r_{XX} = \frac{2 \times r_{YY}}{1 + r_{YY}} \qquad \text{公式 8–6}$$

在編製測驗時，常會遇到編製的試題過多，以致於受試者無法在規定的時間內，作答完測驗的所有試題。雖然可以考慮刪除一些試題，然而卻面臨到試題減少後，信度係數會降低的問題。這時就可以採用公式 8–5 的斯布校正公式，先估算一下，試題減少後，信度係數可能降到多低。

例如某編製者編製了 50 道試題的認知能力測驗，其信度係數為 .85，因為大部分的受試者，無法在規定的 30 分鐘內完成所有的試題，編製者打算把 50 道試題，減少成 40 道試題，則 40 道試題的認知能力測驗，其信度係數可能降為多少？

現在要計算 40 題測驗的信度係數，所以公式 8–5 的 k 可以得到，$k = 40/50 = .80$，而 50 道試題的信度係數為 .85，所以公式 8–5 的 $r_{YY} = .85$，代入公式 8–5，即可得到

$$r_{XX} = \frac{0.8 \times 0.85}{1 + (0.8 - 1) \times 0.85} = \frac{0.68}{0.83} = 0.82$$

編製測驗時，除了遇到上述的題目過多之外，也有可能遇到編製的測驗，其信度係數太低，需要透過增加測驗的試題，來提高測驗的信度係數。

例如某編製者編製了 30 道試題的英語成就測驗，其信度係數為 .72，編製者打算把信度係數提高至 .80，則測驗的試題，需要增加至多少題？

將 $r_{XX} = .80, r_{YY} = .70$，代入公式 8–5。

$$0.8 = \frac{k \times 0.7}{1 + (k - 1) \times 0.7}$$

$$0.8 + 0.56k - 0.56 = 0.7k$$

$$0.14k = 0.24$$

$$k = 1.71$$

$k = 1.71$，代表題目需增加至原來 30 道試題的 1.71 倍，因為 $30 \times 1.71 = 51.3$，所以題目需增加至 51 題，整份測驗的信度，才能達到信度係數 .80 的可能。

由上面對斯布校正公式的介紹可知，想要瞭解測驗題數的增減，會產生何種信度的改變，斯布校正公式是一種很簡便的推估方式。

㈡ KR20

採用內部一致性的信度估算方式，除了上述的折半信度之外，Kuder 與 Richardson（1937）在其共同發表的文章中，提出另外一種計算的方法，此種方法就是所謂的 **KR20**，KR 分別代表兩位作者的第一個姓氏的英文字母，20 則是兩位作者在該篇文章中，所推導出來的第 20 號公式，公式 8–7 即是 KR20 公式。

$$KR20 = \frac{n}{n-1}(1 - \frac{\sum_{i=1}^{n} p_i q_i}{\sigma_X^2}) \quad \text{公式 8–7}$$

公式 8–7 中符號所代表的意涵，分別如下：

n：整份測驗的題數

p_i：第 i 題的答對率

q_i：第 i 題的答錯率

$\sum_{i=1}^{n} p_i q_i$：所有試題答對率與答錯率乘積的總和

σ_X^2：所有受試者測驗總得分的變異數

採用 KR20 估算信度係數時，有幾個基本假定（余民寧，2002）：

1. 試題的計分方式，是屬於「對或錯」的二元計分法，例如選擇題答對得 2 分，答錯得 0 分。
2. 試題的作答情形，不受作答速度的影響。
3. 試題是測量同一個因素，亦即試題是同質的。

為了讓讀者清楚 KR20 的計算方式，以表 8–6 的 10 位同學在 5 道試題的作答情形為例說明。

表 8–6
KR20 的計算實例

10 位同學接受甲卷的測驗結果						
學生	1	2	3	4	5	總分
A	1	0	0	1	0	2
B	0	1	1	1	0	3
C	1	1	1	1	1	5
D	0	0	0	0	0	0
E	0	0	0	1	0	1
F	1	0	1	1	1	4
G	0	0	1	0	1	2
H	0	1	0	1	1	3
I	1	0	0	0	0	1
J	1	1	1	1	1	5
p_i	0.5	0.4	0.5	0.7	0.5	
q_i	0.5	0.6	0.5	0.3	0.5	
$p_i * q_i$	0.25	0.24	0.25	0.21	0.25	

$$\sum_{i=1}^{n} p_i q_i = 0.25 + 0.24 + 0.25 + 0.21 + 0.25 = 1.2 \text{，} \sigma_X^2 = 2.64$$

KR20 的信度計算方式就是將 $n = 5, \sum_{i=1}^{n} p_i q_i = 1.2$ 以及 $\sigma_X^2 = 2.64$，代入公式 8–7，即可得到 KR20 為 .68。

$$KR20 = \frac{n}{n-1}\left(1 - \frac{\sum_{i=1}^{n} p_i q_i}{\sigma_X^2}\right) = \frac{5}{5-1}\left(1 - \frac{1.2}{2.64}\right) = 0.68$$

㈢ α 係數

由於 KR20 只適用在二元計分的情形，然而教育與心理測驗，有許多是採用多元計分的方式，例如大家較為熟悉的李克特五點量表，或是採用部分給分的成就測驗，此時就無法採用 KR20 去估算信度係數。為了解決 KR20 無法適用在多元計分的信度估算問題，Cronbach（1951）提出另一種估算內部一致性信度係數的方法，就是所謂的 α 係數。α 係數不僅適用在二元計分方式，也適用在多元計分的方式，因此，KR20 可說是 α 係數的一個特例。有關教育與心理領域的測驗編製，由於 α 係數只需施測一次，並且一般的統計軟體都有計算 α 係數的程式，所以 α 係數最常被用來作信度係數的估算。

雖然 α 係數是最常被使用的信度估算方式，但使用 α 係數前，需要先考慮所蒐集的資料是否符合三項基本假定：符合「單向度」（**unidimensionality**）的測量特質（所有題目隸屬於同一個因素，即符合單向度的假定）、至少符合「本質的 **tau** 等值模式」（**essentially tau-equivalent model**）、誤差分數之間沒有相關（Goodboy & Martin, 2020）。若資料不符合這三個基本假定，則會造成高估或低估 α 係數的數值。

第一節提到測量誤差的概念，介紹古典測驗理論的觀察分數、真實分數與誤差分數之關係為 X = T + E。真實分數的 T 是第十九個希臘字母，讀音為 [tau]，所以就用 tau 來表示真實分數。Graham（2006）提到信度理論的四種不同測量模式：平行模式（parallel model）、tau 等值模式（tau-equivalent model）、本質的 tau 等值模式、同因素模式（congeneric model），如表 8–7 所示。

表 8–7
信度理論四種不同測量模式對真實分數、誤差分數的變異數之假定

模式	真實分數 T	誤差分數 E 之變異數 σ^2_E
平行模式	$T_i = T_j$	$\sigma^2_{E_i} = \sigma^2_{E_j}$
tau 等值模式	$T_i = T_j$	$\sigma^2_{E_i} \neq \sigma^2_{E_j}$
本質的 tau 等值模式	$T_i = T_j + a$	$\sigma^2_{E_i} \neq \sigma^2_{E_j}$
同因素模式	$T_i = b \times T_j + a$	$\sigma^2_{E_i} \neq \sigma^2_{E_j}$

註：i 與 j 表示不同的題目；a 表示為一個常數；b 表示不為 1 的常數。

平行模式是最嚴格的模式，它要求所有題目需測量相同的因素、有相同的迴歸權重、有相同的測量精準度、有相同的誤差程度。故平行模式要求每道題目的真實分數是相同的（$T_i = T_j$），且每道題目誤差分數的變異數也是相同的（$\sigma^2_{E_i} = \sigma^2_{E_j}$）。i 與 j 表示不同的題目，$\sigma^2_E$ 表示誤差分數之變異數。

tau 等值模式比平行模式寬鬆一點，它要求所有題目需測量相同的因素、有相同的迴歸權重、有相同的測量精準度、可以有不相同的誤差程度。故 tau 等值模式要求每道題目真實分數是相同的（$T_i = T_j$），但每道題目誤差分數的變異數是可以不同的（$\sigma^2_{E_i} \neq \sigma^2_{E_j}$）。

本質的 tau 等值模式比 tau 等值模式寬鬆一點，它要求所有題目需測量相同的因素、有相同的迴歸權重、可以有不同的測量精準度、可以有不同的誤差程度。故本質的 tau 等值模式不要求每道題目真實分數是相同，兩道題目的真實分數，可以有一固定常數的差距（$T_i = T_j + a$）。每道題目誤差分數之變異數是可以不同的（$\sigma^2_{E_i} \neq \sigma^2_{E_j}$），a 為一個常數。

同因素模式比本質的 tau 等值模式更寬鬆，它要求所有題目需測量相同的因素、可以有不同的迴歸權重、可以有不同的測量精準度、可以有不同的誤差程度。同因素模式不要求每道題目真實分數是相同的（$T_i = b \times T_j + a$），每道題目的誤差分數之變異數是可以不同的（$\sigma^2_{E_i} \neq \sigma^2_{E_j}$）。a 為一個常數，b 是不為 1 的常數。

α 係數的計算公式為公式 8–8：

$$\alpha = \frac{n}{n-1}\left(1 - \frac{\sum_{i=1}^{n} \sigma^2_{X_i}}{\sigma^2_X}\right) \qquad \text{公式 8–8}$$

公式 8–8 中符號所代表的意涵，分別如下：

n：整份測驗的題數

$\sigma^2_{X_i}$：第 i 題的變異數

$\sum_{i=1}^{n} \sigma^2_{X_i}$：所有題目的變異數之總和

σ^2_X：所有受試者測驗總分的變異數

為了讓讀者清楚 α 係數的計算方式，並且比較 KR20 與 α 係數所推估的結果是否一樣。表 8–8 的資料是與表 8–6 的資料完全相同。

表 8–8
α 係數的計算實例

10 位同學接受甲卷的測驗結果						
學生	1	2	3	4	5	總分
A	1	0	0	1	0	2
B	0	1	1	1	0	3
C	1	1	1	1	1	5
D	0	0	0	0	0	0
E	0	0	0	1	0	1
F	1	0	1	1	1	4
G	0	0	1	0	1	2
H	0	1	0	1	1	3
I	1	0	0	0	0	1
J	1	1	1	1	1	5
$\sigma^2_{X_i}$	0.25	0.24	0.25	0.21	0.25	

$\sum_{i=1}^{n}\sigma^2_{X_i} = 0.25 + 0.24 + 0.25 + 0.21 + 0.25 = 1.2$，$\sigma^2_X = 2.64$。

α 係數的計算方式就是將 $n = 5$, $\sum_{i=1}^{n}\sigma^2_{X_i} = 1.2$ 以及 $\sigma^2_X = 2.64$，代入公式 8–8，即可得到 α 係數為 .68

$$\alpha = \frac{n}{n-1}\left(1 - \frac{\sum_{i=1}^{n}\sigma^2_{X_i}}{\sigma^2_X}\right) = \frac{5}{5-1}\left(1 - \frac{1.2}{2.64}\right) = 0.68$$

由表 8–6 的 KR20 公式所估算出的信度大小，恰好等於表 8–8 由 α 係數公式所推估出來的信度值。

信度是真實分數的變異數與觀察分數變異數的比值，因變異數必定大於或等於 0，故理論上信度係數應該不會有負數的情況。然而在實際的測驗編製上，卻有可能因不良的試題，而推估出負數的信度係數。此種不合理的情形，較常出現在 α 係數的信度估算方法中。表 8–9 呈現 10 位同學在 5 道題目的施測結果，根據表 8–9 的資料，所求出的 α 係數是 –.38。遇到此種狀況時，建議先檢視是否有資料輸入錯誤，或是統計軟體操作錯誤的情形，若無上述的錯誤，則建議重新編製試題。

表 8–9
出現負值的 α 係數實例

10 位同學接受甲卷的測驗結果						
學生	1	2	3	4	5	總分
A	1	1	1	1	1	5
B	1	1	1	1	1	5
C	0	1	1	1	1	4
D	1	1	1	0	1	4
E	1	1	1	1	0	4
F	1	0	0	1	1	3
G	1	1	1	1	0	4
H	0	1	0	1	1	3
I	0	1	1	0	1	3
J	1	1	1	1	1	5
$\sigma^2_{X_i}$	0.21	0.09	0.16	0.16	0.16	0.6

$$\sum_{i=1}^{n}\sigma^2_{X_i}=0.21+0.09+0.16+0.16+0.16=0.78，\sigma^2_X=0.6$$

α 係數的計算方式就是將 $n=5, \sum_{i=1}^{n}\sigma^2_{X_i}=0.78$ 以及 $\sigma^2_X=0.60$，代入公式 8–8，即可得到 α 係數為 –.38

$$\alpha=\frac{n}{n-1}(1-\frac{\sum_{i=1}^{n}\sigma^2_{X_i}}{\sigma^2_X})=\frac{5}{5-1}(1-\frac{0.78}{0.60})=-0.38$$

(四) ω 係數

雖然 α 係數是當前最常被採用的信度估算方式，但前面已介紹進行 α 係數的估算前，應檢視資料是否符合單向度、本質的 tau 等值模式與誤差分數之間沒有相關等三項基本假定。教育與心理領域所編製的測驗或量表，比較符合「同因素模式」，相對地，不易符合「本質的 tau 等值模式」、「tau 等值模式」、「平行模式」。因而，採用 α 係數進行測驗或量表的信度估算，常易造成高估或低估信度的情形。

McDonald（1999）以因素分析的觀點，提出 ω 係數的信度估算方法。由於 ω 係數適用於估算屬於「同因素模式」的資料，故 ω 係數對於信度的估算，會比 α 係數更為精準。有越來越多的學者（Dunn, et al., 2014; Goodboy & Martin, 2020; Hayes & Coutts, 2020; Peters, 2014; Revelle & Condon, 2019; Viladrich, et al., 2017），建議以 ω 係數取代 α 係數，作為信度的估算方式。

若以因素分析的觀點，則題目的觀察分數可以拆成因素負荷量乘以因素，再加上誤差變項，如公式 8–9 所示。因素負荷量是指題目與因素之間的積差相關係數；而因素是指測驗所要測量的變項，例如某一份數學測驗是要測學生的數學四則運算能力，則這份測驗要測量的數學四則運算能力就是所謂的因素，由於所要測量的變項，常是屬於無法實際觀察到的變項，所以也被稱為「**潛在變項**」（**latent variable**）或「**潛在因素**」（**latent factor**）。

$$X = \lambda \times F + \varepsilon \qquad \text{公式 8–9}$$

公式 8–9 中符號所代表的意涵，分別如下：

X：題目的觀察分數

λ：題目的因素負荷量

F：潛在的因素變項

ε：誤差變項

從因素分析的觀點思考，則信度理論的平行模式、tau 等值模式、本質的 tau 等值模式、同因素模式等四種不同測量模式，在因素負荷量 λ 與誤差變項 ε 之變異數 σ_ε^2 這兩項統計特質，會有不同的基本假定，如表 8–10 所示。

表 8–10
信度理論四種不同測量模式對因素負荷量、誤差變項的變異數之假定

模式	因素負荷量 λ	誤差變項 ε 之變異數 σ_ε^2
平行模式	$\lambda_i = \lambda_j$	$\sigma_{\varepsilon_i}^2 = \sigma_{\varepsilon_j}^2$
tau 等值模式	$\lambda_i = \lambda_j$	$\sigma_{\varepsilon_i}^2 \neq \sigma_{\varepsilon_j}^2$
本質的 tau 等值模式	$\lambda_i = \lambda_j$	$\sigma_{\varepsilon_i}^2 \neq \sigma_{\varepsilon_j}^2$
同因素模式	$\lambda_i \neq \lambda_j$	$\sigma_{\varepsilon_i}^2 \neq \sigma_{\varepsilon_j}^2$

註：i 與 j 表示不同的題目。

由表 8–10 可知，tau 等值模式與本質的 tau 等值模式這兩個模式，在因素負荷量、誤差變項的變異數之假定是一樣的，他們的主要差異是題目的平均數不相等。Graham（2006）認為 tau 等值模式與本質的 tau 等值模式只有題目平均數存在差異，並不會影響題目的變異數，而信度是真實分數變異數與觀察分數變異數的比值，所以也不會影響到信度的估算結果。

進行 α 係數的估算時，資料需要符合「本質的 tau 等值模式」，相對地，ω 係數可適用同因素模式的資料，所以 ω 係數比 α 係數更適合作為內部一致性的信度估算方法。

McDonald（1999）提出 ω 係數的信度估算公式為公式 8–10。

$$\omega = \frac{(\Sigma\lambda_i)^2}{(\Sigma\lambda_i)^2 + \Sigma\sigma_{\varepsilon_i}^2} \qquad \text{公式 8–10}$$

公式 8–10 中符號，代表的意涵，分別如下：

λ_i：第 i 題目的因素負荷量
$(\Sigma\lambda_i)^2$：所有題目因素負荷量總和的平方
$\sigma_{\varepsilon_i}^2$：第 i 題目誤差變項的變異數
$\Sigma\sigma_{\varepsilon_i}^2$：所有題目誤差變項的變異數總和

以圖 8–3 的一個因素四個題目之因素分析圖為例，則 ω 係數的計算結

果如公式 8–11。

$$\omega = \frac{(\lambda_1+\lambda_2+\lambda_3+\lambda_4)^2}{(\lambda_1+\lambda_2+\lambda_3+\lambda_4)^2+(\sigma^2_{\varepsilon_1}+\sigma^2_{\varepsilon_2}+\sigma^2_{\varepsilon_3}+\sigma^2_{\varepsilon_4})} \quad \text{公式 8–11}$$

圖 8–3
一個因素四道題目的因素分析圖

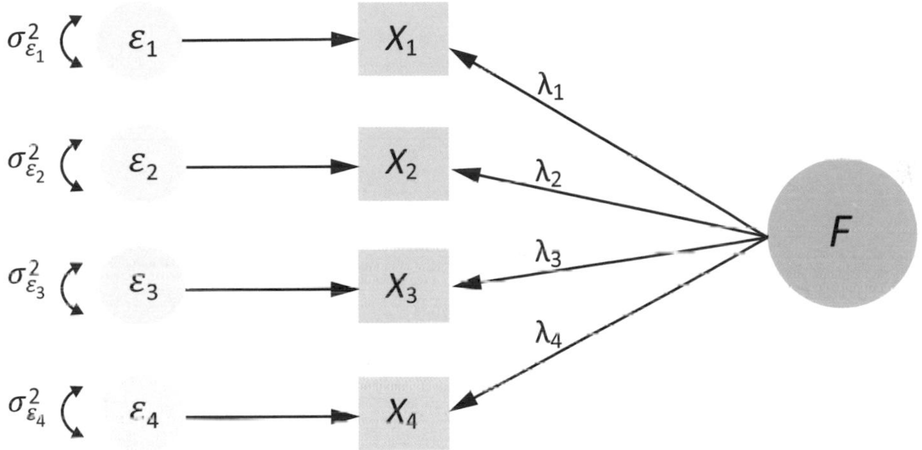

雖然 ω 係數比 α 係數更適合作為內部一致性的信度估算，但進行 ω 係數的估算時，需要先對資料進行因素分析，才能根據所獲得的因素負荷量與誤差變項的變異數，進行 ω 係數的計算，如此導致計算 ω 係數的困難。目前較常採用的統計軟體 SPSS，直到 SPSS 28.0 版本，才開始提供計算 ω 係數的統計程序。若是使用 SPSS 27.0 或更早以前的版本，是無法透過 SPSS 的統計程序獲得，也造成有些研究者不知如何估算 ω 係數。

Hayes 與 Coutts（2020）發表建議採用 ω 係數取代 α 係數的論文後，有提供 SPSS 自訂對話框的巨集程式（檔名為 omega.spd），透過該外掛程式，即可採用 SPSS 的統計程序，執行 ω 係數的估算。茲以表 8–8 的 10 位同學在 5 道題目的得分情形為例，採用 Hayes 與 Coutts 的 omega.spd，所獲得的統計結果，如圖 8–4 所示。

圖 8–4
以表 8–8 的資料，所獲得的 ω 係數與 α 係數

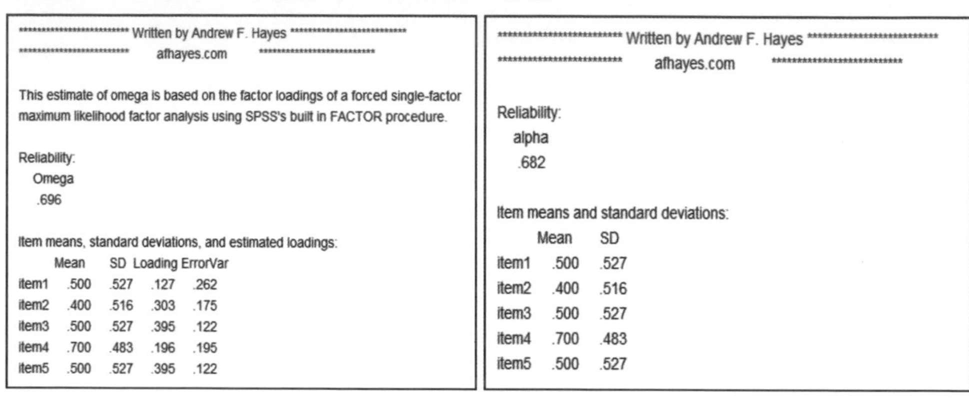

```
************************ Written by Andrew F. Hayes ************************
************************         afhayes.com          ************************

This estimate of omega is based on the factor loadings of a forced single-factor
maximum likelihood factor analysis using SPSS's built in FACTOR procedure.

Reliability:
   Omega
   .696

Item means, standard deviations, and estimated loadings:
         Mean    SD  Loading ErrorVar
item1    .500   .527   .127    .262
item2    .400   .516   .303    .175
item3    .500   .527   .395    .122
item4    .700   .483   .196    .195
item5    .500   .527   .395    .122
```

```
************************ Written by Andrew F. Hayes ************************
************************         afhayes.com          ************************

Reliability:
   alpha
   .682

Item means and standard deviations:
         Mean    SD
item1    .500   .527
item2    .400   .516
item3    .500   .527
item4    .700   .483
item5    .500   .527
```

由圖 8–4 可知，ω 係數為 .696，而 α 係數為 .682。這 5 道題目的因素負荷量分別為 .127、.303、.395、.196 與 .395；這 5 道題目的誤差變項之變異數分別為 .262、.175、.122、.195 與 .122。將這些數據代入公式 8–10，即可獲得 ω 係數為 .696。由於這 5 道題目的因素負荷量不相等，所以資料比較適用於同因素模式的信度估算，也因而造成 α 係數低估信度的情形。

$$\omega = \frac{(.127+.303+.395+.196+.395)^2}{(.127+.303+.395+.196+.395)^2+(.262+.175+.122+.195+.122)}$$
$$= \frac{2.01}{0.88} = .696$$

四、評分者信度

客觀測驗的評分不會因評分者的角色，而影響其評分結果的一致性。例如，是非題或選擇題的評分，有其正確的標準答案，無論是甲老師評閱，或是乙老師評閱，並不會產生不同的評分結果。

然而主觀測驗的評分，常因不同的評分者，而有不同的評分結果。例如簡答題、申論題、實作評量的作業、檔案評量的作業之評分，較無唯一正確的標準答案，常會因不同的評分者，而產生不同的評分結果，例如甲

老師評分較寬鬆，乙老師評分較嚴苛。

針對主觀測驗的評分方式，估算不同評分者其評分結果的一致性，即所謂的評分者信度（**scorer reliability**），或稱為評分者間信度（**inter-rater reliability**）。

評分者信度的估算，會因評分者的人數，採用原始分數或是等級分數，而有下列三種不同的評分者信度估算方式：

1. 積差相關

評分者信度較簡單的估算方式，就是直接採用不同評分者的原始分數，來估算評分者信度。此種信度的估算方式，只要將不同評分者的評分結果，採用原始分數，計算其積差相關，即可獲得評分者信度。

2. 等級相關

當評分者是以等第名次來評分時，則會因不同的評分者人數，而有不同的估算方式。若只有兩位評分者，則可以採用 Spearman 的等級相關（**rank correlation coefficient**），若評分者超過兩位時，則必須採用 Kendall（1970）的和諧係數（**coefficient of concordance**）。

當評分者只有兩位時，則評分者信度的估算方式，可採用 Spearman 的等級相關，如公式 8–12。

$$r_s = 1 - \frac{6\sum_{i=1}^{n} d^2}{n(n^2 - 1)} \qquad \text{公式 8–12}$$

公式 8–12 中符號所代表的意涵，分別如下：

r_s：等級相關係數

n：受評者的人數

d：兩位評分者的評分等第之差距

$\sum_{i=1}^{n} d^2$：評分等第之差距的平方和

表 8–11 為甲乙兩位評分者對 A、B、C、D、E、F 等六位學生作文成

績的評分結果，將 $n=6, \sum_{i=1}^{n} d^2 = 1+1+0+1+1+4=8$，代入公式 8–12，可得到 Spearman 的等級相關係數為 .77。

表 8–11
兩位評分者對六位學生作文成績的評分結果

學生	甲評分者		乙評分者		d	d^2
	得分	名次	得分	名次		
A	88	**2**	83	**3**	−1	1
B	76	**5**	63	**6**	−1	1
C	92	**1**	91	**1**	0	0
D	64	**6**	71	**5**	1	1
E	81	**3**	76	**4**	−1	1
F	79	**4**	85	**2**	2	4

$$r_s = 1 - \frac{6 \times \sum_{i=1}^{n} d^2}{n(n^2-1)} = 1 - \frac{6 \times 8}{6 \times (6^2-1)} = 0.77$$

3. 和諧係數

當評分者超過兩位時，則評分者信度的估算方式，就必須採用 Kendall 的和諧係數，如公式 8–13。

$$W = \frac{\sum_{i=1}^{n} R_i^2 - \frac{(\sum_{i=1}^{n} R_i)^2}{n}}{\frac{1}{12} k^2 (n^3 - n)} \qquad \text{公式 8–13}$$

公式 8–13 中符號所代表的意涵，分別如下：

W：和諧係數

n：受評者的人數

k：評分者的人數

R_i：受評者的評分等第之總和

$\sum_{i=1}^{n} R_i^2$：受評者的評分等第總和的平方和

表 8–12 為甲乙丙三位評分者對 A、B、C、D、E、F 等六位學生作文成績的評分結果，將 $n = 6, k = 3, \sum_{i=1}^{n} R_i = 63, \sum_{i=1}^{n} R_i^2 = 803$，代入公式 8–13，可得到 Kendall 和諧係數為 .90。

表 8–12

三位評分者對六位學生作文成績的評分結果

學生	甲評分者		乙評分者		丙評分者		R	R^2
	得分	名次	得分	名次	得分	名次		
A	88	**2**	83	**3**	87	**2**	7	49
B	76	**5**	63	**6**	69	**6**	17	289
C	92	**1**	91	**1**	90	**1**	3	9
D	64	**6**	71	**5**	73	**5**	16	256
E	81	**3**	76	**4**	84	**3**	10	100
F	79	**4**	85	**2**	79	**4**	10	100

$$\sum_{i=1}^{n} R_i = 7 + 17 + 3 + 16 + 10 + 10 = 63$$

$$\sum_{i=1}^{n} R_i^2 = 49 + 289 + 9 + 256 + 100 + 100 = 803$$

$$W = \frac{\sum_{i=1}^{n} R_i^2 - \frac{(\sum_{i=1}^{n} R_i)^2}{n}}{\frac{1}{12}k^2(n^3 - n)} = \frac{803 - \frac{(63)^2}{6}}{\frac{1}{12} \times 3^2(6^3 - 6)} = 0.90$$

第四節　效標參照測驗的信度估計

上一節所提到的信度估計方式，包括再測信度、複本信度、內部一致性等，都是強調估算測驗分數的一致性，比較適用在常模參照測驗的信度估算。對於效標參照測驗的評量結果，是以精熟的效標（例如以 80% 作為精熟的效標），來判斷受試者是屬於精熟者或非精熟者。因而效標參照評量的信度估算，並不著重在測驗分數的一致性，而是對於受試者分類為精熟者或非精熟者的一致性。

進行效標參照測驗的信度估計時，是讓受試者接受兩次複本測驗，比較受試者在兩次複本測驗，被分類為精熟者或非精熟者的一致程度。效標參照測驗的信度估計方法，Swaminathan 等人（1974）建議可採用百分比一致性和 Kappa 係數兩種，其中 Kappa 係數的估算會比百分比一致性較為精準。

茲以表 8–13 的評量結果，來說明如何計算百分比一致性和 Kappa 係數。表 8–13 的 a 表示在甲乙兩卷的測驗結果，皆被評定為精熟者的人數；b 表示在甲卷的測驗結果被評為非精熟者，但在乙卷的測驗結果，卻被評為精熟者的人數；c 表示在甲卷的測驗結果被評為精熟者，但在乙卷的測驗結果，卻被評為非精熟者的人數；d 表示在甲乙兩卷的測驗結果，皆被評定為非精熟者的人數。

表 8–13

效標參照測驗的評量結果

		甲卷的評量結果		
		精熟者	非精熟者	
乙卷的評量結果	精熟者	a	b	a + b
	非精熟者	c	d	c + d
		a + c	b + d	N = a + b + c + d

一、百分比一致性係數

百分比一致性係數的計算方式為公式 8–14。

$$p_a = \frac{a + d}{N} \qquad \text{公式 8–14}$$

公式 8–14 中符號所代表的意涵，分別如下：

p_a：百分比一致性係數

a：兩次測驗皆被評為精熟者

d：兩次測驗皆被評為非精熟者

N：受評者的人數

二、Kappa 係數

Kappa 係數的計算方式為公式 8–15。

$$k = \frac{p_a - p_c}{1 - p_c} \qquad \text{公式 8–15}$$

公式 8–15 中的 p_c，其計算方式為公式 8–16。

$$p_c = \frac{(a+b)(a+c)+(c+d)(b+d)}{N^2} \qquad \text{公式 8–16}$$

公式 8–15 與公式 8–16 中的符號所代表的意涵，分別如下：

k：Kappa 係數

p_a：百分比一致性係數

p_c：理論上的百分比期望值

a：兩次測驗皆被評為精熟者

b：一次測驗為非精熟者，另一次測驗為精熟者

c：一次測驗為精熟者，另一次測驗為非精熟者

d：兩次測驗皆被評為非精熟者

N：受評者的人數

現以表 8–14 的實例，說明百分比一致性與 Kappa 係數的計算方法。

表 8–14
效標參照測驗的信度估算實例

		甲卷的評量結果		
		精熟者	非精熟者	
乙卷的評量結果	精熟者	22	2	24
	非精熟者	3	9	12
		25	11	36

百分比一致性的計算方式，將 a = 22, d = 9, N = 36，代入公式 8–14，即可得到百分比一致性 p_a 為 .86。

$$p_a = \frac{a+d}{N} = \frac{22+9}{36} = 0.86$$

Kappa 係數的計算方式，將 a = 22, b = 2, c = 3, d = 9, N = 36，代入公式 8–16，可得到 P_c = .56。

$$p_c = \frac{(a+b)(a+c)+(c+d)(b+d)}{N^2} = \frac{24\times 25+12\times 11}{36\times 36} = 0.56$$

再將 p_a = 0.86, P_c = 0.56，代入公式 8–15，可得到 Kappa 係數為 .68。

$$k = \frac{p_a - p_c}{1-p_c} = \frac{0.86-0.56}{1-0.56} = 0.68$$

第五節　測量標準誤

測量時常會伴隨著誤差的產生，不論是對事物的直接測量，或是對個體心理特質的間接測量，都會有誤差的存在。想像一下，在介紹「公分」單位的數學課上，教師請每個小朋友拿出 30 公分的直尺，量同一支鉛筆的長度共十次。表 8–15 是 A 生量十次的鉛筆長度。

表 8–15
A 生量十次的鉛筆長度

次數	鉛筆長度
1	12.5
2	12.6
3	12.4
4	12.3
5	12.6
6	12.6
7	12.5
8	12.6
9	12.4
10	12.5

從表 8–15 的數據可以看出，該位學生所量的十次中，並沒有全部一樣，分別有 12.3、12.4、12.5、12.6 等四組不同大小的數值。當我們想瞭解該位學生的鉛筆之真正長度有多長時，較常使用的方法，就是將十次測量的數值，計算其算術平均數，也就是下面的計算式子：

$$(12.5 + 12.6 + 12.4 + 12.3 + 12.6 + 12.6 + 12.5 + 12.6 + 12.4 + 12.5)/10 = 12.5$$

假若 12.5 是鉛筆的真正長度，則 A 生第一次的測量數值是 12.5，恰好是鉛筆的真正長度；第二次的測量數值是 12.6，高估了真正長度 0.1 公分；第三次的測量數值是 12.4，低估了真正長度 0.1 公分。由此可知，測量的誤差值有可能是正值、零或負值。亦即每次測量的鉛筆長度，有可能高於、等於或低於鉛筆的真正長度。

不僅測量鉛筆長度會有誤差的情形，在課堂上對學生各種能力或特質的評量，也常發生誤差的情形。我們來想像一下，課堂上某位教師正在發第一次段考國文科的考卷，甲生考卷上的分數是 93 分，那麼甲生國文成績的真實分數真的是 93 分嗎？有可能甲生猜對某道選擇題 2 分，所以，他的真實分數是 91 分；也有可能他粗心寫錯某個會寫的字，被扣 1 分，那麼甲生的真實分數就是 94 分。因為 93 分是甲生的觀察分數，並不一定就是他的真實分數。若想推測甲生的真實分數，可考慮採用區間分數的方式，來表示甲生真實分數的可能範圍值，例如甲生的觀察分數是 93 分，而甲生的真實分數可能落在 90 分至 96 分。至於如何推估個人的真實分數範圍值，這個問題可透過底下所要介紹的一個重要概念，來獲得所要的資料。

接著我們來談一個理論上的假設，在現實生活中不易達成。假設受試者接受同一份測驗或是複本測驗，無限多次的施測，每次施測所得到的分數就是觀察分數，倘若我們知道受試者的真實分數，則透過公式 8–17，我們可以得知每次測驗的誤差分數。將這些誤差分數進行次數分配，根據統計理論，這些無數個誤差分數會形成一個常態分配。而這個由誤差分數所構成的常態分配之標準差，我們特別稱作**測量標準誤（standard error of measurement，簡稱 SEM）**，亦即代表是誤差分數所形成常態分配的標準差。

測量標準誤的計算方式，如公式 8–17。

$$SEM = S_x\sqrt{1 - r_{xx}} \qquad \text{公式 8–17}$$

公式 8–17 的符號所代表的意涵，分別如下：

S_x：測驗的標準差

r_{xx}：測驗的信度

表 8–16 是以不同的信度係數與不同的標準差，根據公式 8–17 所計算出來的結果。由表 8–16 與公式 8–17 可知：當標準差越大時，測量標準誤也會越大；當信度係數越小時，測量標準誤會越大。

表 8–16
不同信度與不同標準差所獲得的測量標準誤

		信度							
		.60	.65	.70	.75	.80	.85	.90	.95
標準差	5	3.16	2.96	2.74	2.50	2.24	1.94	1.58	1.12
	10	6.32	5.92	5.48	5.00	4.47	3.87	3.16	2.24
	15	9.49	8.87	8.22	7.50	6.71	5.81	4.74	3.35
	20	12.65	11.83	10.95	10.00	8.94	7.75	6.32	4.47
	25	15.81	14.79	13.69	12.50	11.18	9.68	7.91	5.59
	30	18.97	17.75	16.43	15.00	13.42	11.62	9.49	6.71
	35	22.14	20.71	19.17	17.50	15.65	13.56	11.07	7.83
	40	25.30	23.66	21.91	20.00	17.89	15.49	12.65	8.94
	45	28.46	26.62	24.65	22.50	20.12	17.43	14.23	10.06
	50	31.62	29.58	27.39	25.00	22.36	19.36	15.81	11.18

理論上，我們可以由真實分數與測量標準誤，去推估觀察分數可能落在哪個區間。若將受試者接受無限多次施測的觀察分數，進行次數分配，也會形成常態分配，並且常態分配的平均數就是受試者的真實分數。而這些觀察分數所形成的標準差，恰好會等於由誤差分數形成常態分配的測量標準誤。因此，在推估觀察分數的可能範圍值時，我們便是以真實分數作為常態分配的平均數，而以測量標準誤作為常態分配的標準差。

我們若將真實分數加減一個測量標準誤，亦即（T ± 1 SEM），就可以推測大約有 68% 的觀察分數會落在這個區間。

同理，若將真實分數加減兩個測量標準誤，亦即（T ± 2 SEM），就可以推測大約有 95% 的觀察分數會落在這個區間。

同理，若將真實分數加減三個測量標準誤，亦即（T ± 3 SEM），就可以推測大約有 99.7% 的觀察分數會落在這個區間。

雖然理論上可由真實分數與測量標準誤，去推估觀察分數的可能範圍，但由於每個人的真實分數是無法得知的，因此，在測驗的實務上，我們是採取以觀察分數作為常態分配的平均數，以測量標準誤作為常態分配的標準差，然後由觀察分數與測量標準誤，去反推真實分數的可能範圍值。

我們若將觀察分數加減一個測量標準誤，亦即（X ± 1 SEM），就可以推測大約有 68% 的真實分數會落在這個區間。

同理，若將觀察分數加減兩個測量標準誤，亦即（X ± 2 SEM），就可以推測大約有 95% 的真實分數會落在這個區間。

同理，若將觀察分數加減三個測量標準誤，亦即（X ± 3 SEM），就可以推測大約有 99.7% 的真實分數會落在這個區間。

現在，我們便以前面所舉甲生國文成就測驗考 93 分的例子，說明如何推估甲生真實分數的可能區間。假若國文成就測驗的標準差為 4，信度為 .75，則藉由公式 8–17，可以算出國文成就測驗的測量標準誤為 2。

$$\text{SEM} = 4 \times \sqrt{1 - 0.75} = 4 \times 0.5 = 2$$

根據上述真實分數的推估方式，可知獲得表 8–17 的結果。

表 8–17

甲生真實分數的可能範圍值

觀察分數	測量標準誤	真實分數可能範圍值	真實分數可能範圍值機率
93	1 SEM	91 分至 95 分	68% 的機率
93	2 SEM	89 分至 97 分	95% 的機率
93	3 SEM	87 分至 99 分	99.7% 的機率

表 8–17 甲生可能的真實分數範圍之計算方式，如下：

甲生真實分數有 68% 的機率會介於 X ± 1 SEM，亦即 93 ± 1 × 2，也就是介於 91 分至 95 分之間。

甲生真實分數有 95% 的機率會介於 X ± 2 SEM，亦即 93 ± 2 × 2，也就是介於 89 分至 97 分之間。

甲生真實分數有 99.7% 的機率會介於 X ± 3 SEM，亦即 93 ± 3 × 2，也就是介於 87 分至 99 分之間。

第六節　影響信度的相關因素

影響信度的主要因素，大致可分成試題的數量、受試者得分的異質性、試題的難度、不同的信度估算方法等四個因素，底下分別介紹這四個影響因素。

一、試題的數量

測驗的題數多寡，會直接影響測驗的信度高低。假若有一份 10 道題目欲測量國小學生四則運算的數學測驗，另外有一份 50 道題目具相同教學目標的數學測驗，則這兩份數學測驗的信度，哪一個測驗會比較高呢？由於 50 道題目的這一份數學測驗，其內容取樣會較具代表性，較能避免學生猜測因素的干擾，自然較能呈現學生真實的能力，故信度會比較高。

假若 10 道試題的數學測驗，其信度為 .70，則透過公式 8–5 的斯布校正公式，推估其他題數的可能信度，如表 8–18 所示。由表 8–18 可知，50 道題目的推估信度為 .92，由此可知，題目越多，測驗的信度越高。

表 8–18
採用斯布校正公式推估不同題數的信度

題數	斯布校正公式推估的信度
10（原測驗題數）	.70（原測驗的信度）
15	.78
20	.82
25	.85
30	.88
35	.89
40	.90
45	.91
50	.92
55	.93
60	.93
65	.94
70	.94
75	.95
80	.95
85	.95
90	.95
95	.96
100	.96

一般而言，測驗的題數越多，信度也會越高。所謂的一般而言，是指當所有的題目都是具有同質性時，題目越多，信度也越高。值得特別注意的是，若題目是異質的，則不見得增加題目，可以提高信度。例如一份有 20 道數學題目的數學測驗，與一份有 30 道題目（包含 15 題數學和 15 題國文）的綜合測驗，則含有 30 道題目的綜合測驗其信度，不一定高過 20 道數學題目的數學測驗。

二、受試者得分的異質性

受試者得分的分布情形，也會影響測驗的信度高低。受試者得分情形越集中，即所謂的同質性群體；受試者得分情形越分散，即所謂的異質性群體。相同的一份測驗，以同質性群體為施測對象，所獲得的信度會比較低，相對地，若施測異質性群體，會得到比較高的信度。

以再測信度為例，再測信度的估算是求受試者在同一份測驗前後兩次得分的積差相關係數。當受試者是屬於同質性的群體，則前後兩次成績以散布圖呈現，容易形成偏向圓形的橢圓形；相對地，若受試者是屬於異質性的群體，則前後兩次成績以散布圖呈現，容易形成偏向狹長的橢圓形。而在散布圖呈現狹長的橢圓形，所得到的積差相關係數，會高於呈現偏向圓形的橢圓形。因此，受試者的得分越接近，所求得的信度會越低。

三、試題的難度

試題的難度，也會影響信度的高低。題目太難或太簡單，由於無法有效區隔不同能力的受試者，受試者的得分差異情形會比較小，容易形成同質性的得分情形。當題目難度適中時，受試者的得分差異情形會比較大，容易形成異質性的得分情形。而由前一點所提到的「受試者得分的異質性」影響因素，可知受試者得分差異性越大，信度係數也會越高。因此，當題目難度適中時，會比題目太難或太簡單，獲得較大的信度。

四、不同的信度估算方法

採用不同的信度估算方法，也會影響測驗的信度高低。一般而言，再測信度會比複本信度高一點，而複本信度也會比再測複本信度高一點。另外，評分者信度通常會比較低一些。

第七節 總 結

本章介紹了評估測驗結果一致性的信度概念，對於常模參照測驗的信度估算，較常採用包括再測信度、複本信度、再測複本信度、折半信度、KR20、α 係數、ω 係數、評分者信度等方法，對於效標參照測驗的信度估算，則常採用百分比一致性與 Kappa 係數。在測驗的編製過程中，編製者應該根據測驗的目的，清楚影響信度大小的因素，選用適當的信度估算方法。而測驗的信度大小，最好能夠高於 .80 以上，否則至少避免低於 .70 以下。

第八章 習題

一、請將表 8–3 的資料，輸入 Excel，計算複本信度係數是否為 .81？

二、一份 30 題的測驗，採用奇偶折半的方式，計算出折半信度為 .76，請推測該測驗的信度應該高於或低於 .76？並採用斯布校正公式，計算出該測驗的信度。

三、下表是 8 位同學接受一份只有 4 道題目的測驗結果，請計算 α 係數的大小。

8 位同學接受一份有 4 道題目的測驗結果

	第 1 題	第 2 題	第 3 題	第 4 題
A	0	25	25	25
B	25	0	0	0
C	0	0	25	0
D	25	25	25	0
E	25	0	0	25
F	25	0	0	0
G	0	0	25	25
H	0	25	0	0

四、A 校與 B 校的國中八年級學生人數相近，A 校大部分國中八年級學生的英文程度都很好，B 校國中八年級學生的英文程度，屬於很好、普通或很差的人數分布較為平均。假若某位測驗編製者，編製一份國中八年級英文成就測驗，此份英文成就測驗同時施測 A 校與 B 校的學生，請問根據兩校學生的測驗結果，哪一所學校所獲得的信度會比較高？

五、社會科成就測驗的變異數為 4，信度係數為 .84，則測量標準誤 SEM 是多少？

第九章　測驗結果的解釋

學生接受測驗後，經過教師的評分作業，最後會得到一份測驗成績。這份測驗成績必須經由適切的分析，才能對於學生的學習成效，有較準確的判斷。通常測驗成績會顯示原始分數，然而原始分數並無法提供充足的資訊，來協助我們判斷學生的學習狀況。

學生的測驗分數，會受到題目難易程度的影響，題目越簡單越容易得高分。而透過與其他同學的比較，則可協助提供判斷學生學習成效的參考資料。這種將測驗結果與其他同學進行比較，以瞭解學生的相對排名，即是所謂的常模參照測驗（**norm-referenced testing**）。

常模參照測驗對於測驗結果的解釋，著重在比較同學的相對排名，卻無法提供學生對於學習內容的精熟程度。若採用效標參照測驗（**criterion-referenced testing**）的方式，即可解決此一困境。效標參照測驗對於測驗結果的解釋方式，是將受試者的測驗結果，與某一個特定的標準進行比較，如此可以瞭解學習者是否精熟教師所設定的學習標準。

第一節　常模參照測驗的分數解釋

學生接受測驗所獲得的原始分數，會因題目難易程度的差異，而影響得分的高低。簡單的測驗題目，學生就容易得高分。因此，若只以學生原始分數，作為測驗結果的解釋依據，容易產生不正確的解讀。

假設有這樣一個情境，某國中的甲乙兩個二年級的班級，甲乙兩班學生的英文能力相當。第一次段考的英文平常測驗，甲班學生填答的考卷，試題較簡單，乙班學生作答的考卷，題目較困難。甲班 A 生的英文平常測驗得分為 90 分，乙班 B 生的英文平常考成績是 70 分。若以 A 生與 B 生的原始分數判斷，多數人會認為 A 生這次英文平常考的成績表現較佳。

但當知道甲班英文成績平均數為 93 分，乙班英文成績平均數是 62 分時，由於甲乙兩班學生的英文能力相近，A 生的英文成績未達甲班的平均數，但 B 生的英文成績卻是超過乙班的平均數，因而許多人會認為 B 生的英文平常考表現應該優於 A 生的表現。

再假設另一個情境，某高中二年級的王同學，其父母親收到王同學第一次段考的國文與數學成績，如表 9–1 所示。王同學父母親看到自己兒子國文成績高達 92 分，但數學成績卻是恰好及格的 60 分。第一個直覺認為兒子的國文成績不錯，但數學成績卻不盡理想。

表 9–1
高中二年級王同學第一次段考的國文與數學成績

學生	國文	數學
王同學	92	60

然而，當王同學的父母知道王同學班上的平均分數時，如表 9–2 所示。則其父母對王同學國文與數學成績的看法，就產生不同的詮釋。因為只看表 9–1 王同學的國文與數學成績，其父母親認為國文成績比較好，數學成績比較不理想。但跟全班平均成績相比，王同學的國文成績並未達到全班的平均分數，顯示王同學的國文成績落後全班一半以上的學生。相對地，數學成績比全班平均分數高出許多，顯示其數學成績贏過全班一半以上的學生。

表 9–2
王同學的國文與數學成績與全班第一次段考的平均

學生	國文	數學
王同學	92	60
全班同學的平均	95	42

前面所提及的兩個例子，皆顯示以原始分數配合全班平均分數來判斷，比較能正確的解釋分數的意義。此種將學生得分與參照團體其他人的分數

相互比較，即是常模參照測驗對分數的解釋方式。

所謂的常模是指參照團體受試者的測驗表現。通常標準化的測驗，會提供常模表（**norms tables**），常模表會呈現原始分數與相對應的常模，讓受試者根據常模表，瞭解自己與其他相同條件的受試者比較，是屬於哪一個相對的位置。表 9–3 是一個以 300 位六年級同學所建構的標準化數學成就常模表，該標準化數學成就測驗包含 38 道試題，答對一題得 1 分，300 位學生的平均數是 18，標準差是 8.30。

假若有一位六年級 A 生接受此測驗，原始分數考 30 分，從表 9–1 可以找到相對應的百分等級是 90，顯示 A 生可以贏過全部受試者 90% 的人。

表 9–3
300 位六年級標準化數學成就的常模表

原始分數	百分等級	原始分數	百分等級	原始分數	百分等級
38	99	24	77	10	16
37	98	23	74	9	13
36	97	22	70	8	10
35	96	21	66	7	8
34	95	20	60	6	6
33	93	19	56	5	5
32	92	18	52	4	4
31	91	17	46	3	2
30	90	16	41	2	2
29	90	15	37	1	1
28	87	14	33		
27	86	13	28	N = 300	
26	84	12	24	MEAN = 18	
25	81	11	19	SD = 8.30	

常模表有時會根據不同的受試團體，再細分成適用不同群體的常模。例如將表 9–3 的 300 位六年級學生，根據不同的性別，可以再細分成六年級男生與六年級女生的標準化數學成就常模。

表 9–4 是根據表 9–3 的 300 位六年級學生，只挑選 153 位男生所建構的標準化數學成就常模表，該標準化數學成就測驗包含 38 道試題，答對一題得一分，153 位學生的平均數是 18，標準差是 8.67。

假使前面所提原始分數 30 分的 A 生是男生，則對照表 9–4 男生的常模，A 生的百分等級為 89，若以所有 300 位學生的常模，則 A 生的百分等級為 90。

表 9–4

153 位六年級男生標準化數學成就的常模表

原始分數	百分等級	原始分數	百分等級	原始分數	百分等級
38	99	24	77	10	19
37	98	23	74	9	16
36	97	22	70	8	13
35	96	21	65	7	11
34	94	20	61	6	7
33	92	19	56	5	6
32	91	18	49	4	4
31	90	17	44	3	3
30	89	16	38	2	2
29	88	15	35	1	1
28	85	14	32		
27	84	13	27	N = 153	
26	83	12	24	MEAN = 18	
25	82	11	20	SD = 8.67	

表 9–5 是根據表 9–3 的 300 位六年級學生，以所有 147 位女生所建構的標準化數學成就常模表，該標準化數學成就測驗包含 38 道試題，答對一題得一分，147 位學生的平均數是 18，標準差是 7.90。

假若前面所提原始分數 30 分的 A 生是女生，在所有 300 位學生的常模，其百分等級為 90，若對照表 9–5 女生的常模，A 生的百分等級為 92。

表 9–5
147 位六年級女生標準化數學成就的常模表

原始分數	百分等級	原始分數	百分等級	原始分數	百分等級
38	99	24	77	10	12
37	99	23	74	9	10
36	98	22	69	8	8
35	97	21	66	7	5
34	96	20	60	6	4
33	95	19	56	5	3
32	94	18	53	4	3
31	93	17	48	3	2
30	92	16	43	2	1
29	92	15	38	1	1
28	90	14	34		
27	89	13	28	N = 147	
26	85	12	25	MEAN = 18	
25	80	11	18	SD = 7.90	

常模除了可根據不同性別、年齡、年級區隔之外，若根據樣本所在區域的分布情形，可分成全國性常模與地區性常模，全國性常模所需的樣本要比地區性常模多。

使用常模參照測驗時，選取合適的常模是相當重要的一件事。合適的常模具有下列幾項特性（Hopkins, 1998）：

1. **常模應該是可以比較**

常模的使用就是想瞭解某位受試者的得分情形，與其他相似條件受試者的得分情形相互比較，找出該位受試者的名次之相對地位。因此，透過常模的比較，受試者可以清楚知道自己在不同群體的可能相對地位。例如表 9–4，原始分數得 30 分的男生，對照 153 位男生的常模，百分等級為 89，若對照所有 300 位學生的常模，則百分等級為 90。由此可知，該名男生在全體學生的排名，優於在全體男生的排名。

2. **常模應該具有代表性**

常模很重要的一個特性是需具有代表性，常模建構時所施測的樣本，最好將性別、年級、社經地位、學校規模、區域等因素一併考慮，才能獲得具有代表性的常模。缺乏代表性的常模，無法提供正確的相對地位。例如一份宣稱屬於全國性常模的國中九年級標準化英文成就測驗，但所選取的國中九年級學生，只限於北部學校的樣本，缺乏常模的代表性。此份常模便不適用於北部學校以外的學生。

3. **常模應該具有適切性**

以不同受試者為樣本，會建構出適合不同情境的常模。選用常模時，應該選擇受試者所適用的常模。例如一位國小六年級女生，接受了表 9–1 的標準化數學成就測驗，若想瞭解該名女生在所有六年級學生的排名，則應該選用表 9–1 以六年級學生所建構的常模；相對地，若想瞭解該名女生在所有六年級女生的排名，則應該選擇表 9–3 以六年級女生所建立的常模。

4. **常模應該具有新近性**

常模的選用，應該考慮常模建立的時間點。避免使用年代過久的常模，容易造成比較上的誤差。例如若選用五十年前所建立的國中八年級學生身高的常模，則會發現現今國中生的身高是屬於偏高的百分等級。此乃因為五十年前國中生普遍營養不良，故身高比較矮。所以，在選用常模時，應注意常模建構的年代是否過舊。

由上面常模具有的特性來看，選取適當的常模，才能對受試者的得分情形，有適切的分數解讀。在心理與教育測驗中，較常使用的常模參照測驗，大致區分成發展性常模（**developmental norms**）與組內常模（**within-group norms**）兩種（Anastasi & Urbina, 1997），底下分別介紹發展性常模與組內常模的意義與用法。

第二節　發展性常模

發展性常模對於分數的解釋，是將受試者某項認知或動作技能的發展情形，與參照團體其他成員的普遍發展情形相比較，以瞭解受試者發展的相對位置。例如假若三歲小孩子的語言發展，平均有 200 個語彙；四歲小孩子的語言發展，平均有 400 個語彙；五歲小孩子的語言發展，平均有 700 個語彙。小欣是一位三歲小朋友，她的語彙有 420 個，則我們可以根據三至五歲小孩的語彙發展，判斷小欣的語言發展，可能已達到四歲小孩的發展程度。

較常使用的發展性常模包括年級常模（**grade norm**）與年齡常模（**age norm**）兩種。

一、年級常模

年級常模是適用在教室情境學科知識的發展程度，將學生的學科知識發展程度，與各個年級學生的發展程度相互比較，以判斷學生的發展程度是屬於哪一個年級，年級常模通常以年級等量分數（**age equivalents scores**）來表示。年級等量分數是以整數配合一位小數點的方式呈現，其中整數的部分代表年級，小數的部分代表月份。年級等量分數的小數點是配合學校的上課月份，由於學期是從當年度的九月份開始，至隔年的六月份結束，暑假的七、八月份，就不列入年級等量分數的計算。所以，小數點是 0 代表開學當年度的九月份，小數點是 9 代表隔年的六月份。表 9–6 是一個四年級國語成績的年級等量分數表，國語原始成績 65 分，其對應的年級等量分數 4.2，個位數的 4 代表四年級，小數點第一位的 2 代表兩個月（即當年度的十一月份），顯示該常模的四年級又兩個月的學生，其國語平均分數為 65 分。假若 A 生是三年級又四個月的學生，其在表 9–6 的國語測驗中獲得 72 分，與表 9–6 相對照，可以得到 A 生國語成績的年級等量分數為 4.5，顯示 A 生的國語成績有不錯的學習成效。

表 9–6
四年級國語成績原始分數與年級等量分數表

原始分數	年級等量分數	年級等量分數的意涵
61	4.0	4 年級 0 個月（當年九月份）
63	4.1	4 年級 1 個月（當年十月份）
65	4.2	4 年級 2 個月（當年十一月份）
68	4.3	4 年級 3 個月（當年十二月份）
70	4.4	4 年級 4 個月（隔年一月份）
72	4.5	4 年級 5 個月（隔年二月份）
75	4.6	4 年級 6 個月（隔年三月份）
78	4.7	4 年級 7 個月（隔年四月份）
80	4.8	4 年級 8 個月（隔年五月份）
83	4.9	4 年級 9 個月（隔年六月份）

在呈現國小學童的學業成就時，年級等量分數是較常被使用的，因為它的概念較簡單。年級等量分數的概念雖然簡單，但在使用上卻也常出現許多的誤解。在使用年級等量分數時，Kubiszyn 與 Borich（2007）建議應注意下列幾點，避免造成誤用：

1. 不能將年級等量分數視為安置學生上課班級的依據

年級等量分數在使用上最常發生的誤解，是將它視為安置學生的參考依據。例如一位國小四年級的學生，在數學成就測驗的年級等量分數為 6.3，代表該名學生的年級等量是六年級三個月。然而這只是顯示該名學生在數學成就測驗的答對題數，較同年級的學生來得多，並不表示該名學生可以直接安置到六年級的數學課程。

2. 不能將兩個差距相同的年級等量分數，視為一樣的大小

許多人誤將年級等量分數視為等距量尺，而導致錯誤的解讀。例如在數學成就測驗上，2.3 與 3.3 的年級等量分數差距為一個年級，5.3 與 6.3 的年級等量分數差距也恰好是一個年級，雖然同樣都是差距一個年級，但程度卻是有可能不同的。

3. **應該注意年級等量分數是否適用**

使用年級等量分數時，應注意是否所有年級的學生都有接觸該課程，避免出現學生未接觸該課程的年級等量分數。例如一位國小四年級學生的「自然與生活科技成就測驗」的年級等量是 2.5，亦即二年級五個月，然而國小一二年級是沒有上自然與生活科技領域的課程，因此，呈現 2.5 的年級等量並不適切。

4. **不能將年級等量分數視為學生應該達到的標準**

年級等量分數是根據全體學生的平均成績而獲得的，它是一個比較的常模，全體學生有 50% 的學生可以達到此一分數，但也有 50% 的學生無法達到。教師不應該將年級等量分數視為學生應該達到的標準。

5. **避免不同學科的年級等量分數比較**

不同學科會有不同的學習速度，不同學科不必然有相同的年級等量分數。例如某位三年級的學生，其國語的年級等量分數是 2.0，不必然其數學的年級等量分數也會落後一個年級。

二、年齡常模

年齡常模較適用在心理認知能力的測量，將受試者的心理認知發展程度，與各個年齡層的參照團體成員的普遍發展程度相互比較，以判斷受試者的發展程度是屬於哪一個年齡層，例如第二節一開頭所提到的，小欣是一位 3 歲的小朋友，她的語彙有 420 個，由於 4 歲小朋友的平均語彙為 400 個，所以小欣的語彙年齡為 4 歲。而著名的年齡常模就屬比西智力量表（**Stanford-Binet Intelligence Scale**）所採用的心理年齡（**mental age**）。

年齡常模的使用與年級常模的使用很相似，因此，使用年齡常模時，也應該注意上述有關年級常模應該注意的事項。

第三節　組內常模

組內常模對於分數的解釋，是將受試者的測驗分數，與參照團體其他成員的得分情形相比較，以瞭解受試者的相對排名。組內常模常採用一些統計方法，來更準確的決定受試者的相對地位，百分等級（percentile ranks，簡稱 PR）與標準分數（standard scores），是兩種較常採用的組內常模。

一、百分等級

百分等級是指有百分之多少的常模團體成員，其得分等於或低於特定的原始分數。例如常模團體中有 82% 的人，其原始分數低於 90 分，則分數是 90 分的受試者，其百分等級即為 82。若將團體的成員假定為 100 人，百分等級 82 的受試者，代表其原始得分可以贏過團體中的 82 個人，由於百分等級容易解釋，所以是標準化測驗較常提供的常模。

受試者的得分若經過次數分配的整理，例如整理成表 9–5 的方式，則百分等級的計算公式為公式 9–1。

$$PR = \frac{100}{N} \times (cf - \frac{f}{2}) \qquad \text{公式 9–1}$$

公式 9–1 中的 N 為總人數，f 為次數，cf 為累積次數。

表 9–7 為 30 位受試者百分等級的計算結果，以原始分數 47 分為例，其次數為 4，累積次數為 8，代入公式 9–1，得到 PR 為 20，代表得分為 47 分的受試者，可以贏過團體 20% 的受試者。

$$PR = \frac{100}{N} \times (cf - \frac{f}{2}) = \frac{100}{30} \times (8 - \frac{4}{2}) = 20$$

表 9–7
30 位受試者百分等級的計算結果

原始總分	次數 (f)	累積次數 (cf)	$cf-\frac{f}{2}$	$\frac{cf-\frac{f}{2}}{N}$	PR
56	2	30	29	0.97	97
55	2	28	27	0.90	90
54	4	26	24	0.80	80
52	8	22	18	0.60	60
51	6	14	11	0.37	37
47	4	8	6	0.20	20
46	2	4	3	0.10	10
45	2	2	1	0.03	3

百分等級的優點在於一般人可以很容易瞭解其意涵，然而它有一項很大的缺失，在於將原始分數轉換成百分等級時，會產生相同差距的原始分數，轉換成不同差距的百分等級之情形。百分等級並不具有等距的特性，因而會有單位量不等的情形。

當團體成員呈現的分數分布接近常態分配時，則原始分數趨中的受試者，轉換成百分等級時，百分等級的差距會被擴大，而兩極端分數（得分較高或得分較低者），轉換成百分等級時，百分等級的差距會被縮減。例如，表 9–7 中受試者得分情形接近常態分配，原始得分較高的 56 與 55 分，轉換成百分等級分別為 97 和 90，原始分數差 1 分，百分等級相差 7；原始得分較低的 46 與 45 分，轉換成百分等級分別為 10 和 3，原始分數差 1 分，百分等級也是相差 7；原始得分趨中的 52 與 51 分，轉換成百分等級分別為 60 和 37，原始分數差 1 分，百分等級卻相差 23。將表 9–7 的原始分數與百分等級，以圖 9–1 的直方圖呈現，更能看出兩極端分數被壓縮，而趨中分數被擴大的現象。

圖 9–1
以表 9–7 的 30 位受試者百分等級所畫出的直方圖

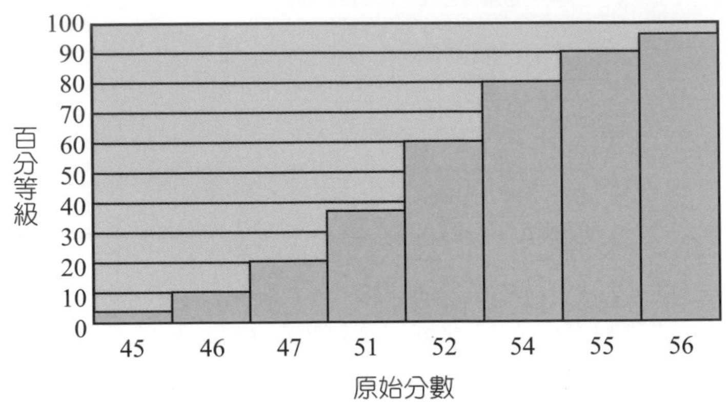

當團體成員的分數分布呈現接近正偏態，得分較低的受試者，轉換成百分等級時，百分等級的差距會被擴大，而得分較高的受試者，百分等級的差距會被縮減。若團體成員的分數分布呈現接近負偏態，得分較高的受試者，轉換成百分等級時，百分等級的差距會被擴大，而得分較低的受試者，百分等級的差距會被縮減。

二、標準分數

標準分數的使用，常需要配合常態分配的概念，因此，在介紹各種標準分數之前，應該先瞭解常態分配的概念。

假設和平國中九年級學生人數共有 252 人，全部學生同時接受國中九年級標準化數學成就測驗，測驗的結果如表 9–8 所示。

表 9–8

252 位國中九年級學生數學成就測驗結果

分數	次數	累積次數
30	1	252
40	14	251
50	61	237
60	100	176
70	61	76
80	14	15
90	1	1

由表 9–8 可以發現，所有學生的得分人數分布情形，恰好考 60 分的人數是最多的，然後分別對稱性的向高低兩端的分數遞減。將表 9–8 的資料，繪成直方圖，如圖 9–2。

圖 9–2

以表 9–8 的 252 位受試者原始得分所畫出的直方圖

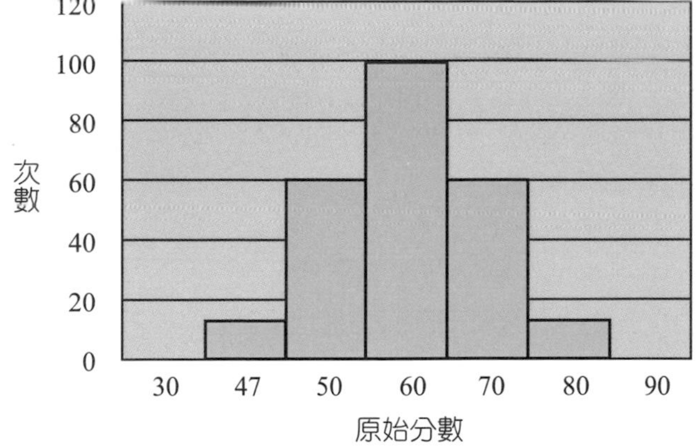

圖 9–2 的直方圖可以看出，次數的分布是由中間最多，然後對稱性的往兩邊遞減，此即為常態分配的基本雛形。當人數再更多，並且分數的分布點再更多，則直方圖的分布會越接近常態分配圖。表 9–9 列出 19,767 位受試者，分數的範圍為 0 分至 100 分。

表 9–9

19,767 位受試者的得分分布情形

得分	次數	得分	次數	得分	次數	得分	次數	得分	次數
0	18	21	139	42	368	63	323	84	94
1	20	22	150	43	375	64	312	85	86
2	22	23	160	44	381	65	301	86	79
3	25	24	171	45	387	66	290	87	72
4	28	25	183	46	391	67	278	88	66
5	32	26	194	47	394	68	266	89	60
6	35	27	206	48	397	69	254	90	54
7	40	28	218	49	398	70	242	91	49
8	44	29	230	50	399	71	230	92	44
9	49	30	242	51	398	72	218	93	40
10	54	31	254	52	397	73	206	94	35
11	60	32	266	53	394	74	194	95	32
12	66	33	278	54	391	75	183	96	28
13	72	34	290	55	387	76	171	97	25
14	79	35	301	56	381	77	160	98	22
15	86	36	312	57	375	78	150	99	20
16	94	37	323	58	368	79	139	100	18
17	102	38	333	59	361	80	130		
18	111	39	343	60	352	81	120		
19	120	40	352	61	343	82	111		
20	130	41	361	62	333	83	102		

圖 9–3 是由表 9–9 所畫出的直方圖，由圖 9–3 的直方圖，可以看出全體受試者的得分分布情形，得分在 50 分的人數是最多的 ，以最多人的 50 分為中線，然後依序的往高低兩端分數對稱性遞減。

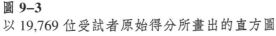

圖 9–3
以 19,769 位受試者原始得分所畫出的直方圖

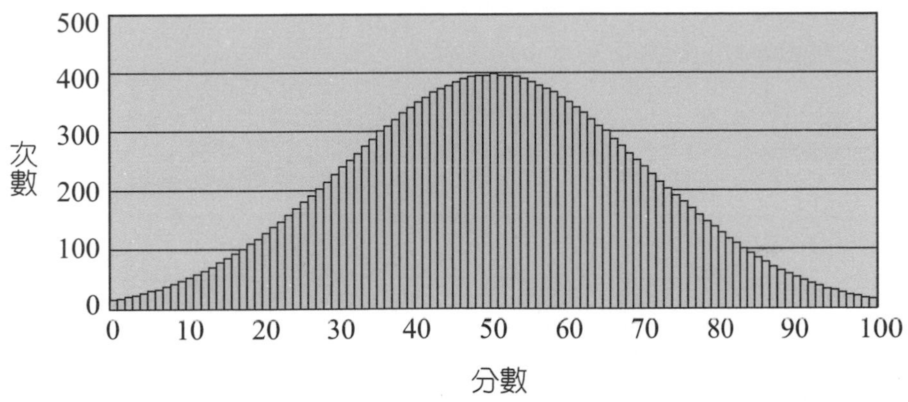

仔細觀察圖 9–3 的直方圖，可以看出已經接近如圖 9–4 的常態分配圖。

圖 9–4
常態分配圖

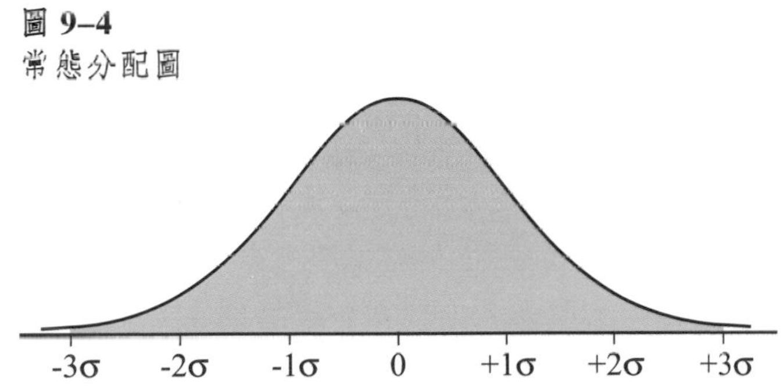

圖 9–4 的常態分配曲線，是一條以平均數為中線，對稱性的向兩端下滑的平滑曲線，這條平滑曲線下的面積，由圖 9–3 的直方圖可知，是代表受試者的人數。常態分配圖曲線底下的面積若假設為 1，則超過正負 3 個標準差，其所涵蓋的面積就很小了，圖 9–5 顯示從平均數到正負 3 個標準差的面積大小。由於常態分配圖是一個對稱性的圖形，所以平均數到正 1 個標準差的面積大小，與平均數到負 1 個標準差的面積大小，都是 0.3413；平均數到正 2 個標準差的面積大小，與平均數到負 2 個標準差的面積大小，都是 0.4772；平均數到正 3 個標準差的面積大小，與平均數到負 3 個標準

差的面積大小，都是 0.4987。

圖 9–5
常態分配圖的概率分布情形

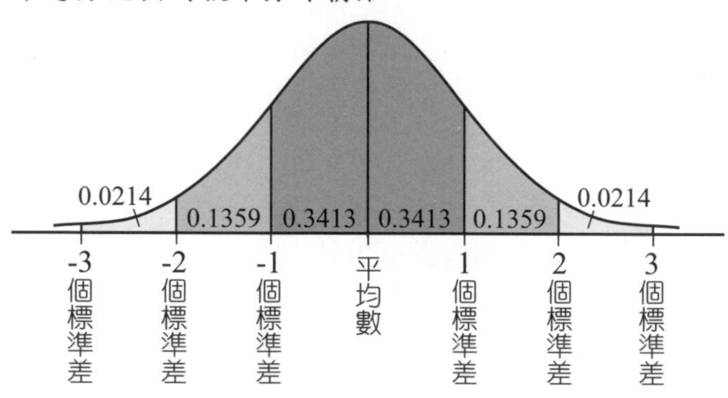

由圖 9–5 可知，當受試者的成績恰好等於平均數時，則其所占的面積恰好是 0.5，其意涵代表受試者考平均數的成績，可以贏過約 50% 的受試者。若受試者的成績恰好比平均數高出 1 個標準差，則其所占的面積恰好是 0.8413，顯示大約可贏過 84.13% 的受試者。

當受試者的成績高出平均數 0.4 個標準差，則從圖 9–5 並無法得知所占的面積，此時必須透過附錄一的常態分配表，查出 Z = 0.4 時，所占的面積是 0.6554，顯示大約可贏過 65.54% 的受試者。

當手上沒有附錄一的常態分配表可查的時候，若有電腦可運用 Excel 程式時，也可以透過如圖 9–6 的方式，求出 Z = 0.4 所占的面積是 0.655422，與透過附錄一查表所得的結果是一樣的。

圖 9-6
透過 Excel 求標準常態分配的數值

透過 Excel 求常態分配表所占的面積大小時，請在 *fx* 後面的空格中，填入下面的程式語法。

= NORMSDIST(0.4)

若想求其他 Z 分數所占的面積，只要將上面的 0.4 改成所希望的 Z 分數，即可以求出所要的面積。例如想求 Z = −1.2 時，只要將上面的公式改成下面的程式語法，即可求出 Z = −1.2 所占的面積是 0.11507，對照附錄一的常態分配表，得到 0.1151，經過四捨五入之後，得到一樣的結果。

= NORMSDIST(−1.2)

瞭解常態分配的概念之後，我們開始來介紹標準分數。百分等級雖然容易解釋，但因單位量不等，所以無法進行準確的比較。標準分數是另一個常被使用的組內常模，茲介紹幾種較常使用的標準分數。

(一) Z 分數

Z 分數是相當常見的一種標準分數，它的計算方式如公式 9–2 所示。其中，X 表示受試者的分數，$\overline{X}$ 是算術平均數，S_X 代表標準差。由於標準差是大於或等於零的正數，所以當受試者的分數高於算術平均數時，Z 分數為正值，若受試者的分數低於算術平均數，Z 分數為負值，若受試者的分數等於算術平均數時，則 Z 分數恰好等於零，通常 Z 分數的範圍值大部分落入 –3 至 3 之間。Z 分數的平均數為 0，標準差為 1。

$$Z = \frac{X - \overline{X}}{S_X} \qquad \text{公式 9–2}$$

假設 A 生是一位國中八年級學生，該班英文成績呈現常態分配，英文平均分數是 94 分，標準差 4，A 生的英文科成績 92 分，將上述這些數據代入公式 9–2 中，可得到 A 生的英文 Z 分數為 –0.5。

$$\text{A 生的英文 Z 分數} = \frac{92 - 94}{4} = \frac{-2}{4} = -0.5$$

計算出 A 生的英文 Z 分數是 –0.5 後，單獨由 Z 分數仍無法瞭解排名的相對地位，必須配合常態分配表，才能有較適當的判斷，可能約略贏過百分之多少的同學。查附錄一的常態分配表，得知 Z 分數 = –0.5 時，所占的面積為 0.3085，顯示 A 生的英文成績贏過該班 30.85% 的同學。圖 9–7 呈現 Z 分數 –3 至 Z 分數 3，這 7 種 Z 分數所贏過的人數百分比。

圖 9–7
Z 分數 –3 至 Z 分數 3 所贏過的人數百分比

a. Z 分數為 3 贏過 99.87% 的人數

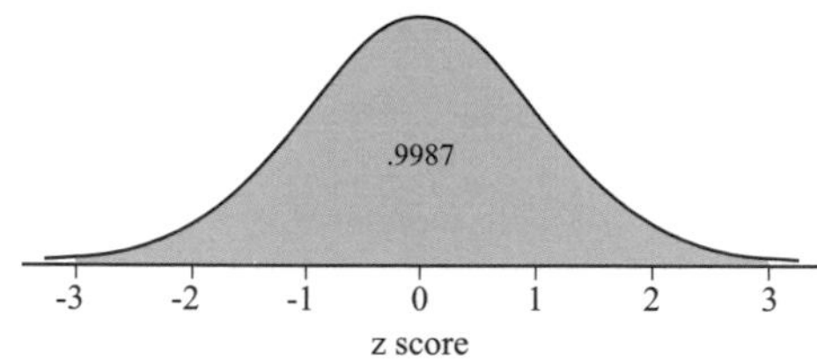

b. Z 分數為 –3 贏過 0.13% 的人數

c. Z 分數為 2 贏過 97.72% 的人數

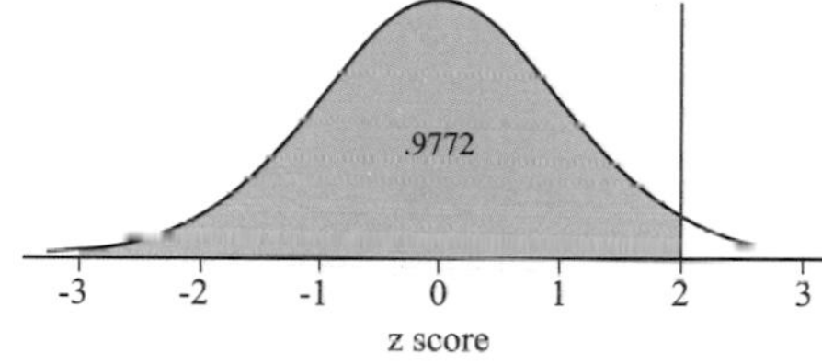

d. Z 分數為 –2 贏過 2.28% 的人數

e. Z 分數為 1 贏過 84.13% 的人數

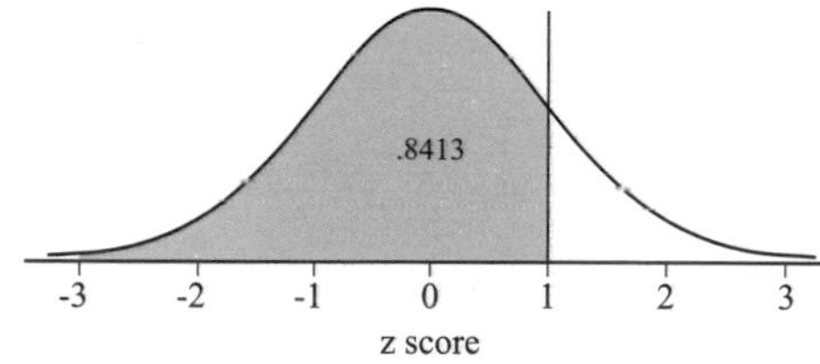

f. Z 分數為 –1 贏過 15.87% 的人數

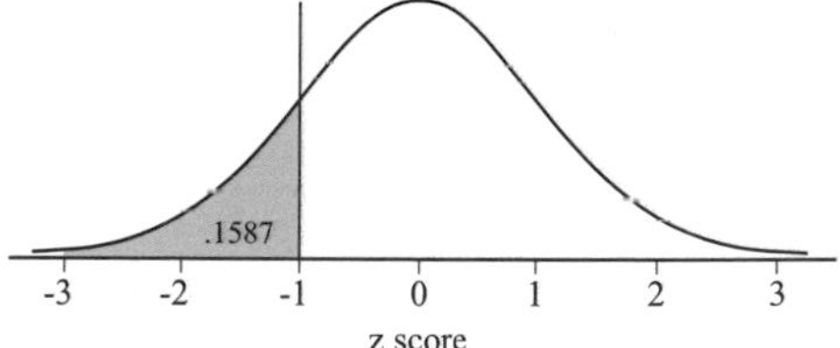

g. Z 分數為 0 贏過 50.00% 的人數

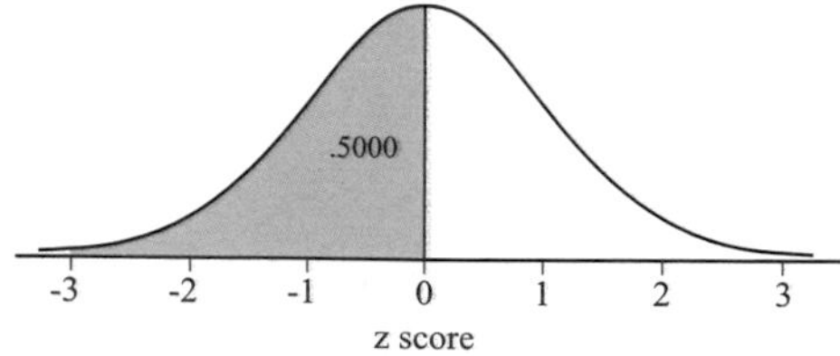

介紹了 Z 分數的算法與對應的相對地位之後，我們再來看一個在教室情境常發生的事情。學校段考完後，同學之間常會想比較各科成績在班上的排名。若只透過原始分數，並無法知道正確的排名位置，此時必須透過 Z 分數，才能達到此目的。表 9–10 為某國中二年一班學生的第一次段考成績，**假設國文、英文、數學、自然、社會這五個科目，全班同學的成績都呈現常態分配**。座號 1 號、10 號和 29 號這三位是非常要好的同學，他們想知道自己這五個科目，在班上的排名。

表 9–10

二年一班的第一次段考成績

座號	國文	英文	數學	自然	社會	總分
1	94	88	61	74	89	406
2	92	87	86	84	68	417
⋮	⋮	⋮	⋮	⋮	⋮	⋮
10	90	94	88	96	80	448
11	30	57	48	62	71	268
⋮	⋮	⋮	⋮	⋮	⋮	⋮
29	72	75	74	78	92	391
30	51	69	66	73	82	341
平均數	79.2	75.5	72.4	80.6	86.5	365.7
標準差	8.6	9.8	8.7	11.4	8.2	32.8

想知道 1 號、10 號和 29 號各科的相對排名，我們可根據表 9–10 的資料，透過公式 9–2 與常態分配表，得到表 9–11 有關三位同學排名的相對地位。由表 9–11 可知，在國文科方面，1 號贏過班上 95.73% 的同學，表現最佳，29 號只贏過班上 20.05% 的同學，表現最差。英文科方面，10 號贏過班上 97.06% 的同學，表現最佳，29 號只贏過班上 48.01% 的同學，表現最差。數學科方面，10 號贏過班上 96.33% 的同學，表現最佳，1 號只贏過班上 9.51% 的同學，表現最差。自然科方面，10 號贏過班上 91.15% 的同學，表現最佳，1 號只贏過班上 28.10% 的同學，表現最差。社會科方面，29 號贏過班上 74.86% 的同學，表現最佳，10 號只贏過班上 21.48% 的同學，表現最差。

表 9–11
三位同學各科成績的相對地位量數

座號	相對地位量數	國文	英文	數學	自然	社會
1	Z 分數	1.72	1.28	−1.31	−0.58	0.30
	贏過的百分比	95.73%	89.97%	9.51%	28.10%	61.79%
10	Z 分數	1.26	1.89	1.79	1.35	−0.79
	贏過的百分比	89.62%	97.06%	96.33%	91.15%	21.48%
29	Z 分數	−0.84	−0.05	0.18	−0.23	0.67
	贏過的百分比	20.05%	48.01%	57.14%	40.90%	74.86%

㈡ T 分數

Z 分數因為有小數點，並且有負值，所以在使用與解釋上，容易造成誤解。為避免產生小數點，可以將 Z 分數乘以某個數值；同時為避免產生負值，可以再加上某數，也就是透過 $a \times Z + b$，這種線性轉換的方式，來解決這些問題。較常見的包括 T 分數與離差智商，都是採用這種線性轉換的方式。

T 分數的計算方式，如公式 9–3。T 分數的平均數為 50，標準差為 10。

$$T = 10 \times Z + 50 \qquad \text{公式 9–3}$$

以前面 A 生的英文學習成績為例，A 生的英文 Z 分數是 −0.5，線性轉換成 T 分數之後，其英文 T 分數為 45。

$$\text{A 生的英文 T 分數} = 10 \times -0.5 + 50 = 45$$

為了讓讀者熟悉 Z 分數、T 分數與百分等級的關係，茲以表 9–12，呈現 Z 分數 −3 至 Z 分數 3，三者之間的互換關係。

表 9–12
Z 分數、T 分數與百分等級三者的轉換

Z 分數	–3	–2	–1	0	1	2	3
T 分數	20	30	40	50	60	70	80
百分等級	0.13	2.28	15.87	50.00	84.13	97.72	99.87

註：百分等級通常採用整數呈現，此處為求精準，並未採用進位的方式

㈢離差智商

自從比西智力量表誕生之後，對於智力的測量，較早是採用德國心理學家 Stern 所提出的智力商數（**intelligence quotient**，簡稱 **IQ**），將受試者在比西智力量表所獲得的心理年齡除以實際年齡（**chronological age**），即可獲得智力商數（張春興，1998），如公式 9–4。

$$\text{IQ} = \frac{\text{心理年齡}}{\text{實際年齡}} \times 100 \qquad \text{公式 9–4}$$

由於智力商數只能顯示個人的智力高低，無法獲知個人智力的相對地位，因而近年來，對於智力的測量，大多採用透過 Z 分數線性轉換方式的離差智商（**deviation IQ**）。目前較常採用的智力測驗主要是比西智力量表和魏氏智力量表兩種，它們的離差智商計算方式，分別如公式 9–5、公式 9–6。

$$\text{比西智力量表的離差智商} = 16 \times Z + 100 \qquad \text{公式 9–5}$$

$$\text{魏氏智力量表的離差智商} = 15 \times Z + 100 \qquad \text{公式 9–6}$$

㈣標準九

標準九（**stanine**）是一種將受試者的原始得分，按分數高低區分成九個類別，分別由 1 至 9 的數字來代表。標準九將全體受試者的分數分布，假定為常態化的分布情形，因此，使用標準九時，應先確定受試者的得分

情形是否呈現常態分配。表 9–13 即為標準九與百分等級的換算表，其中標準九中的 5，占全體受試者的 20%；標準九中的 4 和 6，各占全體受試者的 17%；標準九中的 3 和 7，各占全體受試者的 12%；標準九中的 2 和 8，各占全體受試者的 7%；標準九中的 1 和 9，各占全體受試者的 4%。

欲決定受試者的標準九，最簡單的方式，就是先將受試者的原始分數轉換成百分等級，然後再對照表 9–13，將百分等級轉換成標準九。例如百分等級 4 以下，其標準九為 1，百分等級 4 至 10，其標準九為 2，以此類推。假若某學生的百分等級是 82，對照表 9–13，可得到其標準九為 7。

表 9–13
標準九與百分等級的換算

標準九	百分等級範圍	百分比分配情形
1	4 以下	4%
2	4～10	7%
3	11～22	12%
4	23～39	17%
5	40～59	20%
6	60～76	17%
7	77～88	12%
8	89～95	7%
9	96 以上	4%

標準九雖然可用簡單的 1 至 9 個類別，來表示受試者的相對地位，但每個類別的差距大小並不相等，容易產生解釋上的誤差。另外，由於標準九假定全體受試者的得分是常態分配，因此，若全體受試者的原始分數分布情形不是接近常態分配時，則不適合採用標準九。

第四節　效標參照測驗的分數解釋

學習教材常具有連貫性，前一個單元的知識，是下一個單元的先備知識，故教師在設定教學目標時，會期待學生對於每個學習單元可以達到某個程度的理解，例如許多教師以 80% 作為判斷學生是否精熟某個學習單元的依據。效標參照測驗對於分數的解釋，即是將學生的得分情形，與教師所設定的標準，進行相互比較，以瞭解學生的學習成果是否達到教師的要求。

效標參照測驗對於分數的解釋，可以與精熟學習理論（master learning）相互結合。精熟學習理論強調任何人只要給予足夠的學習時間和適當的教學方法，就可以把學習教材學好（Carroll, 1963）。一般採用精熟學習理論的教學方式，常以 80% 至 85% 的標準，作為精熟與否的判斷依據。教師若將精熟標準設定為 80%，則總分 100 分的測驗中，學生成績達到 80 分以上，就是屬於精熟者，若低於 80 分，則是未精熟者。

對於測驗分數的解釋，較常採用的效標參照方式，就是答對百分比（percent correct score）（張郁雯，2004）。答對百分比的計算，是將受試者答對的題數，除以測驗的總題數，再乘以百分之 100，如公式 9–7 所示。

$$\text{答對百分比} = \frac{\text{答對的題數}}{\text{總題數}} \times 100\% \qquad \text{公式 9–7}$$

假若英語教師將精熟的標準設為 85%，英語考卷共有 50 道選擇題，A 生答對 46 題，則其答對百分比為 92%，因此，A 生達到英語教師所要求的精熟水準。

$$\text{答對百分比} = \frac{46}{50} \times 100\% = 92\%$$

採用效標參照測驗對於分數的解釋方式，除了提供教師瞭解全班學生對於學習單元的精熟程度，以作為是否進行下一個學習單元的判斷依據之外，也可以避免同學之間的相互競爭，因為學生只要與教師所設定的精熟標準比較即可，不必與其他同學相互比較排名。

許多證照的取得，都是採用效標參照測驗的方式，例如考汽機車駕照的筆試，每個應考者的筆試成績不需要與其他應考者比較，只需與監理所設定的通過標準比較，高於通過標準的應試者，就可以繼續參加路考。

第五節　總　結

若依測驗結果的解釋區分，測驗可分成效標參照測驗與常模參照測驗兩類。將學生的測驗分數，與教師事先所訂定的效標比較，判斷是否達到教師的要求，即是效標參照測驗。將學生的測驗分數，與全班同學的得分比較，判斷學生的排名，即是常模參照測驗。

效標參照測驗主要是採用答對百分比的方式，來評判學生的測驗結果；常模參照測驗則採用發展常模與組內常模兩類，來評判學生的測驗結果。年級常模與年齡常模是較常採用的發展常模，組內常模則以 Z 分數、T 分數、離差智商、標準九等較常被使用。

第九章 習題

一、甲班同學的英文成績呈現常態分配，已知英文平均分數是 82，標準差是 4，若 A 生英文得 76 分，請問 A 生的 Z 分數是多少？

二、乙班的國文成績呈現常態分配，已知國文平均分數是 88，標準差是 6，則分數落在 85 分至 97 分的學生，占全班學生人數的百分之幾？

三、A 生的數學成績，轉換成百分等級是 65，B 生的數學成績轉換成 T 分數是 65，請問哪一位學生的成績比較好？

四、A 生的社會科成績，轉換成百分等級是 86，請根據表 9–13，判斷其標準九應該是多少？

五、你認為教師對於學生的測驗結果，除了關注學生成績的高低之外，是否也應該考量平常上課的用功程度？

第十章　實作評量

前面章節所提到的客觀性試題（是非題、選擇題、配合題），由於施測上較為經濟實用，因此被大量使用在標準化成就測驗的評量工作上。然而客觀性試題較不易評量受試者高層次的思考，此項缺失一直受到許多測驗學者的批判。

1980 年代開始，許多教育學者逐漸採用各種不同於傳統紙筆測驗的評量方式，這些評量方式被稱為多元評量（multiple assessment），或是另類評量（alternative assessment）。其中，實作評量（performance assessment）與檔案評量（portfolio assessment），是兩種較常被採用的評量方法。

本章將分別介紹實作評量的意涵與特性、實作評量的作業類別、實作評量的評分規準、實作評量的實施流程、實作評量的優勢與限制等五個部分。

Burke（2009）主張一位教師若只採用傳統的紙筆評量，是無法適切評估一位學習者的全貌之發展情形，需搭配檔案評量與實作評量，才能讓評量系統更完備。Burke 認為傳統紙筆評量主要是評量學生的知識；檔案評量可評量到學生的學習歷程與自我省思能力；實作評量則可評量到學生對日常生活情境的問題解決能力。同時運用這三種評量方式，才能全面性的評估學生學習歷程與學習成果，如表 10–1 所示。

表 10–1
Burke（2009）主張的完整評量系統

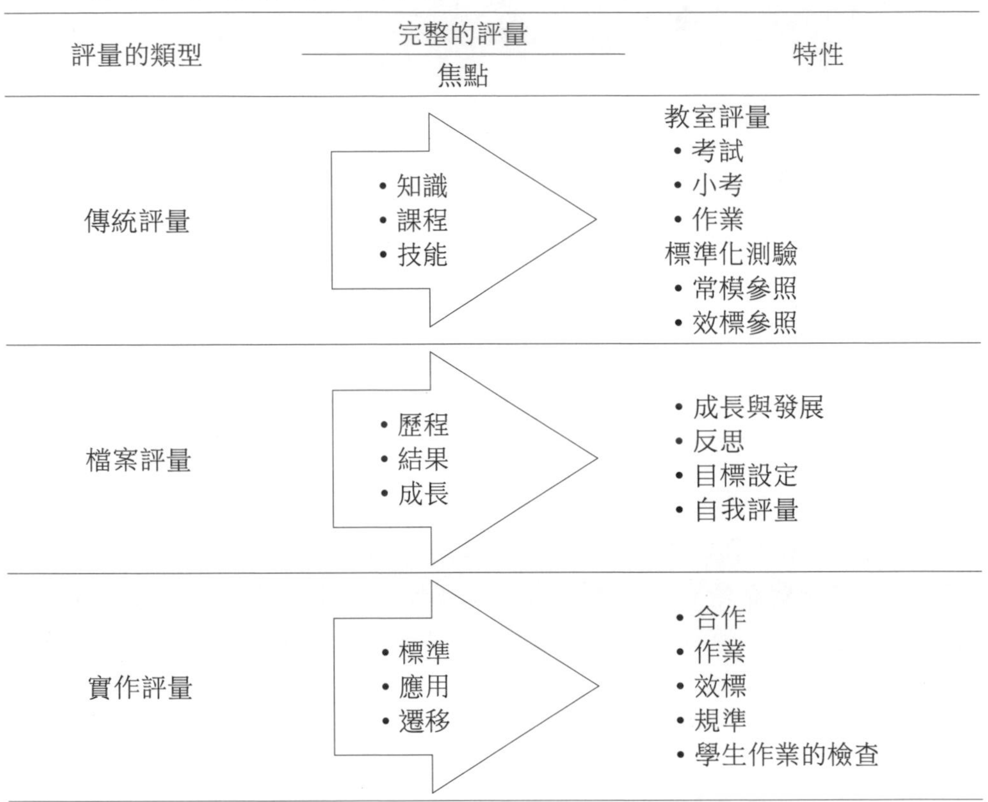

評量的類型	完整的評量 焦點	特性
傳統評量	• 知識 • 課程 • 技能	教室評量 • 考試 • 小考 • 作業 標準化測驗 • 常模參照 • 效標參照
檔案評量	• 歷程 • 結果 • 成長	• 成長與發展 • 反思 • 目標設定 • 自我評量
實作評量	• 標準 • 應用 • 遷移	• 合作 • 作業 • 效標 • 規準 • 學生作業的檢查

註：引自 *How to assess authentic learning* (p. 12) by K. Burke, 2009, Corwin Press.

由表 10–1 可知，傳統評量強調透過標準化的紙筆測驗，評估學習者的知識與技能；檔案評量強調透過卷宗檔案的資料呈現，評估學習者在學習歷程中，所展現的動態學習成果之發展情況；實作評量強調透過同儕互動的合作方式，評估學習者能否根據評分規準，應用所學習的知識與技能，解決所被指定的問題作業。

第一節　實作評量的意涵與特性

所謂實作評量，是指教師針對學生在執行特定的工作項目時，所展現出的技能或產品，進行觀察與評判。

透過完成某件作品或展現出某種技能的評量方式，普遍存在日常生活中，例如汽車駕照的取得，除了紙筆測驗之外，還必須通過「道路駕駛」這一個實作活動的測試。在學校的教育情境中，實作評量也不算是一種新的評量方式，包括體育、音樂、美術等藝能科目，或是屬於職業教育的科目，例如汽車修護、烹飪、資訊處理等，就是常採用實作的評量方式，來評定學生的學習成效。

Elliott（1994）認為目前所實施的實作評量，與以往透過實作的評量方式，有幾點差異處。首先，目前所推動的實作評量，其實施的科目較以往更為多元，例如語文、數學、自然科學、社會科學等學科，目前也都逐漸採用實作評量的評量方式。其次，目前所推動的實作評量，比較強調呈現清楚的評分標準，讓學生有所遵循的方向，而傳統的實作評量，學生常不知道評分的標準何在。最後，目前所推動的實作評量，比較鼓勵學生對於自己的實作表現，進行自我評量與自我省思。

與客觀性試題相比，實作評量具有下列幾項的特性：

一、強調評量學生運用所學知識，完成某項工作的能力

傳統的紙筆評量，比較偏重評量學生所習得的知識，學生的評量結果越佳，顯示其所獲得的知識越多。然而學生在教室情境所學習的豐富知識，卻無法保證能適切的被用來解決日常生活情境所面臨的問題（陳英豪、吳裕益，1991）。因此，傳統的評量方式，只能評量學生瞭解什麼，卻無法評量學生能做什麼。

實作評量強調透過學生展現出某種技能，或呈現某種作品的方式，來評量學生能否靈活的運用其所學的知識，用以解決日常生活的問題。在這樣的評量過程中，學生不僅是一位知識的吸納者，更是一位知識的加工者。

二、實作評量強調評量學生高層次的認知思考歷程

傳統的標準化測驗，常為了計分的客觀性，傾向採用是非題、選擇題、

配合題等挑選反應的試題，例如下面是一道是非題。然而這些挑選式的題目，只能評量學生知識、理解等較低層次的認知思考面向，並不適合評量論述、問題解決、批判性思考等高層次的認知思考歷程。

（　　）北半球是冬季的時候，恰好是南半球的夏季。

因為傳統標準化測驗的此項缺失，促使多元評量的興起。而實作評量則是屬於一種適合評量高層次認知思考歷程的多元評量。透過實作評量，教師可以檢視學生是否能將學習的知識與技能，統合成一個有系統的知識架構，有效的運用分析、綜合、評鑑、批判、創造等心智運作歷程，完成被指定的工作。表 10–2 是一道實作評量的試題，此實作評量的問題，與前面的是非題相比，同樣是評量學生是否瞭解南北半球氣候的差異性，但是透過此道實作作業，卻可以評量到學生高層次的思考能力。

表 10–2
實作評量的試題

評量情境：下表為兩個國家（A 國與 B 國）的首都一月份第一週的天氣資料，請根據下表的資料，回答下列的問題：

A 國首都一月份第一週的天氣資料						
01/01	01/02	01/03	01/04	01/05	01/06	01/07
星期三	星期四	星期五	星期六	星期天	星期一	星期二
2～5°C	2～7°C	3～6°C	3～7°C	2～5°C	2～7°C	3～8°C

B 國首都一月份第一週的天氣資料						
01/01	01/02	01/03	01/04	01/05	01/06	01/07
星期三	星期四	星期五	星期六	星期天	星期一	星期二
27～34°C	26～32°C	25～33°C	28～35°C	27～34°C	28～33°C	26～33°C

1. 請根據表格所提供的天氣資料，推測位於北半球的國家是哪一國？請說明你推測的理由。

表 10–2　（續）

2. 請根據表格所提供的天氣資料，推測位於南半球的國家是哪一國？請說明你推測的理由。 ____ 3. 位於北半球的該國，若與臺灣相比，該國的地理位置位於臺灣的北方或南方？請說明你的理由。 ____

三、實作評量兼重學習歷程與學習結果的評量

傳統的紙筆評量方式，受限於評量時間的短促，只能評量到學生最終的學習成果，至於學生的學習歷程，並不容易進行評量。實作評量的評量方式，評分者除了對學生所完成的作品進行評判之外，也非常重視學生在完成作品的過程中，所運用的認知策略、後設認知策略，以及對於作品製作所展現的情意態度。

四、實作評量重視完備的評分規準

挑選反應題目（是非題、選擇題、配合題）有固定的標準答案，並不會因不同的閱卷者而有不同的評分結果。相對的，實作評量的作業並沒有唯一的標準答案，為了讓評分工作較為客觀，需要有事先設計好的評分規準，讓閱卷者在評分時，有參照的依據。Airasian（2005）認為評分規準可以協助教師達到下列幾項目的：

1. 詳細說明評分效標關注教學活動的重要部分。
2. 詳細說明效標關注同儕評量的部分。
3. 增加評量結果的一致性。
4. 藉由清晰的評分效標與計分等第，降低主觀性，避免評分的爭議。
5. 提供家長與學生有關學生實作表現的有用資訊。

評分規準除了可以協助教師讓評分更為客觀之外，它也可以引導學生清楚瞭解優良或不良作品的特徵，因而評分規準可以協助學生達到下列幾項目的（Airasian, 2005）：

1. 瞭解教師對於實作表現的期望。
2. 點出在歷程與成果中，何者是較為重要的部分。
3. 幫助學生監控與批評自己的實作作品。
4. 提供實作表現的有用訊息描述。
5. 提供比傳統評分方式更為清楚的實作表現訊息。

五、實作評量強調多向度能力的評量

傳統紙筆評量偏重評量學生單向度的學科知識，而較無法瞭解學生學習成果的全貌。實作評量常是採用學生小組合作解題的評量方式，在解題的歷程中，除了可以評量學生的學科知識之外，也可以評量問題解決能力、合作互助的能力、溝通協調的能力。

除了上述幾項實作評量的特點之外，McMillan（2007）也提出實作評量包含下列幾項特點：

1. 學生能夠表現、創作、建構、創造或者做某些事。
2. 深入瞭解學生的表現，以及推論技巧是有必要評量的。
3. 包含持續性的工作，通常為數天或數星期。
4. 需要學生去解釋、證明以及答辯。
5. 學生表現是可以直接觀察得到的。
6. 運用所學的重要基本概念。
7. 需仰賴受過訓練的評量者，進行評分工作。
8. 多元的評量規準與標準是公開的。
9. 沒有唯一的「正確」答案。
10. 若為真實性評量，則實作的作業會反映真實世界的情境及限制。

第二節　實作評量的作業類別

實作評量的實施，題目與評分規準的設計，是兩個相當重要的關鍵因素。較適切的實作評量規劃，應該是在實施之前，根據評量的目的，同時設計好題目與評分規準。本節先介紹實作評量的作業類別，下一節再介紹實作評量的評分規準。

實作評量的作業，可以根據作業的結構性，區分為限制反應的實作作業（restricted-response performance tasks）與擴展反應的實作作業（extended-response performance tasks）。

限制反應的實作作業是指問題具有較強的結構性，亦即問題提供較多且清楚的解題訊息（例如清楚的問題情境、充足的已知條件、充足的未知條件），解題者只要依循問題所提供的指示，按部就班即可順利完成，表 10–3 即是限制反應的實作作業。

表 10–3
限制反應的實作作業的實例

限制反應的實作作業
根據地圖找出住家到學校最短的路程
背誦一首唐詩
唱一首歌曲
以英文朗誦一段課文
完成製作氧氣的實驗操作
以圓規畫出一個半徑為 3 公分的圓

擴展反應的實作作業是指問題具有較弱的結構性，亦即問題提供較少且模糊的解題訊息（例如模糊的問題情境、不足的已知條件、不足的未知條件），解題者沒有可遵循的指示，必須由自己主動提出解題計畫，而執行解題計畫時，可能會反覆修正其解題計畫，最後才能獲得解答，表 10–4 即是擴展反應的實作作業。

表 10–4
擴展反應的實作作業的實例

擴展反應的實作作業
規劃一趟環島旅行的計畫
提出解決地球暖化的可行方案

表 10–4 （續）

設計一份學校的招生廣告
創作一支新的舞蹈
以某個主題對全班進行演講
進行一次全校性的校服意見調查

不論是限制反應的實作作業或是擴展反應的實作作業，一份完整的實作評量作業，主要包含作業名稱、評量對象、評量的學科領域、評量的目的、教學活動的教學目標、問題情境、實作作業、受評對象、評分者，以及評分規準等幾個重要的部分。教師在設計實作作業時，可藉由表 10–5 的呈現方式，協助自己掌握實作作業應涵蓋的組成成分。

表 10–5
實作評量作業的組成成分

作業名稱	
評量對象	
學科領域	
評量目的	
教學目標	
問題情境	
實作作業	
受評者 （個人或小組）	
評分者	
評分規準	

在推動實作評量過程中，如何設計一個實作作業，並不是一件容易的事，常讓教師傷透腦筋。實作評量作業的設計歷程中，教師可參考下列幾個步驟（Prince George's County Public School, 2007）：

1. 確定評量的結果

   1.1 透過此項作業可以評量到學生哪些學習結果或學科標準？

   1.2 評量結果可具體化為哪些觀察或測量的指標？

2. **設計一個有意義的問題情境**

   2.1 能讓學生投入此作業的有意義情境為何？

   2.2 何種真實議題、問題、主題和學生的興趣，可協助決定有意義的情境？

3. **確定學生的產出或表現**

   3.1 學生的作品或表現能否提供其達成學習結果的證據？

   3.2 關於作品和表現，學生是否有權選擇？

4. **考慮作業設計的可選擇項目**

   4.1 此項作業允許學生挑選的程度為何？

   4.2 學生需要獲得外在資源的程度為何？

   4.3 此項作業是採獨自完成或團體合作完成的方式？

   4.4 學生的作品和表現需呈現給何人？

   4.5 學生完成此項作業的時間長度為何？

   4.6 哪些人將參與評量學生作品和表現？

   4.7 評量的結果將如何被報告出來？

5. **規劃作業的相關活動**

   5.1 此項作業包含哪些活動？

   5.2 有哪些活動是要計分的？

   5.3 每個活動需要哪些指標來進行評量？

6. **確定評量的效標**

   6.1 哪些與評量結果有關聯性的效標，將被用來評量學生的產出與表現？

   6.2 這些效標是否反映學生表現的最重要成分？

7. **設計一個示範的反應例子**

   7.1 這個作業的示範反應為何？這個示範反應的關鍵特質為何？

   7.2 這個示範反應是否清楚連結所欲評量的結果與指標？

8. **決定計分方式**

   8.1 此項實作作業的目的為何？是屬於診斷性、形成性或總結性目的。

8.2 何種計分方式較適合已知的評量目的？

8.3 有哪些人員會參與評分的工作？

教師在設計實作作業時，可以根據上述的八個步驟，藉由不斷的練習，就能比較熟悉如何編製實作評量的作業。

第三節　實作評量的評分規準

挑選反應試題（是非題、選擇題、配合題）通常有固定的標準答案，因此，在評分的工作上，較為輕鬆簡單。重大的考試，例如國中教育會考、大學入學學科能力測驗、高普考等，若採用挑選反應試題時，則常透過電腦閱卷的方式，如此，評分較為快速且正確。

相對地，實作評量所評量的高層次認知能力，並無單一的標準答案，其評分工作就比挑選反應試題更為繁雜與困難。為了讓實作評量的評分工作較為方便與客觀，實作評量在進行評分工作之前，應先設計好評分的規準，才可依據所設計的評分規準，進行較客觀的評分工作。

所謂**評分規準**是指進行實作評量的評分工作時，評量者所依據的評分準則。由於實作評量的問題，並無唯一的標準答案，因而評分結果較為主觀性，透過評分規準的參照，有助於提升評分結果的一致性。Goodrich（1997）認為使用評分規準的理由包括：

1. 評分規準不論在教學或評量方面，都是一個強而有力的工具。
2. 評分規準可以幫助學生，對於自己與他人的作品品質，做更適切的評判。
3. 評分規準可以降低教師批閱學生作品的時間。
4. 評分規準可以彈性的適應異質的團體。
5. 評分規準是容易使用與解釋的。

一個評分規準通常包含三個主要部分：評分的效標（evaluative criteria）、品質的定義、計分的方式（Popham, 1997）。評分的效標是指實作評量的評分向度，例如作文寫作的評量，評分的效標通常包含「立意取材」、

「結構組織」、「遣詞造句」，以及「錯別字、格式與標點符號」等部分。品質的定義是指針對不同等第作品（從最佳作品至最不佳作品）的文字描述，例如在「結構組織」這個部分，最佳作品的特徵是「段落分明且前後連貫，呈現出完整的文章結構」，最不佳作品的特徵是「段落不分，完全無法呈現出文章的結構」。

計分的方式則通常採用整體性計分或分析性計分兩種方式，整體性計分是將所有評分效標一併考慮，給予一個整體性的分數，表 10–6 即是一個整體性評分規準的格式，主要包含計分層級，以及相對應的評分重點兩個部分。此份評分規準含有六個計分的層級，計分層級的多寡，是由命題者綜合考量評量的目的、作業的分量、作業的難度等因素，而自行決定的。

表 10–6
整體性評分規準的格式

級分	整體性評分規準
五級分	
四級分	
三級分	
二級分	
一級分	
零級分	

分析性計分則是將評分效標分別考慮，每項評分效標給予不同的分數，表 10–7 即是一個分析性評分規準的常見格式，主要包含計分層級、評分效標，以及相對應的評量重點三個部分。此份評分規準含有六個計分層級與三個效標，計分層級與效標的數量，也是由命題者自行決定的。

表 10–7
分析性評分規準的格式

級分	分析性評分規準		
	評分效標(一)	評分效標(二)	評分效標(三)
五級分			
四級分			
三級分			
二級分			
一級分			
零級分			

在進行評分規準的設計時，首先應根據評量的目的，決定包含哪些評分的效標；其次決定欲採用整體性評分規準或是分析性評分規準，並且決定採用幾個層次來區隔作品的優劣（以三至六個層次為宜）；最後，針對不同層次的作品，給予清楚的文字描述。

採用整體性評分規準的好處是計分較為快速，缺點為無法給學生較詳細的回饋資料。一般而言，整體性評分規準較適合總結性的評量。表 10–8 即是一個國中生寫作測驗的整體性評分規準。

表 10–8
國民中學學生寫作測驗整體性評分規準

級分	評分規準
六級分	**六級分的文章是優秀的，這種文章明顯具有下列的特點：** ❖ 立意取材：能依據題目及主旨選取適當的材料，並能進一步闡述說明，以凸顯文章的主旨。 ❖ 結構組織：文章結構完整，段落分明，內容前後連貫，並能運用適當的連接詞聯貫全文。 ❖ 遣詞造句：能精確使用語詞，並有效運用各種句型，使文句流暢。 ❖ 錯別字、格式與標點符號：幾乎沒有錯別字，及格式、標點符號運用上的錯誤。
五級分	**五級分的文章在一般水準之上，這種文章明顯具有下列的特點：** ❖ 立意取材：能依據題目及主旨選取相關材料，並能闡述說明主旨。 ❖ 結構組織：文章結構大致完整，但偶有轉折不流暢之處。 ❖ 遣詞造句：能正確使用語詞，並運用各種句型，使文句通順。

表 10–8　（續）

	❖ 錯別字、格式與標點符號：少有錯別字，及格式、標點符號運用上的錯誤，但並不影響文意的表達。
四級分	**四級分的文章已達一般水準，這種文章明顯具有下列的特點：** ❖ 立意取材：能依據題目及主旨選取材料，尚能闡述說明主旨。 ❖ 結構組織：文章結構稍嫌鬆散，或偶有不連貫、轉折不清之處。 ❖ 遣詞造句：能正確使用語詞，文意表達尚稱清楚，但有時會出現冗詞贅句；句型較無變化。 ❖ 錯別字、格式與標點符號：有一些錯別字，及格式、標點符號運用上的錯誤，但不至於造成理解上太大的困難。
三級分	**三級分的文章是不充分的，這種文章明顯具有下列的缺點：** ❖ 立意取材：嘗試依據題目及主旨選取材料，但選取的材料不甚適切或發展不夠充分。 ❖ 結構組織：文章結構鬆散，且前後不連貫。 ❖ 遣詞造句：用字遣詞不夠精確，或出現錯誤，或冗詞贅句過多。 ❖ 錯別字、格式與標點符號：有一些錯別字，及格式、標點符號運用上的錯誤，以至於造成理解上的困難。
二級分	**二級分的文章在各方面的表現都不夠好，在表達上呈現嚴重的問題，除了有三級分文章的缺點，並有下列的缺點：** ❖ 立意取材：雖嘗試依據題目及主旨選取材料，但所選取的材料不足或未能加以發展。 ❖ 結構組織：結構本身不連貫；或僅有單一段落，但可區分出結構。 ❖ 遣詞造句：用字、遣詞、構句常有錯誤。 ❖ 錯別字、格式與標點符號：不太能掌握格式，不太會使用標點符號，且錯別字頗多。
一級分	**一級分的文章顯現出嚴重的缺點，雖提及文章的主題，但無法選擇相關題材、組織內容，並且不能在文法、字詞，及標點符號的使用上有基本的表現。這種文章具有下列的缺點：** ❖ 立意取材：僅解釋提示；或雖提及文章主題，但無法選取相關材料加以發展。 ❖ 結構組織：沒有明顯的文章結構；或僅有單一段落，且不能辨認出結構。 ❖ 遣詞造句：用字遣詞有很多錯誤或甚至完全不恰當，且文句支離破碎。 ❖ 錯別字、格式與標點符號：完全不能掌握格式，不會運用標點符號，且錯別字極多。
零級分	完全離題、只重抄題目或只抄寫說明、缺考。

註：引自九十六年國民中學學生寫作測驗問與答 (pp. 2–3)，國民中學學生基本學力測驗推動工作委員會，2007。

分析性評分規準的好處是可以針對每個效標，給予學生清楚的回饋資料，缺點是需要花費較多的時間進行評分，分析性評分規準較常運用在形成性的評量。表 10–9 即是一個有關發明報告的分析性評分規準，請學生以報告的型態，說明其發明的作品。評分規準依據「目的」、「特色」、「評論」，以及「關連」等四個評分效標。

表 10–9
發明報告的分析性評分規準

級分	目的	特色	評論	關連
四級分	報告說明發明的最關鍵目的	報告詳述發明的關鍵特色和隱藏特色，並說明它們的目的	報告討論發明的優勢與限制，並建議改進的方式	報告將發明的目的和特色，適當的連結許多不同現象
三級分	報告說明發明的所有關鍵目的	報告詳述發明的關鍵特色，並說明它們的目的	報告討論發明的優勢與限制	報告將發明的目的和特色，適當的連結一個或兩個現象
二級分	報告說明某些發明的目的，但遺漏關鍵的目的	報告忽略發明的某些特色，或是它們的目的	報告只單獨討論發明的優勢或限制	報告將發明與其他現象，進行不清楚或不適當的連結
一級分	報告沒有說明發明的目的	報告並未說明發明的特色，或它們的目的	報告並未提及發明的優勢或限制	報告並未連結發明和其他事物

註：引自 "Understanding rubrics," by H. Goodrich, 1996/1997, *Educational Leadership*, *54*, p. 15.

評分規準的設計，對習慣以固定標準答案計分的教師而言，是一項相當大的挑戰。許多教師因為不知如何建構評分規準，而放棄採用實作評量，或是放棄採用評分規準，直接進行評分工作。為了協助教師建構評分規準，Mertler（2001）提出設計評分規準的七個步驟，如圖 10–1，可讓教師更清楚瞭解如何建構評分規準。

圖 10–1

評分規準的設計流程

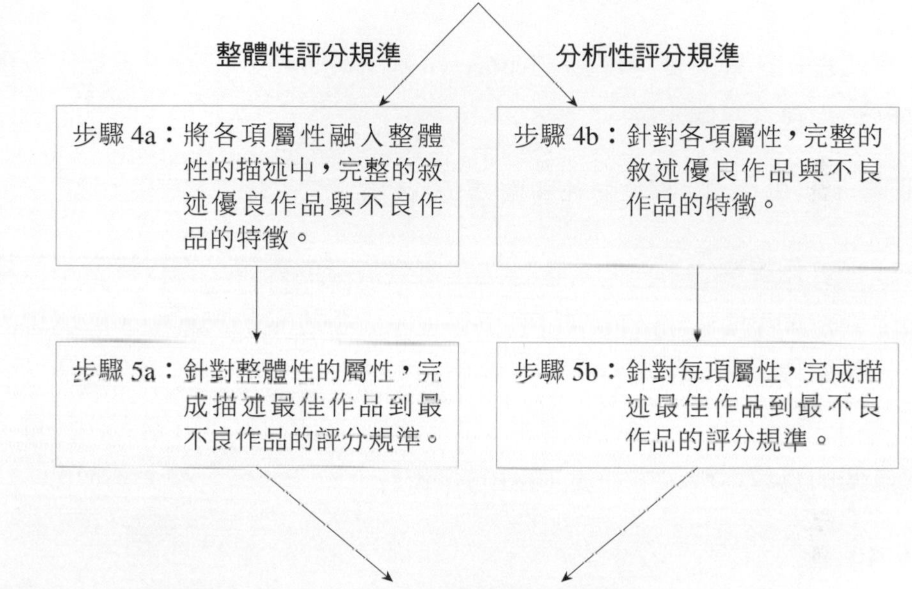

設計評分規準：步驟程序
■ 步驟 1：重新檢視此項實作作業所欲達成的學習目標。
■ 步驟 2：確認你想觀察（也有可能是不想觀察）你的學生在他們的成果、歷程和表現中，所展示的特定且可觀察之屬性。
■ 步驟 3：透過腦力激盪，條列出描述每一項屬性的特質。
整體性評分規準
分析性評分規準
步驟 4a：將各項屬性融入整體性的描述中，完整的敘述優良作品與不良作品的特徵。
步驟 4b：針對各項屬性，完整的敘述優良作品與不良作品的特徵。
步驟 5a：針對整體性的屬性，完成描述最佳作品到最不良作品的評分規準。
步驟 5b：針對每項屬性，完成描述最佳作品到最不良作品的評分規準。
■步驟 6：蒐集代表每個不同等級的學生作品之範本。
■步驟 7：假若需要，修改評分規範。

註：引自 "Designing scoring rubrics for your classroom," by C. A. Mertler, 2001. *Practical Assessment, Research, and Evaluation, 7.* https://scholarworks.umass.edu/cgi/viewcontent.cgi?article=1108&context=pare

在實際的推動過程中，許多教師在實施實作評量時，只關注實作評量的題目設計，卻輕忽了評分規準的重要性；而有些教師則是等到蒐集學生的實作作品之後，才開始著手設計評分規準，這樣都容易導致評分工作無法達到公正客觀。

第四節　實作評量的實施流程

前面介紹了實作評量作業與評分規準的設計，本節將整合性的介紹進行實作評量的實施流程。

一、實作評量的實施步驟

有關實作評量的實施步驟，Kubiszyn 與 Borich（2007）主張實作評量的實施流程包含四個步驟。

❖ 步驟 1：決定實作評量所欲評量的內容

進行實作評量的第一個步驟是決定所要評量的內容，實作評量不僅重視學生學習成果的評量，同時也重視學生在實作表現的歷程中，所展現出的技能。學校的各領域學科，若能善加規劃，都可以採用實作評量的評量方法。Stiggins（2001）曾詳列各個不同學習領域的科目，透過實作評量可以評量到的過程與成果，如表 10–10 所示。

表 10–10
實作評量的成就目標

評量的焦點	過程或技能的目標	成果的目標
閱讀	朗讀流暢度	說故事的圖片
寫作	寫作技能	寫作的作品
數學	操作物件形成一組模式	描述數學原則的模式
自然科學	實驗的安全操作程序	實驗研究報告
社會科學	辯論	學期報告
外語	口語流暢度	描述文化覺知的模式
藝術	材料的運用	藝術創作
體育	運動實作表現	優良表現的圖片
工藝	電腦操作	軟體系統設計
職業教育	按照既定的程序	有效率的修理機器

表 10–10　（續）

小組合作	每位成員的貢獻	團隊的成品
幼保	社會互動技能	小朋友互動的繪畫創作

註：引自 *Student-involved classroom assessment* (p. 185) by R. J. Stiggins, 2001, Prentice Hall.

❖ 步驟 2：設計實作評量的作業

實作評量的評量內容確定之後，接著便是設計一個問題情境，用來引發學生的實作表現。

實作作業的品質是實作評量能否推動成功的重要因素，優良的實作作業能提供適切的問題情境，若問題情境的設計越接近日常生活的真實情境，越能引發學生展現教師所期待的能力與特質。

實作作業的設計，可按照前面第二節所介紹的八個步驟來進行。而實際在進行實作作業的設計時，Gronlund（2003）曾提到應該注意下列幾項原則，才能提升實作作業的品質：

1. 實作評量作業應該與學習目標有關連性。
2. 實作評量作業應該聚焦在複雜的學習結果。
3. 實作評量作業應該提供有關知識與技能的統整。
4. 實作評量作業對學生應該是真實性與有意義性的。
5. 實作評量作業應該清楚的讓學生瞭解。
6. 實作評量作業應該避免無關實作的干擾因素。
7. 實作評量作業對於時間的限制、設備與可用資源等方面的規定，應該是要可行的。
8. 實作評量作業應該要符合學生實際的知識與技能的發展階段。
9. 實作評量作業應該具有類推到其他相似作業的功能。
10. 實作評量作業應該有密切配合的計分方法。

❖ 步驟 3：設計實作評量的評分規準

編寫好實作評量的作業之後，應立即著手評分規準的設計，透過實作作業與評分規準的相互對照，命題者才能知道實作作業是否有需要修改的地方，評分規準是否與所欲評量的教學目標符合。有關如何設計實作作業的評分規準，可參考前面第三節所介紹的方法。

❖ 步驟 4：訂定實作評量的其他相關細節

實作評量的問題情境與評分規準設計好之後，最後剩下其他相關細節的訂定，例如實作評量作品繳交的時間期限、作業是由個人或小組完成、作業評分者的人數、能否尋求協助者等細節。

實作評量著重在評量學生高層次的問題解決能力，學生需要花較多的時間，才能完成一份實作作業。因此，實作作品的繳交期限，通常需要比較長一些，若屬於限制反應的實作作業，至少一個星期以上，若是擴展反應的實作作業，則至少兩個星期以上。

實作評量可視作業的難度與份量，決定由個人獨自完成，或是小組合作完成。若考慮培養學生合作的精神，建議採用小組合作的型態。

實作作業的評分者，除了教師之外，也可以採用自我評量或是同儕評量的方式。

除了上述有關繳交期限、參與人數、評分人數之外，學生撰寫實作作業遇到困難時，能否尋求協助，也是需要詳細說明的事項。一般而言，國小階段的學生，可允許尋求教師或家長的協助；國高中學生，則考慮讓學生自行尋找解答。

二、實作評量實施步驟的實例

根據上述實作評量的四個實施步驟，茲以國小五年級數學為例，說明如何進行實作評量。

❖ 步驟 1：決定評量的內容

李老師是一位國小五年級的導師，班上數學課的進度是「認識統計圖表」這個單元，她認為本單元的教材，若採用選擇題或計算題的評量題型，並無法協助學生具備自行建構統計圖表的能力。李老師經過仔細考慮之後，決定採用實作評量的方法，透過要求學生進行實際的調查，並將調查的資料，轉換成不同的統計圖表，讓學生對統計圖表有更清楚的瞭解。

❖ 步驟 2：設計實作評量的作業

李老師確定以數學科作為評量的科目，以及評量學生是否具有建構統計圖表的能力之後，接著便是要設計能達到此評量目的的實作作業。

為了讓問題情境能吸引學生的興趣，李老師從多方的訊息管道（報紙、雜誌、書籍、電視、廣播、網路等），努力尋找可作為問題情境的題材。經過反覆的考量，恰好想到前幾天中午吃營養午餐時，聽到同學在熱烈討論什麼樣的血型，會產生什麼樣的行為表現。因此，李老師最後決定以調查班上同學的血型，作為實作評量的作業。

表 10–11 即是李老師根據表 10–5，所規劃的實作評量作業。為了引起學生的作答興趣，將作業名稱訂為「血型大調查——你是哪一種血型？」此項實作評量作業所欲評量的教學目標，符合能力指標的「D–2–01 能認識生活中資料的統計圖」、「D–2–02 能報讀較複雜的長條圖」、「D–2–03 能整理生活中的資料，並製成長條圖」、「D–2–04 能整理有序資料，並繪製成折線圖」等四項，透過學生的實作作品，可以評估學生是否達到此四項能力指標。

表 10–11
「血型大調查——你是哪一種血型？」的實作評量作業

作業名稱	血型大調查——你是哪一種血型？
評量對象	國小五年級學生
學科領域	數學領域
評量目的	確認學生能否將日常生活中的資料，轉換成各種不同的統計圖。
教學目標	D–2–01 能認識生活中資料的統計圖。 D–2–02 能報讀較複雜的長條圖。 D–2–03 能整理生活中的資料，並製成長條圖。 D–2–04 能整理有序資料，並繪製成折線圖。
問題情境	對於血型是否與一個人的內向或外向有關這個議題，班上的同學都很感興趣。為了瞭解血型與內外向的關係，請對班上同學的血型分布情形，進行一項調查活動。
實作作業	調查班上所有同學的血型（O 型、A 型、B 型、AB 型），並且將所獲得的資料，以統計圖的型態呈現出來。
受評者（個人或小組）	以小組合作完成此作業（每組人數為 5 人或 6 人）。
評分者	教師、同儕評量
評分規準	1. 是否能正確的調查出班上每個同學的正確血型。 2. 是否能正確的將班上每位同學的血型，以表格的方式呈現出來。 3. 是否能正確的計算出每種血型的人數。 4. 是否能將每種血型的人數，以完整且正確的長條圖或折線圖呈現出來。

❖ 步驟 3：設計評分規準

確定實作評量的作業之後，接著，李老師開始設計評分規準。依循著圖 10–1 的評分規準設計流程，李老師同時設計了整體性評分規準，以及分析性評分規準。

表 10–12 即為李老師所設計的整體性評分規準，本作業需完成的四項工作，李老師根據完成的工作數量與正確的程度，區分成六個層級。得到最高層級五級分的條件是完全正確的完成四項工作，而最低層級的零級分，則是沒有完成任何一項工作。

表 10–12

「血型大調查——你是哪一種血型？」實作評量作業的整體性評分規準

級分	整體性評分規準
五級分	**能完全正確的完成下列四項工作：** 1. 調查出班上每個同學的血型。 2. 以表格呈現出每個同學的血型。 3. 計算出四種血型的人數。 4. 將各種血型的人數，以長條圖或折線圖呈現。
四級分	**能至少完全正確的完成下列三項工作，另外一項工作至少大部分正確：** 1. 調查出班上每個同學的血型。 2. 以表格呈現出每個同學的血型。 3. 計算出四種血型的人數。 4. 將各種血型的人數，以長條圖或折線圖呈現。
三級分	**能至少完全正確的完成下列兩項工作，另外兩項工作至少部分正確：** 1. 調查出班上每個同學的血型。 2. 以表格呈現出每個同學的血型。 3. 計算出四種血型的人數。 4. 將各種血型的人數，以長條圖或折線圖呈現。
二級分	**能至少完全正確的完成下列一項工作，另外三項工作至少小部分正確：** 1. 調查出班上每個同學的血型。 2. 以表格呈現出每個同學的血型。 3. 計算出四種血型的人數。 4. 將各種血型的人數，以長條圖或折線圖呈現。
一級分	**至少小部分正確的完成下列一項工作：** 1. 調查出班上每個同學的血型。 2. 以表格呈現出每個同學的血型。 3. 計算出四種血型的人數。 4. 將各種血型的人數，以長條圖或折線圖呈現。
零級分	沒有進行調查、沒有以統計圖呈現資料。

表 10–13 為李老師所設計的分析性評分規準，她將本作業分成「調查活動」、「資料整理」與「圖表呈現」等三個部分的評分效標，每個評分效標根據正確的程度，區分成六個層級。

表 10–13
「血型大調查——你是哪一種血型？」實作評量作業的分析性評分規準

級分	分析性評分規準		
	調查活動	資料整理	圖表呈現
五級分	能完全正確的調查出班上每個同學的血型。	能完全正確的整理調查的資料。	能完整且正確的以長條圖或折線圖呈現。
四級分	能大部分正確的調查出班上每個同學的血型。	能大部分正確的整理調查的資料。	能大部分完整且正確的以長條圖或折線圖呈現。
三級分	能部分正確的調查出班上每個同學的血型。	能部分正確的整理調查的資料。	能部分完整且正確的以長條圖或折線圖呈現。
二級分	能小部分正確的調查出班上每個同學的血型。	能小部分正確的整理調查的資料。	能小部分完整且正確的以長條圖或折線圖呈現。
一級分	完全無法正確的調查出班上每個同學的血型。	完全無法正確的整理調查的資料。	完全無法完整且正確的以長條圖或折線圖呈現。
零級分	沒有進行調查。	沒有進行資料整理。	沒有繪製統計圖。

❖ 步驟 4：訂定相關注意事項

設計好評分規準後，李老師訂定的相關注意事項如下：

1. 繳交期限：兩個星期後。
2. 小組成員：5 至 6 人。
3. 評分者：教師、同儕。
4. 支援者：遇到困難時，只能小組成員自行討論，不能尋求外援。
5. 呈現的作品型態：以圖表加上文字說明的型態呈現。

透過上述的四個步驟，李老師很順利的以數學領域，採用實作評量來評量學生蒐集調查資料、分析資料、整理資料，以及呈現資料等高層次的認知能力。

第五節　實作評量的優勢與限制

近年來，越來越多的中小學教師，開始嘗試以實作評量，來評量學生的學習成就。教師若想妥善的運用實作評量，除了應清楚實作評量的特性之外，也應該瞭解實作評量可能的優缺點。Nitko 與 Brookhart（2007）認為實作評量具有下列的優勢與限制。

一、實作評量的優點

有關實作評量的優點，Nitko 與 Brookhart（2007）曾綜合性的提出下列幾點優點：

1. 實作作業使複雜的學習目標更清楚

傳統客觀性試題不易評量到學生高層次的學習目標，而實作評量的作業，透過提供學生複雜問題情境，可以評量學生能否將所學的知識與技能，以分析、綜合、評鑑、創作等認知歷程，尋找解題的答案。因此，實作評量的作業，可以讓學生更清楚複雜的學習目標意義。

2. 實作作業能評量「做」的能力

傳統客觀性試題只能評量學生所學的知識，無法評量學生是否具備實作的能力。而實作評量則可以評量學生能否將所學的知識，靈活的運用在實作的表現上。以汽機車駕照的考試為例，汽機車駕照的筆試，就是屬於傳統客觀性的評量；汽機車駕照的路考，則是屬於實作評量。筆試成績高的人，並不代表屬於評量駕駛能力的路考成績會高。

3. 實作評量與當代的學習理論相吻合

當代的建構學習理論，強調學生是一個主動的知識建構者。傳統客觀性試題的評量方式，學生只是一個被動的答題者。而實作評量的評量方式，學生必須在一個複雜的問題情境中，從既有的知識結構中，主動建構出可行的解題策略，並且執行解題的步驟，以便能成功的完成實作作業。

4. 實作作業需要知識、技能和能力的整合

填答傳統客觀性試題，只要具備答題的知識，就容易獲得高分。而實作作業的完成，除了需具備足夠的先備知識之外，還必須具備將知識轉化成可行解題策略的能力，然後透過執行解題策略的技能，才能完成最後的作品。

5. 實作評量可以與教學活動更緊密的結合

實作評量的作業，常需要學生針對某個議題進行專題探討，教師若能將專題探討融入教學活動中，則可讓教學活動與實作評量有更密切的連結。

6. 實作作業擴增了評量學生成就的方法

教師採用傳統客觀性試題，可以評量學生是否具備基礎性的知識，採用實作評量的作業，則可評量學生較高層次的問題解決能力。因此，透過傳統客觀性試題與實作作業的結合，可以讓評量學生學業成就的評量方法更為完備。

7. 實作作業讓教師同時評量學生的學習歷程與學習成果

傳統客觀性試題只能評量學習成果，無法評量學生在學習歷程中的投入情形，實作評量除了可以根據學生完成的作品，來評判學生的學習成果之外，也可以透過教師觀察或同儕評量的方式，瞭解學生整個學習歷程的學習狀況。

二、實作評量的限制

實作評量雖有上述的優點，但在實施上，也存在若干的限制，Nitko 與 Brookhart（2007）也曾提出下列幾點限制：

1. 高品質的實作作業製作困難

實作作業的編製，對教師而言是一項困難的工作，若想編製高品質的實作作業，更是艱鉅的任務。教師在編製實作作業時，可參考前面所介紹的八個編製歷程。

2. 高品質的評分規準不易制訂

除了實作作業較難編製之外，評分規準的制訂對許多教師而言，不僅

是嶄新的嘗試，也是不易完成的工作。建議教師在編製評分規準時，可參考前面圖 10–1 所介紹的七個編製步驟。

3. 學生需花較多時間完成實作作業

實作作業比起傳統客觀性試題，需要花費學生較多的時間，學生可能因為投入太多的時間，而無法有時間進行其他課程的預習或複習工作。

4. 實作作業的評分工作較費時

對教師而言，實作評量的評分工作，是一件較為繁重且費時的工作。常容易導致教師為了進行實作作品的批閱，而影響到其他課程的授課時間。

5. 實作作業的成績可能會有較低的分數信度

實作作品的評閱，是屬於較為主觀的評分，不同的教師對相同作品，可能會有較大的分數落差，因而降低評分結果的一致性。

6. 很難從學生的一件實作作品，推測其他作品的表現

實作作業需要花較多的時間完成，故整學期無法有太多的實作作業，因而實作作業的樣本代表性較低，容易造成無法藉由少數一兩件的實作作品，正確的評判學生的學習狀況。

7. 實作作業無法有效地評量所有學習目標

若想快速評量學生基礎性的知識，實作作業並不是適當的評量方式，改採客觀性試題較為合適。因此，實作評量不適合評量所有的學習目標。

8. 實作作業可能使能力較低的學生感到沮喪

實作作業若呈現複雜的問題情境，雖然比較能評量學生高層次的學習目標，但也會因實作作業的高難度，讓學習能力較低落的學生，產生挫折感。

9. 實作評量容易對不同文化族群學生的學習評量有偏差

不同文化族群的人，常有屬於其獨特的慣用思考模式，而實作作業常需要學生運用思考能力解決問題。教師在評量不同文化族群學生的實作作品時，應該考量其獨特的思考模式，不應以某一個文化族群的思考模式為標準版本。

10. 實作評量可能造成不適切的評量結果

實作作業對剛開始接觸實作評量方式的學生而言，是一項困難的挑戰。

教師在實施實作評量時，應該讓學生清楚瞭解如何撰寫實作作業，避免學生未熟悉實作評量的評分方式，即進行實作評量，否則容易造成不適切的評量結果。

第六節　總　結

隨著多元評量概念的興起，越來越多的中小學教師，開始將實作評量運用在學生學業成就的評量方面。實作評量提供不同於傳統客觀性試題的評量方式，讓教師可以評量學生較高層次的教學目標，但實作評量在作業與評分規準的設計上，對教師是一大考驗。教師在推動實作評量時，應該瞭解實作評量的特性以及優缺點，才能發揮實作評量最大的功效。

第十章 習題

一、請參考表 10–3 與表 10–4，練習各命題一道限制反應的實作作業與一道擴展反應的實作作業。

二、請針對國文、英文、數學、自然與生活科技、社會等學科，各舉一個適合採用實作評量評分方式的例子。

三、請根據前面所提到的實作作業設計步驟，參考表 10–5，設計一項實作作業。

四、根據你在上一題所設計的實作作業，參考圖 10–1 的評分規準設計流程，設計一份整體性評分規準與一份分析性評分規準。

五、請比較實作作業的評分，與論文題的評分有何異同？

第十一章　檔案評量

如同實作評量一樣，檔案評量的興起，也是來自許多教育學者對於標準化測驗的批判。當前世界各國的教育目標，不僅是培養學生具有豐富的事實性知識，更強調培養學生具有獨立思考、批判思考、問題解決等高層次的認知能力。而標準化測驗卻無法有效的評量學習者的高層次認知能力，也因而促使實作評量與檔案評量的興起。

底下將分別介紹檔案評量的意涵與性質、檔案評量的內容與類型、檔案評量的評分規準、檔案評量的實施流程，以及檔案評量的優勢與限制等部分。

第一節　檔案評量的意涵與性質

透過檔案呈現的評判方式，並非是一種新穎的方式，在廣告設計、藝術等相關行業，很早就採用檔案的呈現方式。自從 1980 年代，檔案評量就開始逐漸被運用在學生學習成效的評量上。現在的檔案評量，已是一種相當常用的多元評量方法。

檔案評量的實施，能讓教學與評量有更密切的整合，而教師、學生、家長，都各自得負起重大的責任。Lima 與 Snider（1997）主張檔案評量的實施，是奠基於下列四種信仰：

1. 適切的評量與優質的教學需縝密的整合，且兩者需關注於以學生為中心的學習型態。
2. 有關評量與教學評量的大部分決策，應該由教師與學生合作完成。
3. 教師應對所有學生有著高期望，而檔案可以顯示學生朝向這些期望前進的歷程。

4. 家長有助於教師更清楚瞭解學生的學習狀態，檔案評量應該有家長的參與。

上述的四項信仰，凸顯檔案評量強調教學與評量的密切結合，以及學生與家長在評量歷程中，應扮演更積極參與的角色。

檔案評量並非只是將學生的學習資料，進行檔案的蒐集而已。所蒐集的資料，必須由學生經過適當的挑選與整理，同時學生對自己的檔案資料，必須透過反思的歷程，來瞭解自己的學習進步情形。而藉由檔案的呈現，讓別人可以從檔案資料，瞭解學習者的學習成長歷程（鄒慧英，2000）。

因此，檔案評量可以說主要包含蒐集（collect）、挑選（select）與反思（reflect）等三個階段。然而許多檔案評量的實施，學生對於檔案的準備，大多只做到蒐集的歷程，並未真正達到挑選與反思的歷程，讓檔案評量變成只有檔案蒐集的功能。

Arter 與 Spandel（1992）將學生學習檔案定義為「有目的性的蒐集學生作品，這些作品可以顯示學生在某些學習領域中的努力、進步或成就。所蒐集的作品必須包含學生參與檔案內容的選擇、選擇的指導、評判的效標，以及學生自我反省的證據」。

根據上述 Arter 與 Spandel 對於檔案評量的定義，我們可以歸納出檔案評量具有下列的特點：

一、檔案評量具有目的性

沒有目的性的檔案蒐集，只能算是一種檔案資料的整理。檔案評量有其目的性，一旦蒐集檔案的目的確定後，才能決定所需蒐集的檔案內容。例如，為了入學甄試的檔案評量，應該著重優質作品的呈現；而以形成性評量為目的的檔案評量，應該凸顯學生的動態成長歷程。

二、顯現學生的學習成長軌跡

完整呈現出學生的學習成長軌跡，是檔案評量相當重要的一個獨特評量特質。以陳老師的美術課為例，陳老師在未採用檔案評量之前，學生收到陳老師發回的作品，常是看完分數與評語之後，直接當成資源回收的對象。在陳老師採用檔案評量的評量方式之後，陳老師要求學生必須挑選五次的作品，有順序的擺放在檔案夾裡，等到學期末的時候，學生必須檢視這一學期，各項美術作品的得分與評語，來反省自己的學習成長軌跡。

三、學生的自評與省思

培養學生對自己學習歷程的省思能力，是一項相當重要的教育目標。傳統的評量方式，學生扮演被動的角色，因而較缺乏進行自我評量與自我省思的動力。檔案評量的實施，學生被賦予進行自我評量與自我省思的責任。學生必須瞭解優良檔案作品的標準為何，然後隨時評量並修正自己的檔案作品，以符合優良檔案作品的標準。同時，學生必須省思檔案評量的作品，是否達到自己所設定的目標，有哪些優缺點，需要如何修改未達理想的作品等問題，藉由不斷的自我省思與修正的歷程，可以協助學生獲得較佳的學習成果。

讓學生進行省思活動，對學生而言，是一項具挑戰性的活動。學生開始進行自我省思活動時，往往不知從何著手，教師可透過事先擬好的結構化問題，引導學生省思，然後逐步放手讓學生自行進行自我省思。Lambdin 與 Walker（1994）曾提出下列十個省思的問題，幫助學生進行數學檔案評量的反省：

1. 檔案包含哪些活動或數學議題？
2. 這些活動如何幫助你學習新的事物？
3. 從這次的經驗中，你學習到什麼？
4. 請描述這些活動與其他學科或真實日常生活情境的關連性？
5. 假若你有較多的時間，你是否會做些不同的事情？
6. 你採用何種策略？（當你在完成這項作業時，你的思考歷程為何？）
7. 在解題的歷程中，你採用哪些數學技能？
8. 你如何評價自己的整體表現？
9. 你在數學領域較強的部分為何？

10.你為自己設定的數學課目標為何？

藉由上述十個省思的問題，可以引導學生檢視自己的數學學習檔案，是否完整呈現自己的數學學習經驗。雖然 Lambdin 與 Walker（1994）所提的十個結構性省思問題，是針對數學學習檔案，但只要稍微修改一些有關數學領域的用詞，也可以適用在其他學科的學習檔案上。

四、師生的共同參與

傳統的紙筆評量，教師是唯一的評分者，學生只能扮演受評者的角色。整個評量工作完全由教師所主導，學生只能被動的接受。而檔案評量的實施，教師與學生扮演著合作伙伴的關係，學生不但有權可以和教師討論所要擺放的資料內容，也可以和教師共同訂定評量的效標。

五、教學與評量的密切整合

傳統評量的實施，教學與評量是屬於兩個獨立的活動，教學活動結束時，才以寫考卷的評量方式，來瞭解學生的學習情形。檔案評量的實施，學生在教學活動中所經歷的歷程或所產出的作品，都是可以作為收錄的檔案作品，因此，教學與評量便成為兩個密切配合的教學事件。

檔案評量除了上述的幾個特點之外，Barton 與 Collins（1997）認為檔案評量也具有以下特點：

1. 檔案評量的資料是多來源的。
2. 檔案評量是真實性的。
3. 檔案評量是一種**動態評量（dynamic assessment）**的形式。
4. 檔案評量的設計是有明顯的目的。
5. 檔案評量的資料是需要整合的。
6. 檔案評量的檔案是由學生所擁有的。
7. 檔案評量是多目的。

雖然檔案評量已是一種大家相當熟悉的評量方式，但在中小學教學現場，可以看到有些學校老師所推動的檔案評量，是在學期剛開始時，提供每位學生一個學習檔案夾，請學生將蒐集的資料，放入個人的學習檔案中。學期結束前，再將學生的學習檔案收回。此種未教導學生如何進行資料蒐集與資料挑選，任由學生自行將資料不經篩選地堆放到學習檔案夾中，即是所謂的「檔案堆積」(涂金堂，2010)。有關檔案評量與檔案堆積的差異，請參考表 11–1。

由表 11–1 可知，檔案評量的推動，教師是有系統地規劃評量的內容與方式，除了會提供學生明確的檔案評量評分規準外（評分規準可以引領學生對於檔案內容的蒐集與篩選）；也會指導學生如何蒐集資料、挑選合適的資料，以及對於資料進行省思；最後，會根據學生的檔案內容，進行實際的評分工作。相對地，檔案堆積是指教師提供學生一個檔案夾，任由學生自行蒐集資料，並未指導學生如何進行資料蒐集與挑選，也並未對學生的檔案作品進行評分。

表 11–1
檔案評量與檔案堆積的比較

類型	檔案評量	檔案堆積
評量目的	有明確的評量目的，主要透過學生的學習檔案，瞭解學生的學習成長	無明確的評量目的，提供檔案夾讓學生自行擺放資料
資料的蒐集	有系統性的資料蒐集	照單全收的資料蒐集
資料的挑選	有目的性的資料篩選	沒有進行資料挑選
資料的省思	學習者針對自身的學習歷程與結果，進行具建設性的省思	缺乏自我省思
評分的規準	事先提供學習者明確的評分規準	沒有提供學習者任何的評分規準
檔案的評分	評分者根據評分規準，進行評分的工作	沒有進行評分的工作
檔案的展示	藉由檔案的展示，讓學習者有相互觀摩、評論的機會	沒有檔案展示的機會

註：引自〈是檔案評量或是檔案堆積？談實施檔案評量時教師應注意的事項〉，涂金堂，2010，**研習資訊**，**27**，頁 24。

第二節 檔案評量的內容與類型

在談檔案評量的類型之前,應該先介紹檔案作品夾究竟包含哪些內容。一般而言,檔案作品夾最常包含檔案的封面、檔案內容的介紹信、內容目錄、學生的作品、學生的自我評量與省思,以及教師、同儕、家長的回饋等六個部分。

一、檔案的封面

檔案的封面主要是用以說明作者的基本資料,以及所包含的學科領域。檔案的封面是學生可以自由發揮的空間,教師應鼓勵學生自行設計具有個人特色的封面。

二、檔案內容的介紹信

介紹信的目的主要是向讀者介紹本檔案的緣起、目的、內容與特色等,讓讀者能有概括的理解。學生在介紹信的部分,可以著重說明下列幾個問題:

1. 你收錄的檔案作品是如何組織的?
2. 你最想和大家分享的檔案作品是哪件?為什麼?
3. 你最不喜歡擺放的檔案作品是哪一件?為什麼?
4. 你覺得最可惜的檔案作品是哪一件?為什麼?
5. 你對採用檔案評量的評量方式,有什麼看法?
6. 你對自己未來的期許是什麼?

透過上述的問題,可以協助讀者快速的掌握如何檢視作者的檔案作品。

三、內容目錄

內容目錄主要是將檔案所包含的各個部分,以條列的方式,有系統的提供讀者翻閱時的參考。為了協助讀者迅速且正確的找到所要的內容部分,內容目錄的頁碼,應該要與實際擺放檔案作品的頁碼相符。

四、學生的作品

學生的作品是檔案夾相當重要的一部分，藉由學生作品的呈現，可以讓讀者看到學生動態成長的軌跡。至於挑選哪些作品放入檔案夾，建議最好是由學生與教師共同討論與決定。

五、學生的自我評量與省思

學生自我評量與省思也是檔案夾相當重要的一部分，此部分可以協助學生發展更高層次的評鑑與賞析的能力。為了引導學生進行有意義的省思，Goerss（1993）提供一個有系統的省思表，如表 11–2 所示。透過表 11–2 的自我省思表，可以協助學生發現自己檔案的優缺點。

六、教師、同儕、家長的回饋

檔案作品中呈現教師、同儕或家長提供學生的回饋意見，可以讓學生從別人的觀點，重新檢視自己的作品。藉此提供多元的觀察角度，培養學生更全方位的視野。

瞭解了檔案作品夾的組成成分之後，我們再來分析瞭解檔案評量的類型。學者專家對檔案評量的類型有許多不同的分類方式，例如 Rolheiser 等人（2000）將檔案作品分成最佳作品檔案（best work portfolios）和成長檔案（growth portfolios）兩種；Mueller（2008）分成成長檔案、展示檔案（showcase portfolios）和評鑑檔案（evaluation portfolios）三類；Wortham 等人（1998）分成評鑑檔案、工作檔案、展示檔案和文件檔案（archival portfolios）四種。

雖然學者專家對於檔案類型的分類方式不一致，但最常被提及的檔案類型就屬成長檔案、展示檔案和評鑑檔案三類。

表 11–2
檔案評量的自我省思表

個人的檔案評量

親愛的學生：

你的檔案包含了所有你目前社會研究中已經完成的寫作作業，下表將協助你監控自己的檔案，以及確定你寫作的優缺點。

❖ 第一部分：閱讀以下敘述，誠實寫下適當的數字，以反映你的自我評量（數字 1～5，5 = 強，4 = 普通強，3 = 普通，2 = 普通弱，1 = 弱）。

____ 1. 我的檔案包含了老師要求的所有項目。
____ 2. 我的檔案能提供充分證據，顯示我在每個單元課程的進步。
____ 3. 我的檔案能提供充分證據，顯示我能報導真實性資訊的能力。
____ 4. 我的檔案能提供充分證據，顯示我能有效寫作的能力。
____ 5. 我的檔案能提供充分證據，顯示我具創意性思考和寫作的能力。

❖ 第二部分：在以下的橫線上，寫下每項作業的主題，並對你在每項作業上的努力進行評分（5 = 非常努力，1 = 非常不努力）。在以下空白處，提出一項改進的建議。

____ 1. ____________________
____ 2. ____________________
____ 3. ____________________
____ 4. ____________________
____ 5. ____________________

❖ 第三部分：在評量我全部的檔案後，我覺得……（選一項）：

非常滿意________ 滿　意________
有點滿意________ 不滿意________

❖ 第四部分：請在以下的空白處，列出下次分數的目標，以及三項你計畫用來達成的策略。

❖ 目標：

❖ 策略：

1.
2.
3.

註："Portfolio assessment: A work in process," by D. V. Goerss, 1993, *Middle School Journal, 25*, p. 21.

成長檔案主要可顯示學習者的學習成長情形，檔案作品的擺放，應著重學習者的成長進步情形，例如學生作品的草稿與修正稿、學生對學習歷程的省思心得、教師對於學生草稿與修正稿的評語等。因此，成長檔案比較偏屬於形成性評量的一種。

展示檔案主要是呈現學習者的學習成果，檔案作品應強調學習者的最佳作品，例如學生最佳或最喜愛的完成作品、學生對學習成果的省思心得、教師對於學生完成作品的評語等，展示檔案比較適用在總結性評量。

評鑑檔案是一種較為正式的檔案評量，通常是以教育行政主管機關所設定的學習目標為評量的依據，用以評量學生達成學習目標的程度。檔案作品的收集，應兼顧學生學習歷程與學習成果兩個向度，同時應呈現學生的學習優勢與弱勢，例如呈現學生根據學習目標所完成的草稿、修正稿與定稿的作品、學生的學習省思心得、教師對學生作品的評語、教師對學生學習能力的評估等，評鑑檔案可以當成形成性評量，也可以作為總結性評量。

Mueller（2008）認為三種評量方式，各有其可達成的特定目的：

㈠成長檔案有下列四個評量目的

1. 提供學習者隨著時間而顯現的成長或改變。
2. 協助發展學習者的歷程性技能（例如自我評鑑、目標設定等技能）。
3. 呈現學習者的學習優勢與弱勢。
4. 協助追蹤學習者學習成果（或表現）的發展。

㈡展示檔案有下列四個評量目的

1. 展示學習者一學期或一學年的學習成就。
2. 準備學習者的最佳作品，據以求職或申請學校。
3. 顯示學習者對於喜愛、最佳或最重要作品的挑選品味。
4. 對學習者未來可能任教的教師溝通學習者的性向。

㈢評鑑檔案有下列三個評量目的

1. 記錄學習者的學習成就。
2. 記錄學習者朝向學習目標的進步情形。
3. 根據學習者的學習檔案，安置學習者於適合的學習班級。

上述三種檔案評量的類型，各有其不同的評量目的與特性，成長檔案比較凸顯學習者的動態成長趨勢，展示檔案偏重學習者的優秀作品呈現，評鑑檔案則重視學習者達成學習目標的程度。教師可根據設定的評量目的，挑選較能達到其評量目的的檔案評量類型。

 第三節　檔案評量的評分規準

檔案評量的評分工作，是屬於比較主觀性的。為了降低評分的主觀性，讓評分結果較為一致，教師在進行檔案評量時，應先設計好評分的規準，開始進行評分工作時，就依據評分規準進行評分。在進行檔案評量之前，教師要讓學生清楚評分規準的實際內涵。透過評分規準的指引，學生才能知曉如何建構一份優良的檔案資料。

檔案評量的評分規準，如同實作評量一樣，可以分成整體性評分規準與分析性評分規準。就評量學生的檔案作品而言，Lustig（1996）曾提出一個整體性評分規準，用來評量中學生檔案的作品，如表 11–3 所示。這個整體性的評分規準關注包括是否準時繳交完整的檔案作品、是否正確記錄作品的收錄情形、是否與同儕進行討論與分享、是否善用課堂時間整理檔案作品、是否有設定與達成個人目標、是否有進行反思活動、是否保持檔案的整潔、是否有參與檔案討論會等八個重要的層面，並且根據這八個層面的執行情形，區分成 A 至 E 五個層級的分數。

表 11-3
評量檔案作品的整體性評分規準

A	準時完成且將所有的作品收錄在檔案夾裡。 完整且正確的填寫收錄作品的記錄。 主動且合作參與同儕的評論與分享。 善用課堂時間整理檔案作品。 顯示設定與達成個人目標的證據。 費心思進行個人省思。 維持整潔且有組織性的檔案。 主動的參與檔案評量的討論會。
B	完成且將所有的作品收錄在檔案夾裡。 完整且正確的填寫收錄作品的記錄。 主動參與同儕的評論與分享。 善用課堂時間整理檔案作品。 顯示設定與達成個人目標的證據。 費心思進行個人省思。 維持有組織性的檔案。 參與檔案評量的討論會。
C	完成且將大部分的作品收錄在檔案夾裡。 完整的填寫收錄作品的記錄。 參與同儕的評論與分享。 利用課堂的時間整理檔案作品。 顯示嘗試設定與達成個人目標的證據。 完成個人省思。 維持有組織性的檔案。 參與檔案評量的討論會。
D	完成且將某些作品收錄在檔案夾裡。 偶爾填寫收錄作品的記錄。 偶爾參與同儕的評論與分享。 利用少許的課堂時間整理檔案作品。 顯示設定某些個人目標的證據。 完成少部分的個人省思。 維持部分組織性的檔案。 出席檔案評量的討論會。
E	完成且將少部分作品收錄在檔案夾裡。 很少填寫收錄作品的記錄。

註：引自 *Portfolio assessment: A handbook for middle level teachers* (pp. 44–45) by K. Lustig, 1996, National Middle School Association.

就評量學生檔案作品的分析性評量規準，Burke 等人（2002）針對檔案作品的「組織」、「理解的證據」、「成長與發展」與「後設認知」等四個評分效標，每個評分效標都各自區分成幾個細項，各細項的評分層級為 1 至 3 的三個層級分數，如表 11–4 所示。此分析性評分規準可分別由學生、同儕或是教師使用，就可以得到學生自我評量、同儕評量，以及教師評量等三種評量分數。

表 11–4

評量檔案作品的分析性評分規準

學生：	學科：	日期：		
□自我評量	□同儕評量	□教師評量		
效標	3 達到所有要求	2 達到大部分要求	1 達到某些要求	分數
A. 組織				
1. 完整性	完成所有作品且正確的組織	根據指示完成所有作品	某些作品是遺失或不完整	
2. 視覺吸引力（封面、圖案、藝術作品、版面設計）	關鍵元素展現創造力與風格	關鍵元素展現原創性	缺乏關鍵元素或元素符合最低標準	
3. 格式（拼字、標點、文法、用語、打字）	作品展示高水準的用語和寫作技巧	作品沒有錯誤	作品包含一些寫作或校正的錯誤	
評論：				
B. 理解的證據				
1. 重要概念的知識	作品反映評估與應用	作品反映分析與綜合	作品反映回憶與理解	
2. 歷程	作品反映深層理解與遷移	作品反映深層理解	作品反映基本理解	
評論：				
C. 成長與發展				
1. 社交技巧	作品展現對所有課堂作業的社交技巧遷移	作品展現主動參與小組活動	作品展現最低程度的傾聽、分享與團隊合作	
2. 問題解決	作品顯示能具創意性解題的能力	作品顯示能透過腦力激盪尋找可能解法的能力	作品顯示具有確認問題的能力	

表 11–4　（續）

評論：			
D. 後設認知			
1. 反思	反思能提供具洞察力與想法的證據	反思能提供針對學生情感的洞察力	反思能達到最低的要求
2. 自我評量	自我評量是根據反思與計分規準	自我評量是根據反思	自我評量能達到最低的要求
3. 目標設定	目標是根據反思與計分規準而設定	目標是根據反思而設定	目標的陳述能達到最低的要求
評論：			

註：引自 *The portfolio connection: Student work linked to standards* (p. 184) by K. Burke, R. Fogarty, & S. Belgrad, 2002, Skylight Professional Development.

檔案評量的評分規準，教師不僅應該在進行檔案評量時，就事先設計好，同時也應該讓學生事先就清楚知道檔案評量的評分規準。學生若不清楚評分規準，便無法知道教師的期待，也就無法往教師期待的方向前進。

第四節　檔案評量的實施流程

教師在進行檔案評量時，應清楚掌握檔案評量的實施流程，才能順利的推動檔案評量。假若學生未接觸過檔案評量的評分方式，老師在推動檔案評量時，可以考慮提供學生一封有關檔案評量的信函，清楚說明檔案評量的目的與實施方式。表 11–5 即為一位自然科學教師，在推動檔案評量前，給予學生有關「細胞與遺傳」單元的檔案評量介紹信。

表 11–5
自然科學課程的檔案評量介紹信

這學期自然科學課程，你需要完成一份學習檔案，檔案內容得呈現你精熟「細胞與遺傳」這些單元目標與目的之證據。學習檔案包含作業、測驗、計畫、新聞文章、電視劇摘要、報告、晤談、藝術作品、原始或已出版的詩集或故事、信件、錄影帶或錄音卡帶，或其他能夠顯示知識與理解的項目。

連同每一項的證據，你的學習檔案應該包含：

• 目錄：作為導引閱讀學習檔案的依據。

表 11-5　(續)

• 註記：擺放在每一個證據上，以解釋這個證據為何被擺放進學習檔案的理由。 • 反思：陳述個人對細胞與遺傳這些單元的學習省思。 　你在檢查最後定稿的學習檔案時，請檢視下列問題： • 我的學習檔案是否有適切的組織？ • 我是否呈現證據顯示達成學習目標？ • 每一項證據與學習目標是否有明顯的連結？ • 我的學習檔案每一項證據，是否做得很完善？ 　雖然學習檔案的建構是費時且費心力的，但它能顯示個人的創造力與個性，我希望你能呈現特別與獨特的學習檔案，也很期待看到你完成的學習檔案。

註：引自 "*Lessons of middle-school experience: Using science portfolios in a sixth-grade classroom*," by A. Williams, In J. Barton, & A. Collins (Eds.), *Portfolio assessment: A handbook for educators* (pp. 51–52), 1997, Addison-Wesley.

有關檔案評量的實施程序，Borich 與 Tombari（2004）曾提出檔案評量的實施流程包含八個步驟，底下就介紹這八個部分。

一、決定檔案評量的目的

在推動檔案評量時，如同其他評量活動，首先要確定評量活動的目的。教師若想瞭解學生對於基本知識技能的學習狀況，則可以考慮採用紙筆評量的方式，假若教師想評估學生的批判性思考能力、決策能力、自我省思能力的發展情形，則檔案評量是一個較佳的評量方式。

Barbour 與 Desjean-Perrotta（1998）認為透過檔案評量的方式，可以達到下列十項的評量目的：

1. 提供關於學習者的主要興趣、特質與態度。
2. 記錄學習者在某個或多個學習領域的發展情形。
3. 依據每位學生所個別設定的評量標準，評估每位學生的學習狀況。
4. 關注學生的學習成就。
5. 追蹤學生的學習歷程。
6. 提供父母親有關學生具體且充足的學習證據。
7. 鼓勵學生針對自身學習歷程進行分析與反思。

8. 提供學生升上新年級時，給新教師的學生個人記錄。
9. 提供評估學生特殊需求的有用訊息。
10. 提供教師、行政人員、家長評估計畫方案的有用訊息。

二、確定所欲評量的認知技能與特質

檔案評量的目的確定之後，接著就得考慮想要評量哪些內容。檔案評量的評量內容主要是評量學習者的知識結構（陳述性知識與程序性知識）、認知策略（注意、記憶、計畫、整合）、後設認知能力（自我監控、自我調整、自我省思），以及學習者的心智習性（堅持、合作）等。

三、決定檔案評量的規劃者

傳統的評量方式，教師是唯一的評量規劃者，學生與家長較無機會參與評量的設計。檔案評量能否順利推動，端視教師、學生、家長三方面能否通力合作，因此，有關檔案評量的規劃，應該是由三者協力共同規劃。

四、決定檔案夾挑選的作品類別與數量

有關檔案作品的挑選，必須考慮兩個問題：由誰挑選以及挑選哪些類別與數量。

檔案作品的挑選，雖然家長也可以提供挑選作品的建議，但大部分是由教師與學生主導。教師與學生決定檔案作品的方式有三種：由教師主導決定、由學生自行挑選，以及由師生共同討論決定。

由教師主導決定的方式，教師會指定挑選哪些檔案作品，每位同學的檔案夾收錄相同的檔案作品。此種方式的優點是每位學生具有相同的檔案作品，容易比較學生作品的優劣情形，另外可避免學生挑選出不符合教學目標的作品。其缺點是學生較不易培養自我省思、自我評量的能力。年紀越小的學習者，較無法自主挑選適當的作品，因此，此種方式比較適合低年級的學生。

由學生自行挑選的方式，教師會讓每位同學自行決定檔案夾的檔案作

品。此種方式的優點是讓學生有較高的自主權，藉此培養學生對自己學習歷程負責任的態度。其缺點為學生容易挑選出不符合教學目標的作品、學生所挑選的作品無法顯示自己學習歷程的成長進步情形。此種方式比較適合年級較高的學生。

由師生共同討論決定的方式，透過此種方式所收錄的作品，有些是教師指定的，有些是學生自行決定的。此種挑選方式，是由師生共同合作完成的，可避免單獨由教師主導或單獨由學生主導的缺點，是一種較為適合各年級學生的挑選方式。

檔案作品挑選的類型，Batzle（1992）建議檔案資料的挑選，應兼顧歷程與產出兩個部分，他主張可將挑選的檔案作品分成五大類：「被要求的測驗與績效評量」、「各學科領域的範本」、「教師的觀察與測量」、「量表和其他評量表格」，以及「附加的資料」等。

㈠被要求的測驗與績效評量

1. 標準化測驗。
2. 最低能力測驗。
3. 效標參照測驗。
4. 章節或單元測驗。

㈡各學科領域的範本

1. 語文領域。
   ⑴閱讀心得。
   ⑵閱讀日誌。
   ⑶家庭作業的閱讀日誌。
   ⑷口頭閱讀錄音帶。
   ⑸寫作卷宗。
   ⑹寫作樣本。
   ⑺拼音作業。

2. 數學。

3. 藝文。

4. 其他學科領域。

㈢教師的觀察與測量

1. 學生的觀察與軼事記錄。

2. 觀察記錄表。

3. 重述故事情節。

4. 進步情形檢查。

5. 教師自編測驗。

6. 計分規準。

7. 會談記錄。

8. 總結報告。

㈣量表和其他評量表格

1. 閱讀評定表。

2. 非正式的閱讀評定表。

3. 寫作評定表。

4. 父母調查、評論和評估。

㈤附加的資料

1. 戲劇表現的錄影帶或相片。

2. 口頭說故事。

3. 口語評量表。

4. 口語的作品。

上述的五種檔案作品收錄的類型中，「被要求的測驗與績效評量」與「各學科領域的範本」是偏重產出資料的評量，「教師的觀察與測量」與「量表和其他評量表格」偏重歷程資料的評量，而「附加的資料」則同時兼具產出與歷程資料的評量。

五、確定評分的規準

廣義的說，檔案評量也是一種實作評量，因此，檔案評量的評分規準也與實作評量的評分規準一樣，大致可以分成整體性的評分規準與分析性的評分規準兩種，請參考前一節所介紹的檔案評量評分規準。

六、進行計分工作

當教師根據檔案的評分規準評完學生的檔案作品之後，接續的問題便是如何將檔案評分的等級分數轉換為學期成績。

檔案評量的等級分數如何轉換為學業成績的等第分數。Kubiszyn 與 Borich（2007）曾以檔案評量的五等分數為例，說明如何透過下列的換算，將等級分數轉換為學業成績的等第分數，如表 11–6 所示。

表 11–6
檔案評量等級分數轉換為學業成績等第分數

檔案評量的等級分數	學業成績的等第分數
1.0～1.9	F（50－59）
2.0～2.5	D（60－69）
2.6～3.5	C（70－79）
3.6～4.3	B（80－89）
4.4～5.0	A（90－100）

例如某位教師採用 Burke 等人（2002）所提出有關檔案作品的「組織性」、「理解的證據」、「成長與發展」與「後設認知」等四個評分效標，每個評分效標採用五等分數，且每個評分效標各占 25% 的比重。甲生在「組織性」評分效標得 4 分，在「理解的證據」評分效標得 4 分，在「成長與發展」評分效標得 4 分，在「後設認知」評分效標得 3 分，則甲生的平均等級分數是 $4 \times 25\% + 4 \times 25\% + 4 \times 25\% + 3 \times 25\% = 3.75$，對照上面的換算，可知甲生的學業成績等第分數為 B。

七、決定其他相關議題

除了上述的六項注意事項之外，進行檔案評量時，還需考慮其他的相關事項，包括繳交檔案評量的期限、檔案作品的擺放地點、誰是評分者、如何與學生討論檔案評量的結果等問題。Barbour 與 Desjean-Perrotta（1998）提供一個檔案設計的工作表，如表 11–7，提供教師要進行檔案評量時，應該考慮的事項。

八、規劃座談會

檔案評量的最後步驟，就是與學生進行個別的座談會，若條件允許的話，也可以邀請家長一起進行座談會。

教師與學生的座談會，可以讓教師與學生針對檔案評量，進行深入的討論。在討論的過程中，教師可以透過提問的方式，引導學生進行自我評量。例如：

1. 你最得意的作品是哪一件？為什麼是最得意的作品？
2. 你最不滿意的作品是哪一件？理由是什麼？如果有機會的話，你會如何改進該件作品？
3. 哪件作品對你最有挑戰性？理由是什麼？
4. 你最希望讓誰翻閱你的檔案作品？為什麼？
5. 你認為你的檔案作品是否充分反映你的學習成果？

藉由上述的問題，教師可以引導學生省思自己的檔案作品，以及從檔案評量歷程中所得到的收穫。

教師在進行檔案評量時，可參考上述的八個實施步驟，應可協助教師較順利的推動檔案評量。

為了協助教師在推動檔案評量時，能對檔案評量有更清楚的掌握，Kubiszyn 與 Borich（2007）曾提出一個詳盡的實施檔案評量的檢核表，協助教師自行檢查推動檔案評量時應注意的重要事項，如表 11–8 所示。

表 11–7
檔案評量的規劃工作表

檔案設計初始工作表

1. 你所設定的評量目標為何？
____

2. 使用哪一種檔案最能達到上述目標？
____

3. 檔案會以發展領域或內容領域作為組織檔案的依據？
____

4. 誰會對這份檔案有貢獻？
____

教師	孩子	家長
（ ）軼事記錄	（ ）態度調查	（ ）問卷
（ ）核對表	（ ）興趣表	（ ）表格
（ ）分類等級	（ ）工作記錄簿	（ ）工作樣本
（ ）規準	（ ）日記	（ ）評語
（ ）註記	（ ）讀寫能力發展樣本	（ ）對話日誌
（ ）會議記錄	（ ）企劃工作	（ ）註記
（ ）測驗	（ ）文字的答辯	（ ）會議記錄
（ ）所需材料	（ ）錄音／錄影帶	（ ）電話記錄
（ ）其他	（ ）自陳報告	（ ）其他
	（ ）電腦磁片	
	（ ）其他	

5. 何種箱子可儲放檔案？

可增加內頁之檔案夾	雜誌盒
文書夾	辦公室用箱子
裝比薩的箱子	儲紙箱
雜物袋	木板箱子
大的信封袋	內含檔案夾塑膠箱之鞋盒

6. 使用方法：
   備案：______________________________
   日期：______________________________
   註解：______________________________
7. 多久蒐集資料一次？______________________________
8. 備註：______________________________

註：引自 "The basics of portfolio assessment," by A. Barbour, & B. Desjean-Perrotta, ,. In S. C. Wortham, A. Barblur, & B. Desjean-Perrotta (Eds.), *Portfolio assessment: A handbook for preschool and elementary educators* (pp. 29–30), 1998, Association for Childhood Education International.

表 11-8
實施檔案評量的檢核表

1. 你做檔案的目的為何？
   - ☐ 提供下一任教師一份最佳作品的範本
   - ☐ 與家長溝通學生已學的內容
   - ☐ 評鑑自己的教學
   - ☐ 打課堂成績
   - ☐ 蒐集最佳或喜愛的作品
   - ☐ 記錄成就績效
   - ☐ 申請大學或工作機會
   - ☐ 展現技能或個性上的成長
   - ☐ 其他
2. 個人作品中有哪些認知能力是要被評估的？
   - ☐ 認知策略（請說明）
   - ☐ 深層理解（請說明）
   - ☐ 溝通（請說明）
   - ☐ 後設認知（請說明）
   - ☐ 程序性技能（請說明）
   - ☐ 知識建構（請說明）
   - ☐ 其他
3. 你的作品想要反映哪些特質面向？
   - ☐ 適應力
   - ☐ 持久力
   - ☐ 合作能力
   - ☐ 對回饋的接受度
   - ☐ 其他（請說明）
4. 你會採用什麼效標或規準，來判斷這些技能或特質的完成進度？(請說明)
5. 在評定一份檔案時，你會關注哪些面向？
   - ☐ 多樣化的作品
   - ☐ 反思的成長
   - ☐ 技能或表現上的成長
   - ☐ 組織
   - ☐ 呈現方式
6. 你會建構什麼樣的量表，來評斷一份完整的檔案？(請說明)
7. 你如何將評定的結果，轉換成最後的成績？(請說明)
8. 誰會參與這個計畫的歷程？
   - ☐ 學生
   - ☐ 教師
   - ☐ 家長
9. 在這份檔案中會有哪些內容層面？(請說明)
10. 對於這些內容層面，學生可以選擇嗎？
    - ☐ 可以
    - ☐ 不可以

表 11-8　(續)

11.誰來決定哪些作品該放進每一個內容領域？
□ 學生
□ 教師
□ 家長
12.在每個內容領域該有多少樣本？
□ 一個
□ 二個
□ 超過兩個
13.你曾指定作品的最後繳交期限嗎？
□ 是的
□ 不曾
14.你曾經設計過格式，對所有草稿和最後成品，進行評比或計算總分嗎？
□ 是的（請說明）
□ 不曾
15.你對於如何繳交或歸還作品的說明為何？(請說明)
16.這些檔案的置放處為何？誰能負責保管？
□ 地點（請說明）
□ 對象（請說明）
17.誰來計畫、指導並參與最後的討論？
□ 學生
□ 其他教師
□ 家長
□ 其他人（請說明）

註：引自 *Educational testing and measurement: Classroom application and practice* (pp. 194–196) by T. Kubiszyn, & G. Borich, 2007, John Wiley & Sons.

第五節　檔案評量的優勢與限制

教師若考慮採用檔案評量的評量方式，除了應瞭解檔案評量的特性與實施流程之外，也應該掌握檔案評量可能的優勢與限制，才能妥善的運用檔案評量。底下分別探討實施檔案評量可能帶來的優點與限制。

一、檔案評量的優點

Gillespie 等人（1996）曾綜合分析檔案評量的優缺點，他們認為檔案評量的實施，對學習者、教師與家長，都是極具挑戰性的評量方式，而檔案評量的實施，可能為學生、教師與家長帶來下列的優點：

㈠對學生而言

1. 讓學生主動參與教師評量成績的歷程。
2. 檔案讓學生在身為讀者和作者的同時，可以反省其優勢和弱勢的發展、成長與進展。
3. 檔案使學生能瞭解到閱讀、寫作與思考之間的關係。
4. 檔案協助學生透過同儕合作和評論的過程中，創造合作氣氛。
5. 檔案提供學生為自己學習負責以及更為獨立自主的機會。
6. 檔案促使學生在自尊、自我覺知，以及閱讀寫作等方面，有更正向態度的發展。

㈡對教師而言

1. 檔案評量提供教師有關學生學習成長，更有意義的圖象。
2. 檔案提供教師對教學決定的有用資料。
3. 檔案提供教師多元的測驗、作業、背景之廣泛資料，可用作學生多元能力、潛能及技能的形成性評量和總結性評量。
4. 檔案能呈現高品質的作業。
5. 檔案能讓評量與教學整合在一起。
6. 檔案提供參與有意義討論的師生們，一個豐富的參考依據。

㈢對於家長而言

1. 檔案同時展示學生隨著時間而成長的知識與能力。
2. 檔案提供具體和真實的證據，促進學生、教師、家長以及學校相關人員之間的溝通。

二、檔案評量的限制

雖然推動檔案評量可能產生上述的優點，但 Gillespie 等人（1996）也認為可能產生下列限制：

1. 檔案評量最大的缺點在於增加教師的工作量。
2. 檔案評量常占用許多上課時間，可能會因為減少上課時間，而干擾教學活動。
3. 檔案可能會引發教師一些不適切的行為，例如不准學生自行選擇檔案所包含的內容、沒有提供檔案足夠多樣的內容、未試圖讓學生瞭解教學與評量的關係、未努力關注學生的優勢、未提供持續的回饋、教師給予太多的指導等。
4. 檔案可能會引發評分的爭議。
5. 檔案資料的蒐集與檔案資料的闡釋，需要教師高度的支持與協助。
6. 檔案可能會產生一些使學校相關單位忽略或批評的特殊資料。
7. 檔案可能會造成教師「一種評量適用於所有學生」、「檔案評量適合所有目的」的心態。
8. 檔案可能會產生資料蒐集方面信度、效度的爭議，以及檔案內容標準化的問題。

檔案評量在協助學生發展自我省思、自我評量、自我負責等能力與特質方面，確實比其他現有的評量方式，更能達成上述的目標。但檔案評量在資料的整理與篩選，對學生與教師都是一項相當沈重的負荷；另外，檔案評量的評分方式，由於較偏向主觀性的評分，因此在信度與效度方面，都容易導致許多的質疑聲浪。

教師在實施檔案評量時，應仔細考慮檔案評量可能帶來的優缺點，除了努力發揮檔案評量的優點，也應該盡可能避免其所產生的缺點。

第六節　總　結

近年來，國內有許多中小學在推動檔案評量，這股推動檔案評量的風潮，讓中小學學生學業的評量方式，更加多元化。然而許多教師對檔案評量的實施，就是開學時發下檔案夾，請學生自行蒐集資料。結果常見到學生雖然累積許多檔案資料，卻都未曾將資料加以整理，更未進行反思歷程，讓檔案評量淪為只具有檔案蒐集的功能。教師在推動檔案評量時，應瞭解檔案評量的意義、特性、實施流程、優缺點等面向，才能讓檔案評量發揮最大的評量功效。

第十一章　習題

一、請分析何以能藉由檔案評量的方式，瞭解學生動態的成長軌跡？

二、有些人認為檔案評量可以協助學生進行「自我評量」，但有些人主張此種觀點過於理想化，因為學生並不具備進行自我評量的能力，請說明你的看法。

三、你認為師生對於檔案作品的收錄，誰應該擁有決定權？

四、請試著訪問一位有實施檔案評量的中小學教師，聽聽他對於中小學推動檔案評量的看法。

五、假若你是一位中小學教師，你會如何規劃你的教學檔案內容？

第十二章　素養導向評量

自從 108 課綱推動後，對中小學生的學習成果之評量，強調採用「素養導向評量」。由於素養導向評量起源於 108 課綱的實施，且我國推動的素養導向評量，深受國際學生能力評量計畫（PISA）的影響，故本章對素養導向評量基本概念的介紹，主要包括 108 課綱、國際學生能力評量計畫（PISA）的評量試題，以及素養導向評量三個部分。

第一節　108 課綱

面對資訊爆炸且訊息快速變遷的多元社會，如何培養下一代成為能掌握時代脈絡的終身學習者，一直是世界各國陸續進行教育改革的動力。我國 103 年 11 月發布「十二年國民基本教育課程綱要總綱」，並於 108 年 8 月正式實施，故通稱為「108 課綱」。108 課綱本於全人教育的精神，以「自發」、「互動」及「共好」為理念，強調學生是自發主動的學習者，期待能達成「啟發生命潛能」、「陶養生活知能」、「促進生涯發展」、與「涵育公民責任」等四項課程目標，以彰顯學習者的全人發展（教育部，2014）。

國家教育研究院（2014）所公布的《十二年國民基本教育課程發展指引》中，明確指出「為呼應當前教育思潮與先進國家教育發展趨勢，本指引提出『核心素養』作為課程連貫統整的主軸」。其中核心素養的內涵，有參酌三個國外機構所提出的核心素養內涵，如表 12–1 所示。

表 12–1
《十二年國民基本教育課程發展指引》參考先進國家教育發展趨勢的核心素養內涵

提出的機構與時間	參考文獻	內涵
聯合國教育科學文化組織（UNESCO）於 2003 年發表	《開發寶藏：願景與策略 2002–2007》	1. 學會求知 2. 學會做事 3. 學會共處 4. 學會自我實現 5. 學會改變
經濟合作暨發展組織（OECD）於 2005 年發表	《核心素養的界定與選擇》	1. 運用互動工具 2. 異質性團體互動 3. 自主行動
歐盟執委會（EC）於 2005 年發表	《終身學習核心素養：歐洲參考架構》	1. 母語溝通 2. 外語溝通 3. 數學素養與基本科技素養 4. 數位素養 5. 學習如何學習 6. 人際、跨文化與社會素養以及公民素養 7. 創業家精神 8. 文化表達

註：引自十二年國民基本教育課程發展指引（頁 1），2014，國家教育研究院。

教育部（2021）公布所修正的《十二年國民基本教育課程綱要》，其對「核心素養」的定義為：是指一個人為適應現在生活及未來挑戰，所應具備的知識、能力與態度。十二年國民基本教育之核心素養係強調培養以人為本的「終身學習者」，包括「自主行動」、「溝通互動」、「社會參與」三大面向，以及「身心素質與自我精進」、「系統思考與解決問題」、「規劃執行與創新應變」、「符號運用與溝通表達」、「科技資訊與媒體素養」、「藝術涵養與美感素養」、「道德實踐與公民意識」、「人際關係與團隊合作」、「多元文化與國際理解」九大項目。由表 12–1 可知，我國推動的九大核心素養內涵，大致涵蓋了先進國家教育發展趨勢所提出的核心素養內涵。

學習者核心素養的培養，需仰賴各領域／科目的教學與評量，方能達成此目標。有關核心素養與領域／科目的關係，國家教育研究院（2015）

所公布的〈核心素養發展手冊〉，提出如下的關係，協助中小學教師掌握核心素養與各領域 / 科目的教學與評量之關連性。

1. 核心素養的作用：作為各領域／科目垂直連貫與水平統整課程設計的組織「核心」，以培育能自我實現與社會健全發展的國民與終身學習者的「素養」。
2. 核心素養與領域／科目的對應關係：核心素養可引導各領域／科目內容的發展，各教育階段領域／科目的課程內涵應具體呼應、統整並融入核心素養。各領域／科目各有其特性，因而毋需勉強將所有核心素養內容全部納入其課程內涵中。
3. 核心素養的培養原則：透過各教育階段的不同領域／科目的學習，秉持漸進、加廣加深、跨領域／科目等原則來達成。
4. 核心素養與領域／科目的連結方式：各教育階段領域／科目的規劃應包括該「領域／科目核心素養」及「領域／科目學習重點」，並視需要發展補充說明。

課程、教學與評量是三位一體的，彼此之間具有密切的關連性，成功的教學或學習，奠基在課程、教學與評量三者能否密切搭配（Achtenhagen, 2012）。因而課程改革的開展，需要教學現場第一線教師在教學與評量的配合實踐，才能順利推動。有關 108 課綱的課程、教學與評量三者之關係，如圖 12–1 所示。

圖 12–1 包含 108 課綱所強調的四項總體課程目標：「啟發生命潛能」、「陶養生活知能」、「促進生涯發展」與「涵育公民責任」；素養導向教學設計掌握四原則：「整合知識、能力（包含技能）與態度」、「重視情境與脈絡的學習」、「重視學習的歷程、方法及策略」，以及「強調實踐力行的表現」；課室實施多元評量的四項原則：「利用多元的評量標準，讓多數的學生能夠從中探索興趣與找到自信」、「明確地讓學生瞭解評量標準」、「保留歷程記錄」，以及「引導學生透過學習目標建立自我評量」（教育部，2021）。

圖 12–1

108 課綱的課程、教學與評量三者的關係圖

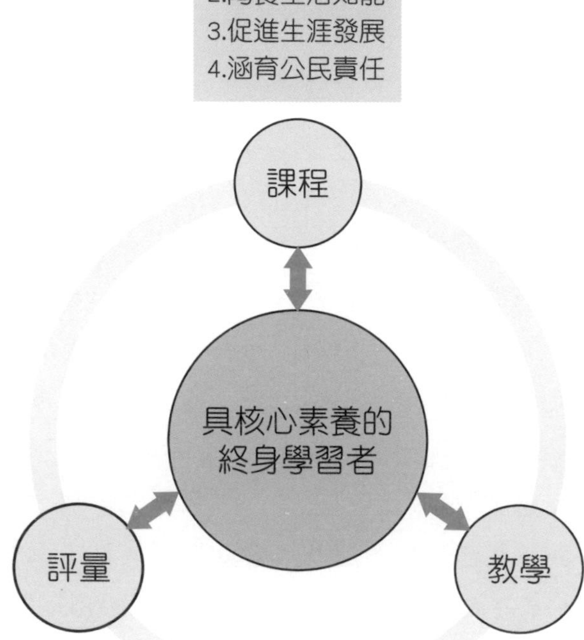
1.啟發生命潛能
2.陶養生活知能
3.促進生涯發展
4.涵育公民責任
課程
具核心素養的
終身學習者
評量
教學
1.利用多元的評量標準，讓多數的學生能夠從中探索興趣與找到自信
2.明確地讓學生瞭解評量標準
3.保留歷程記錄
4.引導學生透過學習目標建立自我評量
1.整合知識、能力（包含技能）與態度
2.重視情境與脈絡的學習
3.重視學習的歷程、方法及策略
4.強調實踐力行的表現

108 課綱由國家訂定十二年一貫且統整的課程，中小學教學現場的第一線教師，根據總綱與各領綱的標準與目標，配合學習者的特質與能力，採用適性化的教學方法，引領學習者學習，並以多元評量的方式，評估學習者的學習成效，以培養學生成為具有核心素養的終身學習者。

美國自 1990 年代出現「標準本位教育改革」(standards-based education reform)，強調清楚的訂出學生被期待展現的學習成果，即所謂的「標準」(standards)。標準通常包含「內容標準」(content standard) 與「表現標準」(performance standard) 兩大類。內容標準是指「對學生在某個特定學習領域應該學習到的知識與技能之廣泛性描述」，而表現標準則是指「依據內容標準，對學生應該知道的知識或能展現的技能之具體性描述」(Shepard, et al., 2009)。

我國 108 課綱也強調各領域有其「學習重點」，而學習重點包含「學習內容」與「學習表現」兩大類。學習內容是該領域／科目重要的、基礎的內容，涵蓋該領域／科目之重要事實、概念、原理原則、技能、態度與後設認知等知識。學習表現強調以學習者為中心的概念，重視認知、情意與技能之學習展現，學習表現不同於該領域／科目的「內容」向度，應能具體展現或呼應該領域／科目核心素養（教育部，2014）。

108 課綱的各領域綱要，皆清楚標示出「學習重點」中的「學習內容」與「學習表現」。以國中學習階段的社會領域之歷史為例，其學習內容分「A.歷史的基礎觀念」、「B.早期臺灣」……與「R.歷史考察㈥」等十八項主題。有些主題會再細分成 2 至 4 個項目，有些主題則未再細分項目。學習表現分為「1.理解及思辨」、「2.態度及價值」與「3.實作及參與」等三構面。「1.理解及思辨」細分為「a.覺察說明」、「b.分析詮釋」與「c.判斷創新」等三項；「2.態度及價值」細分為「a.敏覺關懷」、「b.同理尊重」與「c.自省珍視」等三項；「3.實作及參與」細分為「a.問題發現」、「b.資料蒐整與應用」、「c.溝通合作」與「d.規劃執行」等四項，如表 12–2 所示。

表 12–2

108 課綱社會領域國中學習階段的歷史之學習內容與學習表現

學習內容	主題	項目
	A.歷史的基礎觀念	
	B.早期臺灣	a.史前文化與臺灣原住民族、b.大航海時代的臺灣
	C.清帝國時期的臺灣	a.政治經濟的變遷、b.社會文化的變遷
	D.歷史考察(一)	
	E.日本帝國時期的臺灣	a.政治經濟的變遷、b.社會文化的變遷
	F.當代臺灣	a.政治外交的變遷、b.經濟社會的變遷
	G.歷史考察(二)	
	H.從古典到傳統時代	a.政治、社會與文化的變遷、差異與互動、b.區域內外的互動與交流
	I.從傳統到現代	a.東亞世界的延續與變遷、b.政治上的挑戰與回應、c.社會文化的調適與變遷
	J.歷史考察(三)	
	K.現代國家的興起	a.現代國家的追求、b.現代國家的挑戰
	L.當代東亞的局勢	a.共產政權在中國、b.不同陣營的互動
	M.歷史考察(四)	
	N.古代文化的遺產	a.多元並立的古代文化、b.普世宗教的起源與發展
	O.近代世界的變革	a.近代歐洲的興起、b.多元世界的互動
	P.歷史考察(五)	
	Q.現代世界的發展	a.現代國家的建立、b.帝國主義的興起與影響、c.戰爭與現代社會
	R.歷史考察(六)	
學習表現	構面	項目
	1.理解及思辨	a.覺察說明、b.分析詮釋、c.判斷創新
	2.態度及價值	a.敏覺關懷、b.同理尊重、c.自省珍視
	3.實作及參與	a.問題發現、b.資料蒐整與應用、c.溝通合作、d.規劃執行

註：引自十二年國民基本教育課程綱要社會領域（頁 8–19），2018，教育部。

「學習內容」與「學習表現」具有指引的功能，能讓教師在課程規劃、教學設計、學習評量等活動，提供重要的參考依據。「學習內容」與「學習表現」是培養核心素養的具體展現，亦是各學科內容的單元目標之指引方向。故「學習內容」與「學習表現」、各領域核心素養與單元目標，皆有密切的關連性。楊俊鴻（2019）以社會領域的「珍珠港事件」單元為例，採用「學習內容」與「學習表現」雙向細目表的型態，如表 12–3 所示，說明如何依據十二年國教課程綱要，撰寫教學單元的學習目標。

表 12–3

學習重點的雙向細目架構－以國中社會領域為例

社會領域核心素養 社 –J–A2 覺察人類生活相關議題，進而分析判斷及反思，並嘗試改善或解決問題	
學習表現 ╲ 學習內容	歷 1a–IV–2 理解所習得歷史事件的發展歷程與重要歷史變遷 歷 1b–IV–2 運用歷史資料，進行歷史事件的因果分析與詮釋
歷 Kb–IV–2 日本帝國的對外擴張與衝擊 歷 Qc–IV–2 第二次世界大戰	單元名稱：珍珠港事件 學習目標： 一、（社 –J–A2）瞭解二次大戰中美、日關係的改變及其對世界局勢的影響（歷 1a–IV–2；歷 Qc–IV–2；歷 Kb–IV–2） 二、（社 –J–A2）運用珍珠港事件的史料，瞭解日本在當時的情境下，攻擊珍珠港的原因（歷 1b–IV–2；歷 Kb–IV–2）

註：引自〈如何依十二年國教課程綱要撰寫教學單元的學習目標？〉，楊俊鴻，2019，**臺灣教育評論月刊，8**，頁 51–52。

讀者若能熟悉 108 課綱總綱與各領域綱要，較能清楚掌握素養導向評量的內涵。受限於篇幅關係，本節只重點式的介紹與學習評量較為密切的 108 課綱內容。建議讀者研讀 108 課綱總綱與各領域綱要，才能更容易理解何謂素養導向評量。

第二節　PISA 的評量試題

素養導向評量所強調的試題類型與命題方式，深受 PISA 試題的影響，故欲掌握素養導向評量的試題編製原則，應先瞭解 PISA 試題的特色。第一章已簡略介紹過「國際學生能力評量計畫」(PISA)，是由 OECD 於 2000 年首次舉行，隨後每三年再舉辦。評量對象為 15 歲學生，評量內容為閱讀、數學、科學等三個領域的素養，以及學習相關因素之問卷調查。

PISA 的評量內容，不採「課程取向」(curriculum approach)，而是採「素養取向」(literacy approach)，因而試題內容與參與評量的國家之學校課程是較無關的 (Hopfenbeck, et al., 2018)。有關 PISA 於 1999 年對閱讀、數學、科學等三項素養的定義與評量內涵，請參考表 12–4 所示。

表 12–4

PISA 對閱讀、數學、科學等三項素養的定義與評量內涵

領域	閱讀素養	數學素養	科學素養
定義	透過對文本的理解、應用與反思，藉以發展個人的知識及潛能，融入社會，達到個人目標。	透過辨識、理解與應用數學，對數學扮演的角色做出有根據的評斷，並成為當代與未來中富有建設性、關懷社會，能自我反思的社會公民。	結合科學知識與獲得證據本位的結論，提出假說以理解和幫助對自然世界的決策，以及人類活動對自然世界所造成的變化。
成分／領域向度	1. 能夠閱讀不同形式之文字：不同類別之連續散文(例如抒情文、記敘文)以及不同結構之文件檔案。 2. 能夠展現出特定資訊索取、文字闡釋能力發展以及文章內容反思等各種閱讀技巧。	1. 數學內容－主要是“數學大概念”。第一週期是改變和成長，空間與形狀；未來發展週期是機率、量化推理、不確定性、依賴性關係。 2. 數學能力，也就是建模與問題解決，分成三種類別：	1. 科學概念－從物理學、生物學及化學等主要領域中學習節約能源、環境適應與生態分解等知識，並將其與生態保護或物質使用等活動相連結。 2. 歷程技能－確定證據，歸結、評估與溝通結論。以上能

表 12–4 （續）

	3. 學生能夠閱讀個人興趣或學業相關要求等不同情境之文字。	(1)執行程序 (2)知識連結 (3)數學思維與通則化 3. 在不同的情境下使用所學的數學，例如解決影響個體、社區或世界的問題。	力無需依賴預設的科學知識體系，但無法在缺乏科學內容下應用。 3. 在不同的情境下使用所學的科學知識，例如解決影響個體、社區或世界的問題。

註：引自 *Measuring student knowledge and skills: A new framework for assessment* (p. 12), 1999, OECD.

PISA 的考題屬於情境式的試題，特別強調擬真的問題情境，透過文字、圖片和真實照片，讓受評的學生能真實感受到日常生活的問題情境。如此，才能評量受評學生能否應用所習得的知識與技能，來解決日常生活所遭遇的問題。然而為符合日常的問題情境，試題通常會有較多的文字描述（吳正新，2014）。

針對題目是否應具有真實世界的問題情境，是數學教育學者多年來討論的議題。在數學教育的研究領域中，數學教育學者發現許多學生將課堂內所學的數學概念，只用來解決課堂或回家作業的數學問題，而不太會透過學習遷移，將課堂的數學概念，用以解決日常真實生活所遭遇的數學問題（Baranes, et al., 1989; Masingila, 1993）。

Masingila（1993）以第三次美國國家教育進展評量（National Assessment of Educational Progress）的一道「需要幾輛軍車來載士兵」的試題為例（如表 12–5），說明學生會採用學校的數學概念解題，但無法評估答案是否符合日常生活的實際情況。在應考的國中八年級學生，有 30% 學生不會作答，有 70% 學生懂得用除法解題。而懂得用除法計算的 70% 同學中，出現三種不同的答案，其中 23% 學生正確回答「32 輛軍車」，29% 學生回答「31 輛餘 12 人」，18% 學生回答「31 輛軍車」。此結果顯示，有 7 成的學生知道運用所學的除法求答案，但只有 2 成 3 的學生懂得考量現實生活情境的問題，因為剩餘的 12 位士兵也需要一輛軍車運送。

表 12–5
需要幾輛軍車載士兵的數學試題

一輛軍車可載 36 位士兵，假設有 1128 位士兵將被運送到訓練基地，請問需要使用幾輛軍車？

註：引自 "Learning from mathematics practice in out-of-school situations," by J. O. Masingila, 1993, *For the Learning of Mathematics, 13*, p. 19.

Reusser 與 Stebler（1997）也曾以 67 位瑞士國小四年級與五年級的學生為研究對象，讓這群小學生計算 10 題常出現於教科書的數學文字題題目，以及 10 題有問題的數學文字題。此研究特別想探究小學生在運用所學的數學概念，解決這 10 題有問題的數學文字題時，是否會評估所計算出來的答案，有沒有符合現實生活的真實情境。若小學生回答的答案只運用數學概念，而未考量是否真實世界的情境，此答案稱為「預期非真實性的數字答案」(expected non-realistic numerical answer)，此為錯誤答案。相對地，若回答的答案有考量現實生活的真實性，此答案稱為「真實性答案」(realistic answer)，此為正確答案。

表 12–6 所呈現其中 3 道有問題的數學文字題，這 3 題所有學生都是直接採用學校所學的數學概念解題，並未考量答案是否符合生活的真實情境，所以沒有學生的回答是屬於「真實性答案」。

表 12–6
Reusser 與 Stebler（1997）設計的三道有問題之數學文字題

題項	題目	預期非真實性的數字答案（錯誤答案）	真實性答案（正確答案）
第 1 題	卡爾有 5 位朋友，喬治有 6 位朋友。卡爾與喬治決定一起開個派對。他們邀請所有的朋友，且所有的朋友皆出席派對。請問他們總共有幾位朋友出席派對？	5 + 6 = 11	1. 無法計算，因為可能有共同朋友。 2. 卡爾和喬治也需要計算在內嗎？
第 6 題	布魯斯和艾莉絲是同一所學校的學生，布魯斯的家距離學校是 17 公里，艾莉絲的家距離學校是 8 公里，請問布魯斯的家和艾莉絲的家相距多遠？	17 + 8 = 25 或 17 – 8 = 9	無法計算，因為不知道學校與兩位同學家的相對位置。

表 12–6　（續）

第 10 題	一個熱水瓶，以水龍頭的固定流速裝水。10 秒後，水的高度是 4 公分，請問 30 秒後，水的高度是多高？	$3 \times 4 = 12$	水的精準高度是無法得知的。

註：引自 "Every word problem has a solution-The social rationality of mathematical modelling in schools," by K. Reusser, & R. Stebler, 1997, *Learning and Instruction, 7*, p. 314.

教師若能將真實世界的問題情境融入數學題目中，可以讓學生藉由解決具有真實世界的問題情境之數學題目，激發學生的數學學習、發展有意義的新數學概念與技能，且能培養學生將所學的數學概念，有效應用與溝通於不同真實世界與日常生活情境之能力（Almuna Salgado, 2017）。

PISA 的題目重視評估學生能否運用學校所學的學科知識，解決真實情境的問題。PISA 的試題較常以「題組」（testlet items）的型態出現，每道題目會有一個題目名稱，接續會出現一個包含文字、圖表或相片的問題情境。其後會連續出現幾道以前面出現的問題情境為題幹內容之考題。考題型態主要包含選擇題（含有四至五個選項，每題只有一個正確選項）、多重是非題（含有二至四道是非題的組合）、封閉性建構反應題（含填充題或簡答題，每題有較為固定的正確答案），以及開放性建構反應題（填答者需提出自己的觀點，並說明支持自己觀點的理由與證據）等四種（吳正新，2014）。

茲以我國第一次參加 PISA 2006 的一道數學題組為例，如圖 12–2 所示。該道數學題目一開始呈現題目名稱「最快的賽跑者」，其後出現西元 2000 年一百公尺、二百公尺、四百公尺與八百公尺，奧運男女跑步金牌賽跑時間的表格之問題情境。接續出現包含選擇題、多重是非題、封閉性建構反應題與開放性建構反應題等四道題目的題組。

第一題選擇題是根據表格的男女金牌跑步時間，推估女子八百公尺金牌最有可能的跑步時間。此題可根據男女金牌不同距離的跑步時間之差距，直接推論出答案，並不需要進行計算。第二題包含兩道是非題的多重是非題，也是可透過表格提供的數據，直接判斷是否正確。第三題封閉性建構反應題是屬於計算題，將分的時間單位轉換成秒的時間單位。第四題開放性建構反應題是屬於推理題，說明為何近年來，男女金牌選手的跑步速度紀錄不斷的被刷新。

圖 12–2
PISA 2006 的一道數學題組

最快的賽跑者

下列表格提供 2000 年奧運金牌得主在 100m、200m、400m 和 800m 項目中的賽跑時間：

項目	男子	女子
100	9.87	10.7
200	20.0	21.8
400	43.8	49.1
800	1:45	?

問題　1：最快的賽跑者
下列哪一個最有可能是女子 800m 賽跑金牌得主的賽跑時間？

A　1:00.18
B　1:20.43
C　1:48.02
D　1:56.15

問題　2: 最快的賽跑者

在以下表格中，請就各項陳述，圈出「正確」或「不正確」。

陳述	「正確」或「不正確」
一般來說，在奧運相同距離的賽跑中，男子跑得比女子快。	正確 / 不正確
不論賽跑的距離如何，男子和女子賽跑之間的時間差距大約是一樣的。	正確 / 不正確

問題 3: 最快的賽跑者

請計算男子 800m 金牌得主的賽跑時間**秒數**。請列出你的計算方法：

....

問題　4: 最快的賽跑者

下列是 1896 年、1956 年和 2000 年的男子 100m 短跑金牌得主的賽跑時間：

年份	時間以秒數計算
1896	12.0
1956	10.5
2000	9.87

請舉出你認為的兩個理由來解釋為什麼這些年來的賽跑時間越來越短。

………………………………………………………………………………………………

………………………………………………………………………………………………

註：引自臺灣參加 **PISA 2006 成果報告**（頁 19–20），林煥祥、劉聖忠、林素微、李暉，2008，行政院國家科學委員專題研究成果報告（編號：NSC 95–2522–S–026–002），國立花蓮教育大學。

想更清楚掌握 PISA 的評量內容、考題性質或歷年考古題，建議可直接瀏覽我國因應 PISA 評量所設立的 PISA 網站（https://pisa.irels.ntnu.edu.tw/index.html），或是直接瀏覽由 OECD 所設立的 PISA 網站（https://www.oecd.org/pisa/）。

第三節　素養導向評量

有別於傳統紙筆評量偏重於評估學生是否具備學科知識的學習成果，108 課綱推動的素養導向評量，強調除了考量學生身心發展、生活經驗與文化背景的差異外，也應思考如何提升學生未來發展可能性的實作、探究、專題性等課程的多元性評量。因而，評量學生是否熟背課本內容與知識，不再是唯一目的（范信賢、陳偉泓，2016）。相對地，能夠評量學生應用及實踐知識的方法、能力與態度等，才是多元、實用、真實有效的學習評量。故素養導向評量重視學生在現實情境下的應用表現，亦即強調評估學生在面對多樣複雜的真實情境中，如何將所學的知識、能力、態度展現出來。透過學生在真實情境所展現的學習成果，用以評估學生的學習情形，並預測學生未來的學習發展潛力（洪詠善、范信賢，2015）。

108 課綱所推動的素養導向評量，不僅深刻影響中小學教學現場的校內定期評量，也對重大考試（國中會考、大學學科能力測驗、教師資格考試）產生深遠影響。108 年 6 月 28 日所公布的最新《國民小學及國民中學學生成績評量準則》（所有條文請參考附錄三），第 5 條明確指出「國民中小學學生成績評量，應依第三條規定，並視學生身心發展、個別差異、文化差異及核心素養內涵，採取下列適當之多元評量方式」，此條文特別加入「核心素養內涵」，更加凸顯素養導向的評量方式。

不論是全國多數中小學學校的各學科領域之段考考卷，或是重大考試（國中會考、大學學測、教師資格考試）之試卷，受到素養導向評量的影響，皆出現一定比例的素養導向試題。圖 12–3、圖 12–4 與圖 12–5，分別是 111 年國中教育會考英語科、111 年大學學科能力測驗社會科與 111 年中等學校教師資格檢定課程教學與評量等三考科的其中一道素養導向試題。

圖 12–3 的素養導向試題提供一個喝茶飲參加抽獎的真實問題情境，評估九年級國中考生能否從英文文章訊息中，摘取重要訊息。

圖 12–3
111 年國中教育會考英語科之素養導向試題

第二部分：題組 (第21-43題，共23題)

(21-22)

You Drink Tea-Rock & We Send You to the USA

Thank You for Being with Us for Twenty Summers & Winters

Cut out the picture of the tea cup on a bottle of Tea-Rock tea, collect two

圖 12–3　（續）

of the pictures, and paste them on a postcard. On the postcard, be sure to write down your name, birthday, telephone number, e-mail address, and your favorite Tea-Rock tea. Send the postcard to "Tea-Rock 20," PO Box 70265, Miao-Song (1/10/2010 ~ 3/15/2010). You have a chance to win 2 tickets from Taipei to New York!

1st Prize: 2 tickets from Taipei to New York
2nd Prize: A Sonia 42" TV
3rd Prize: A Sonia MP4 Player
And many more surprises for you!

Want to know more?
Go to http://www.tearock.com.tw/tearock20.aspx or call us at (07)777-7777.

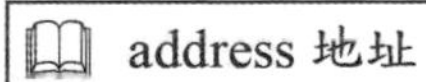

21. What does Tea-Rock celebrate?
(A) Their sales in 20 countries.
(B) The coming out of their 20th kind of tea.
(C) Their 20th year of business.
(D) The opening of their 20th store in the USA.

22. Here is the postcard Jason is going to send to Tea-Rock 20. What else does he need to put on the postcard before he sends it?
(A) His age.
(B) His address.
(C) His birthday.
(D) Another picture of the tea cup.

註：引自 **111 年國中教育會考英語科閱讀試題本**（頁 3），2022，國中教育會考推動工作委員會。

圖 12–4 的素養導向試題提供甲與乙兩種農作物的收成實景照片、適合甲農作物的生長溫度、歐洲行政區域簡圖等問題情境，評估高三考生能否從所提供的訊息中，進行相關訊息的推論。

圖 12–4

111 年大學學科能力測驗社會科之素養導向試題

28-29 為題組

◎ 照片 1 是甲、乙兩種農作物的收成景象。其中甲作物的播種季節，氣溫需要在 15°C 以上，且成長期的氣溫還要穩定上升，能維持於 20°C - 30°C 更有助生長發育。請問：

照片 1

28. 圖5是歐洲行政區域簡圖。若僅考慮作物生長與氣溫的關係，2010年代中期甲作物在歐洲的主要產區，最可能為下列何者？
(A)子
(B)丑
(C)寅
(D)卯

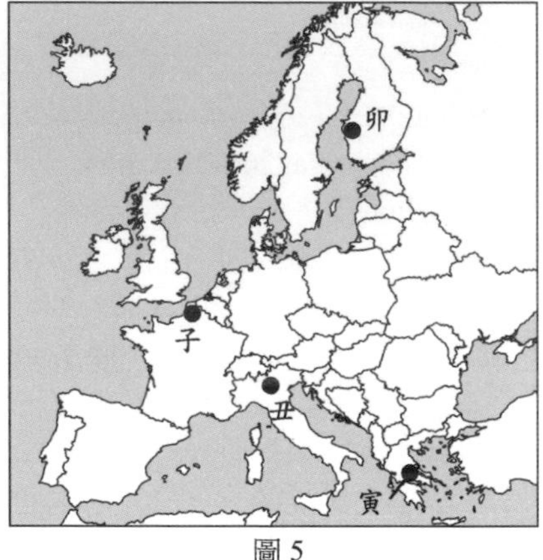

圖 5

29. 透過甲、乙兩張照片推論這兩個農業生產活動，最可能具有下列哪項共同的經營特色？
(A)自然投入重灌溉，人為投入重視生物科技
(B)在農場旁設立工廠，進行農產品初級加工
(C)採取專業化耕作，呈現規模經濟經營型態
(D)作物送往畜牧場，形成農牧產業連鎖關係

註：引自 **111 學年度學科能力測驗試題－社會考科**（頁 7），2022，大學入學考試中心。

圖 12–5 的素養導向試題提供一個中學教師成立的共備社群，想解決文化園區活化問題的跨領域課程之情境試題，想評估中等學校師資生能否針對三位老師所提出有關跨領域課程的想法，判斷想法的可行性與不合理之處，並提出適切的實作任務。

圖 12–5

111 年中等學校教師資格檢定課程教學與評量之素養導向試題

閱讀下文後，回答 6-8 題。

森森中學附近的文化園區逐漸沒落。為活化該園區，並培養學生關懷、積極參與社區活動，教師自主成立共備社群，發展一門針對解決園區活化問題的跨領域課程。

社群發想課程時，社群召集人請大家先提出建議。以下是老師們的想法：

A 老師：我建議課程應該採探究式教學進行。

B 老師：我建議先依據老師的專長分成不同組別，分別在小組內針對文化園區討論各科能教哪些相關的學科知識內容，然後再合併起來，變成一門跨領域探究與實作課程。

C 老師：我們應該先確定課程目標，再設計可以達成目標的實作任務。

6.依 A 老師的建議，下列哪種教學設計最適合發展成該校的跨領域課程？(2 分)

(A)帶學生至文化園區踏查，引導學生蒐集資料，探討園區沒落原因進而提出解決之道

(B)請學生回家先觀看文化園區的影片，課堂中將影片分為四部分，請每一組就分工部份進行討論後發表

(C)教導完整的相關知識並提供專家分析園區沒落之原因，再讓學生發想文化園區活化方案，以評量學生的學習成效

(D)讓學生課前預習教科書的內容，課堂中運用文化園區的影片輔助講述教學，並以紙筆測驗評量學生對解決文化園區沒落的想法

7.社群召集人認為 B 老師所建議的跨領域探究與實作課程作法不甚合適，請根據情境訊息，提出一項論述來說明不合適之處。(2 分)

8.請根據情境訊息，協助 C 老師寫出一項具體的課程目標，並提出一個實作任務，說明其與課程目標的連結。(6 分)

註：引自 **111** 年度高級中等以下學校及幼兒園教師資格考試－中等學校課程教學與評量（頁 7），2022，國立臺北教育大學。

一、素養導向評量紙筆測驗的試題編製依據

國家教育研究院（2018）在其所公布〈素養導向「紙筆測驗」要素與範例試題（定稿版）〉中，主張適當設計的素養導向試題，可讓中小學第一線的現場老師掌握核心素養精神，進而調整教學。亦可讓素養導向教學的效果，反映在學生的評量成果上。且提出素養導向試題命題依據的兩項基本要素為：

1. 佈題強調真實的情境與真實的問題
2. 評量強調總綱核心素養或領域／科目核心素養、學科本質及學習重點

有關這兩項素養導向試題命題基本要素的內涵，請參考表 12–7。

表 12–7
兩項素養導向試題命題基本要素的內涵

基本要素	基本要素內涵之說明
佈題強調真實的情境與真實的問題	以往的紙筆測驗試題多著墨於知識和理解層次的評量，素養導向的題目則較強調應用知識與技能解決真實情境脈絡中的問題。除真實脈絡外，素養導向試題應盡可能接近真實世界（包含日常生活情境或是學術探究情境）中會問的問題。
評量強調總綱核心素養或領域／科目核心素養、學科本質及學習重點	1. 跨領域核心素養係指如總綱所定義三面九項中所指出之符號運用、多元表徵、資訊媒體識讀與運用以及系統性思考等跨領域／科目的共同核心能力，並非專指跨領域／科目的題材。 2. 各領域／科目的素養導向評量強調「學習表現」和「學習內容」的結合，並應用於理解或解決真實情境脈絡中的問題。

註：引自**素養導向「紙筆測驗」要素與範例試題（定稿版）**（頁 1–2），2018，國家教育研究院。

根據表 12–7 的兩項命題基本要素，國家教育研究院（2018）也提出下列幾項有關素養導向評量與命題的重點提醒：

1. 素養導向評量可採單題命題，未必皆以題組型態來命題。試題的題幹不一定要很冗長，才能稱為素養導向試題。
2. 知識、理解、技能常被視為應用的基礎，有些基本知識、概念和技

能是素養培育的重要基礎。故學科評量不一定完全採素養導向的情境題，學校內的形成性評量，尤其應列入一定比例的基本知識、概念、能力之評量題目。但評量時也應兼顧學生是否能理解習得知識之目的，故應該要有一定比例的素養題，才能讓學生體會到學習是有用的，進而提升學習的興趣，符應素養導向的十二年國民基本教育之課綱。

3. 核心素養之培養應透過多元化教學與學習情境（如實作、合作問題解決、專題研究等），輔以多元化評量方式（如實作評量、檔案評量、動態評量等）長期培養。
4. 紙筆測驗應包含素養導向試題，也應保留評量重要知識與技能的試題，但應盡量避免機械式記憶與練習之題目。
5. 素養導向的紙筆測驗強調運用跨領域核心素養或是領域／科目核心素養，用以理解或解決真實情境中的問題。
6. 素養導向試題的設計應盡量符合真實而合理的問題情境，避免不合理或不必要的情境之安排。

針對上述素養導向紙本評量的命題依據，國家教育研究院（2018）實際提供 2 道國語文閱讀素養、1 道英語文閱讀素養、1 道數學素養、2 道科學素養的範例試題，建議讀者可至國教院官網搜尋並認真研讀這 6 道素養導向範例試題，較能掌握素養導向試題的命題原則與命題方向。

二、素養導向評量紙筆測驗的試題編製

108 課綱所推動的素養導向評量，對多數第一線中小學教師而言，是較為新穎的評量方式。故多數中小學教師對素養導向試題的命題，存有諸多的不確定感與困惑。想進行素養導向試題的命題，應先掌握素養導向試題的特色，表 12–8 為大學入學考試中心（2017）、宋怡欣（2020）對於素養導向試題特色之見解。由表 12–8 可知，素養導向試題強調提供一個符合學生日常生活的問題情境，為了提供有意義的問題情境，題目常涉及跨學科領域的整合性知識，且採用較多文字，或輔以圖表的方式呈現。而這個

問題情境常以包含幾道題目的題組型態，透過題組的方式，評估學生能否運用整合性能力，來解決含不同認知層次的問題。

表 12–8
素養導向試題之特色

作者（年代）	素養導向評量試題的特色
大學入學考試中心（2017）	1. 情境化：試題素材引用生活情境或學術探究情境。 2. 整合運用能力：考察學生是否能夠整合運用知識與技能，以處理真實世界或學術探究的問題，包括閱讀理解、邏輯推論、圖表判讀、批判思考、歷史解釋辨析、資料證據應用等。 3. 跨領域或跨學科：考察學生是否能夠融會貫通，善用不同領域或學科所學來處理一個主題中的相關問題。因為一項情境所面對的問題，通常不是單一領域或學科知識就能解決，而一個有趣、有意義的問題，也往往是跨學科的。
宋怡欣（2020）	1. 連結生活並關注時事：試題取材自社會時事或新聞，連結學生個人學習至社會參與。 2. 融入圖表判讀：利用圖形或表格，可幫助歸納、分析龐雜的資訊，是以圖表判讀為現代社會、職場上所需具備的重要能力。 3. 題組命題方式以一個總題幹（文章、圖表或說明）為引導，分別設計不同小題的組合試題，能系統化的評量不同能力。

註：引自**108 新課綱與素養導向命題精進方向**（頁 10），2017，大學入學考試中心。引自〈技術型高中素養導向試題發展—以統測為例〉，宋怡欣，2020，**師友月刊**，**623**，頁 21–23。

如何將以往所編製的傳統題目，轉化成素養導向的題目，對多數中小學教師而言，是一項高難度的挑戰。茲以數學領域為例，說明如何將傳統的數學題目，轉化為素養導向的數學題目。傳統的數學題目也會出現問題情境，但傳統問題情境的設計，只是為了讓學生能將所學的數學概念與算式，套用到此問題情境。所以傳統題目的設計，常將問題情境去脈絡化，以較簡短的文字描述，形成簡化版的問題情境，例如「小明有 3 顆彈珠，小明爸爸再給他 4 顆彈珠，請問小明共有多少顆彈珠？」

素養導向的數學試題，非常強調真實性的問題情境。教師在設計真實問題情境時，若未仔細考量，容易出現有爭議或不合理的問題情境。林碧珍（2003）提到雖然教師在進行數學題目的命題，已經開始關注真實情境的問題，懂得將數學概念與學生的真實生活情境相結合。但在數學題目的問題情境設計方面，易出現下列四種缺失：虛擬的問題情境、問題情境出現失當的數據、題目出現的不合理問題情境，以及問題情境未能引發學生使用某種解題策略的需求，如表 12–9 所示。

表 12–9
四種數學問題情境設計的缺失

問題情境設計缺失類型	缺失問題之舉例	缺失問題之說明
虛擬的問題情境	姊姊今年是 21 歲，妹妹今年是 15 歲，請問姊姊和妹妹今年合起來是幾歲？	問題情境是人為包裝的，無助於數學的思考。
問題情境出現失當的數據	小佑、小廷參加學校環保計畫：資源回收垃圾減量，以改善垃圾問題。資源回收有鋁箔包、鐵鋁罐和其他類共三類。一個月後小佑和小廷在朝會和全校同學分享環保計畫的成果，鋁箔包類回收 1521 公斤；鋁罐類回收 875 公斤；其他類回收 2683 公斤。	一個月鋁箔包類回收 1521 公斤，是誇大其詞，不符合現實生活情境。
題目出現的不合理問題情境	媽媽帶了 7 張一千元，6 張一百元，4 個十元逛 SOGO 百貨公司，買商品用信用卡刷了 3 張一千元，8 張一百元，2 個十元，9 個一元，請問媽媽身上還有多少張千元？多少張百元？多少個十元？和多少個一元？	刷信用卡不需要付現金，故媽媽原本攜帶的錢，並不會減少，此為不合理的問題情境。
問題情境未能引發學生使用某種解題策略的需求	跳跳蛙玩具一個 45 元，大象玩具一個 76 元，兩種各買 4 個，需付多少元？用算式填充題把問題記下來，再算出答案。	問題情境本身無助於數概念的探索，若將題目改為跳跳蛙玩具一個 24 元，大象玩具一個 76 元，兩種各買 4 個，需付多少元，則有助於學生學習到「乘法對加法的分配率」，亦即採用 $(24+76)\times 4$。

註：引自〈生活情境中的數學〉，林碧珍，2003，**新竹縣教育研究集刊**，**3**，頁 5–6。

茲以白雲霞（2020）與吳正新（2019）所提供的素養導向數學試題之編製為例，說明如何將傳統數學試題，轉換成素養導向數學試題。

白雲霞（2020）以小學數學領域為例，說明如何將傳統數學題目（如表 12–10），轉化為素養導向數學試題（如表 12–11）。表 12–10 的傳統數學題目，設計一個人訂購柚子的問題情境，欲評估小學生能否將考量訂購的柚子箱數、每箱柚子的價格，以及所需的運費，計算出正確的答案。

表 12–10

傳統的數學評量題

中秋節到了，王雪晴上網訂購柚子，每箱柚子定價 700 元，運費 90 元，若購買 8 箱柚子，則王雪晴應支付多少元？

註：引自〈素養導向學習評量的要素與設計〉，白雲霞，2020，**師友月刊**，**623**，頁 35。

而表 12–11 的素養導向數學題目，設計若採合購可節省運費的問題情境，欲評估學生除了考量訂購的柚子箱數、每箱柚子的價格外，還須思考善用合購來降低運費，並且鼓勵學生思考不同的解題策略與解題方法。

表 12–11

素養導向評量題

一箱柚子定價 700 元，中秋節到了，大家想上網訂購柚子。一箱柚子的運費 90 元，但一次寄 2 箱，兩箱的運費合計為 110 元。但必須一起寄到同一地址。以下為四個人想要購買的箱數：

姓名	林莉	傑侖	曉雯	修平
箱數	1	5	3	3

1. 為了省運費，大家決定採團購方式購買，寄到同一個人家裡，並且依照購買箱數平均分擔運費。每個人的柚子與運費分別要付多少錢？
2. 是否有其他寄送方式，也可以讓每個人都可以省下運費。在你提出的方法中，每個人分別要支付多少運費？這樣的寄送方式有什麼優點？

註：引自〈素養導向學習評量的要素與設計〉，白雲霞，2020，**師友月刊**，**623**，頁 35。

吳正新（2019）以中學數學領域為例，說明如何將傳統的數學命題（如表 12–12），轉換成素養導向的數學命題（如表 12–13）。表 12–12 為傳統的數學試題，評估中學生的方程式概念，但佈題主要是採用數學專門用語，無法連結學習者的日常生活情境。

表 12–12
傳統數學試題

試題內容	評量內容
請寫出「斜率為 2，y 軸截距為 100」的方程式，並繪製圖形。	G–10–2 直線方程式

註：引自〈數學素養導向評量試題研發策略〉，吳正新，2019，**中等教育**，**70**，頁 17。

表 12–13 同樣是解決直線方程式的問題，但表 12–12 的傳統試題，學習者只要記住方程式的基本概念，即可順利解題。相對地，學習者在解決表 12–13 的題目時，需要先理解題目的意義，再根據題意，從所學的直線方程式，找尋解題所需要的知識，才能順利完成解題工作。

表 12–13
傳統試題轉化為素養導向試題

試題內容	評量內容
小明在報社打工，他的薪水的計算方式是，「每週 $100 元，每多賣一份報紙多加 $2 元」，請寫出小明每週薪水和販售報紙份數的關係，並繪製圖形。	G–10–2 直線方程式

註：引自〈數學素養導向評量試題研發策略〉，吳正新，2019，**中等教育**，**70**，頁 19。

為了確保所編寫的題目符合素養導向的命題原則，教師在命完素養導向試題後，可透過主觀性的試題分析。表 12–14 即是一個數學素養導向命題的檢核表，透過表 12–14 可協助命題者進行試題品質的評估，亦可協助其他審題者進行審題時的參考依據。

表 12–14
素養導向試題的命題檢核表

類別	檢核項目
情境說明	1. 題目的資訊是否完整？
	2. 題目的語句是否通順？
	3. 題目的情境是否真實合理？
	4. 題目的情境是否適當且適合考生年紀？
	5. 題目的閱讀負荷是否減至最低程度？
	6. 題目是否需要先備知識，如果需要，是否適當？

表 12-14 （續）

問題內容	1. 使用的數學知識是否正確？ 2. 題目是否能跟數學素養評量架構匹配？ 3. 題目是否有應該被移除的陷阱存在？ 4. 題目是否明確呈現所希望學生回答的內容？
一般命題注意事項	1. 題組的題目是否跟主題幹有關連？ 2. 題目之間是否有相依性（某一題可能成為另一題答題的線索）？ 3. 選擇題型的選項是否有意義？ 4. 題目內容是否公平（不涉及特定族群或特定文化）？
計分相關	1. 計分是否具有一致性（能力高的得分高 、 能力低的得分低）？ 2. 計分規則是否明確？

註：引自〈數學素養導向評量試題研發策略〉，吳正新，2019，**中等教育，70**，頁 33。

第四節 總 結

素養導向評量是因應 108 課綱推動所強調的評量方式，素養導向評量不僅影響中小學課室的評量，我國於 108 年 6 月 28 日所公布的最新《國民小學及國民中學學生成績評量準則》，即明確指出對於國民中小學學生成績評量，應考量「核心素養內涵」。也深刻影響高中入學考試、大學入學考試、教師資格考試等重大考試的命題趨勢。因而不論是現職的中小學教師，或是接受師資職前教育的師資生，都應清楚掌握素養導向評量的內涵與命題方式，才能落實素養導向評量的推動，以培養學生成為一位具核心素養的終身學習者。

第十二章 習題

一、請參考 108 課綱總綱，說明三大面向與九大項目的內涵為何？

二、請至「國中教育會考網站」(https://cap.rcpet.edu.tw/examination.html)，針對相同領域的一份考卷，比較 91 年國中基測考卷（沒有素養考題）與 111 年國中會考考卷（有素養考題）的差異之處。

三、請至「教師資格考試網站」(https://tqa.ntue.edu.tw/)，針對相同考試階段的同一考科之考卷，比較 101 年教師資格檢定考卷（沒有素養考題）與 111 年教師資格考試考卷（有素養考題）的差異之處。

四、請透過「全國中小學題庫網」(https://exam.naer.edu.tw/)，找一份中小學的段考考卷，從考卷中找尋一道素養導向考題，說明你認為該題是素養導向試題的理由。

五、請針對未來你將任教的科目，編製一道傳統試題，並將這道傳統試題，改編為素養導向試題。

第十三章　情意評量

隨著多元評量的興起，教學活動的評量，不再只強調認知領域的學習目標，也開始重視情意領域的教學評量。評量認知領域學習目標的試題，通常有正確的標準答案，透過得分的高低，教師就可以瞭解學生的學習狀況。評量情意態度的題目，並沒有絕對的標準答案，學生所展現的情意態度，雖然也有正向與負向的差別，但並不是絕對的對錯。底下將分別介紹情意評量的重要性，以及各種情意評量的評量方法。

第一節　情意評量的重要性

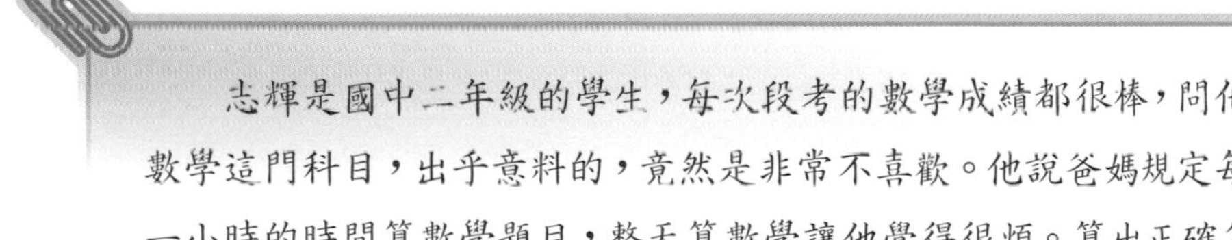

志輝是國中二年級的學生，每次段考的數學成績都很棒，問他是否喜歡數學這門科目，出乎意料的，竟然是非常不喜歡。他說爸媽規定每天都要花一小時的時間算數學題目，整天算數學讓他覺得很煩。算出正確答案之後，一點也沒有解出答案的喜悅。真希望自己可以趕快升上大學，選填大學科系時，一定不要選填需要接觸數學的科系，如此就可以完全避開數學這門課了。

從上面的例子，可以知道過度強調認知領域的學習目標，而忽略情意領域學習目標的培養，容易導致學生雖然可以有很好的學業成就表現，但卻將學習活動視為只是協助升學的一種工具，一旦達到升學的目的，將不再積極參與各種學習活動。上面的例子恰好也真實的反映，現今社會上有許多人在求學的過程中很認真的讀書，準備升學考試。但學校生活結束，踏入社會工作之後，就很少接觸書本了。他們的理由往往也是因為學生時代的讀書經驗是痛苦的，即使進入社會，也忘不了那種厭惡的感受。

情意領域包含非常多的內涵，McMillan（2007）認為舉凡態度、興趣、價值觀、意見、喜好、動機、學術自我概念、自尊、內外控、情緒發展、人際關係、利他主義、道德發展、班級氣氛等，都是屬於情意領域的學習內容。

在學校的生活中，培養學生對於學習活動的正向態度，將有助於激發學生的學習意願，進而提升學業成就的表現。協助學生發展多元的興趣，除了可讓自己的才能得到適當的發揮，也能擴展日常生活的樂趣。建立學生正確的價值觀，例如誠實、公正、正義感、守法、負責任……等等，就能為國家社會培養守法的公民，促進社會的發展與進步。培養學生對事情的看法，先經過批判思考之後，再提出自己的意見，避免人云亦云的盲從，將有助於培養獨立思考的學生。

協助學生發展對學科領域的喜好與學習動機，除了可以促進學生的主動學習，也可以增進學生的學業表現。培養學生發展適切的自我概念與自尊心，有助於學生的人格發展。教導學生對於學業的成功或失敗，發展出主控權操之在我的歸因方式，可以讓學生維持良好的學習動機。教導學生有效管理自己的情緒，可以協助學生發展穩定的情緒。協助學生發展和諧的人際關係與助人的利他表現，除了可得到助人的喜悅之外，也可增進同學的友誼。而教師若能建立良好的班級氣氛，除了可以凝聚班級的向心力，也有助於教學活動的進行。

藉由上述的說明，情意領域的學習目標，除了可以協助認知領域學習目標的達成，也能增進學生的生活經驗與樂趣，故情意領域的教學，在教學活動中，扮演相當重要的角色。而唯有選擇適當的評量方式，才能瞭解學生是否達到情意領域的學習目標，因此，情意領域的評量方法，也就同樣重要了。

實施認知領域學習目標的評量，都得根據學生的答題資料，才能瞭解學生的學習狀況。而情意領域學習目標的評量，除了可根據學生的答題資料之外，教師與同儕，都可以提供觀察的資料。底下第二節就介紹由教師觀察的評量方法——軼事記錄（**anecdotal records**）；第三節介紹由同儕擔任評分者的評量方法——猜猜我是誰（guess-who technique）與社會計量法（sociometric technique）；第四節介紹由學生自己填答資料的評量方法——自陳式評量（self-report）；第五節介紹由學習投入（student engagement）的評量方法。。

第二節　軼事記錄

情意方面的評量，若透過紙筆的評量方式，可能無法真實的反映實際的狀況。例如學生在寫此道是非題「我樂於協助需要幫助的同學」時，大多會寫「○」，可是在實際的學校生活中，卻不容易看到這樣的助人行為。因此，想要瞭解學生的情意態度，透過對學習活動的直接觀察，並將所觀察到的現象，以文字記錄下來，是一種相當適當的評量方法。

在實際的教室情境中，透過長時間的觀察，並將觀察到的現象，以文字記錄的方式，提供教師判斷學生情意態度與社會行為的發展情形，即是所謂的軼事記錄，如表 13–1 即是針對某位小二學生的學習態度所進行的軼事記錄。

表 13–1
適切的軼事記錄表

軼事記錄表

年級：二年級	姓名：王小華	記錄者：陳芳瑜
日期：97.09.12	時間：08:52	地　點：教室

小華在上國語課時，不斷玩弄著剪刀，並沒有把國語課本拿出來。老師提醒小華，請他把課本拿出來，小華大聲回答說：「反正沒有關係，我到安親班也可以複習」。這時，鄰座小朋友笑出聲音來，小華立刻生氣地回頭大罵：「你在笑什麼？」並且拿剪刀往同學的方向丟過去。

小華被要求先離開座位，到「安靜角」去反省。在「安靜角」，小華還是不斷怒罵同學，大約過了五分鐘左右，小華的情緒慢慢平穩，開始跟著其他同學閱讀課文。

進行軼事記錄時，應先確定所欲觀察的對象，通常可以先選定需要特別關懷的學生。然後確定所欲觀察的行為，例如助人、樂於分享、做事積極等正向的行為，或是退縮、攻擊、無助等負向行為。開始進行觀察時，耐心察覺所欲觀察的行為，因為所欲觀察的行為，並不是常常會出現的。最後，將所觀察到的行為，以文字敘述的方式，記錄在軼事記錄表上。記錄時，應客觀陳述所觀察到的行為或事件，避免加入主觀的描述與推測，如表 13–2。表 13–1 與表 13–2 是針對同一事件所進行的軼事記錄，請比較兩者的差異點。

表 13–2

不適切的軼事記錄

軼事記錄表

年級：二年級	姓名：王小華	記錄者：陳芳瑜
日期：97.09.12	時間：08:52	地　點：教室

小華一開始上國語課時，又像昨天上課情形一樣，玩弄著剪刀，並沒有把國語課本拿出來，真是傷腦筋。老師苦口婆心的規勸小華，請他把課本拿出來，小華回答說：「反正沒有關係，我到安親班也可以複習」。這時，鄰座小朋友笑出聲音來，小華立刻生氣地回頭大罵：「你在笑什麼？」並且拿剪刀往同學的方向丟過去，真是太危險的舉動了。

小華被要求先離開座位，到「安靜角」去反省。在「安靜角」時，小華還是不斷怒罵同學，十足流氓的架勢，真是太恐怖了。經過大約五分鐘，小華的情緒慢慢平穩，終於可以繼續上國語課了。

使用軼事記錄的優點是可以在自然的教室情境中，觀察到學生較真實的行為表現。而軼事記錄最大的限制是費時，不論是行為的觀察或是記錄，都需要花費許多的時間，此限制讓許多教師不願採用此種評量方式。另外一個限制是，教師常會因學生的背景，而產生觀察的偏誤。

為了讓教師善用軼事記錄的評量方法，Chatterji（2003）曾提出幾點使用注意事項：

1. 採用簡明扼要的方式，事實性的描述所觀察的行為或事件。
2. 每次的記錄都應該清楚呈現被觀察者姓名、事件發生的時間、地點、原因，以及發生當時的情境。
3. 每次的記錄，只描述單一的事件。
4. 軼事記錄應該著重在關鍵重要的事件，而關鍵重要的事件可能是正向或負向的行為。
5. 對被觀察者進行評量時，應蒐集多次的記錄，做綜合的判斷與詮釋。
6. 軼事記錄應著重在客觀事實的描述，避免加入觀察者主觀的意見、判斷或剖析。

軼事記錄在使用上，雖然會花費教師較多的時間，但處在多元評量的年代，透過軼事記錄可以讓教師更多元的瞭解學生情意態度的發展情形。

第三節　同儕評量

情意領域的評量，透過同儕的觀察，可能獲得與教師不一樣的結果，因此，教師可藉由同儕的評量，提供另一種佐證的資料。下面就介紹兩種較常用的同儕評量方法：猜猜我是誰、社會計量法。

一、猜猜我是誰

「猜猜我是誰」是一種常用來瞭解班級學生某種特質的同儕評量方法，它的實施方式很簡單，就是請學生針對描述某項特質的語句，提名班上符合某項特質的同學，只要符合此特質的學生都可提名，並沒有提名人數的限制。

猜猜我是誰的評量方式，通常針對某一特質，呈現一些有關此特質的描述語句，如表 13–3 即是針對「勤學」的特質，提出五個描述語句。特質的描述可採正向特質與負向特質兩類，為了避免負向特質會給學生標籤化的作用，盡可能避免採用負向的描述語句。

表 13–3
以「猜猜我是誰」評量勤學的特質

猜猜我是誰

姓名：＿＿＿＿＿

下面有幾個描述有關同學特質的語句，請你仔細閱讀每一個語句，想想看班上哪一位同學的特質，符合該語句的描述，請寫下你想到的同學姓名。每一個語句不限定只寫一位同學，只要符合語句描述的同學，都可以寫下。每一位同學，只要符合每一個語句的描述，可以同時出現在許多語句中。你所填寫的人名，只有你和老師知道，老師絕對不會讓其他同學知道，請放心的填寫。

❖ 請將符合語句描述的同學，將其姓名寫在空格中。

1. 他（她）每次上課前，都會先預習功課。

＿＿＿＿＿＿＿＿＿＿＿＿＿＿＿＿＿＿＿＿

2. 他（她）每次上課時，都很認真聽講。

＿＿＿＿＿＿＿＿＿＿＿＿＿＿＿＿＿＿＿＿

3. 他（她）每次上課後，都會複習功課。

＿＿＿＿＿＿＿＿＿＿＿＿＿＿＿＿＿＿＿＿

4. 他（她）都很用心的寫作業。

＿＿＿＿＿＿＿＿＿＿＿＿＿＿＿＿＿＿＿＿

5. 他（她）都會向老師或同學，請教不懂的功課。

＿＿＿＿＿＿＿＿＿＿＿＿＿＿＿＿＿＿＿＿

猜猜我是誰的計分方式相當簡單，每個正向描述語句被提名的學生，即可得 1 分，若被提名為負向描述語句，則得分為 –1 分。最後將每個學生在所有描述語句的得分加總，即可得到每個學生的分數。藉由分數的高低，可以瞭解同儕對於該學生在某項特質的觀感。

雖然猜猜我是誰是一種容易實施與計分的評量方式，但實際運用上仍存有一些限制：首先，猜猜我是誰必須針對某個特質編寫好幾道描述語句，此項編題的工作並不容易。其次，同儕在評分時，容易受到既有印象的影響，而無法客觀的評量，例如上課喜歡搗蛋的學生，在所有特質的評量，常常容易被評為較負向的。

二、社會計量法

在一個團體生活中，團體成員會因人格特質、談吐、穿著、興趣、志向等因素，而與某些成員有較緊密的互動，或是與某些成員鮮少有互動的情形。學生在班級上課，也是過著一種團體生活。班上同學的互動情形，也會因同學的人格特質、成績、興趣、衛生習慣等因素，形成互動熱絡的情形，或是少有往來的互動情形。班級同學之間的互動，會直接影響班級氣氛、同學的學習動機與學業表現。教師若能清楚掌握班上同學的互動網絡，將有助於班級經營。

社會計量法常被用來瞭解團體成員的人際互動情形，是可作為協助教師瞭解班上同學互動的一種評量工具。社會計量法是一種由學生自行挑選合作伙伴，藉此瞭解同學互動情形的評量方法。社會計量法通常包括三個部分：社會計量作業單、社會計量矩陣與社會圖。

㈠社會計量作業單

社會計量作業單是由教師根據實際的學習活動，設計由學生自行挑選合作伙伴的作業單，如表 13–4 是一個國小四年級的班級，教師想瞭解學生的人際網絡，藉由戶外教學坐遊覽車的實際教學活動，讓學生自行挑選想和哪位同學坐在一起。

表 13–4
社會計量作業單

尋找伙伴

姓名：__________

下個月的戶外教學，為了讓同學可以有個愉快的搭遊覽車經驗，老師想讓大家自己挑選想要和哪一位同學坐在一起。每個人可以任意挑選班上三位同學，並按照優先順序，填在下面的空格中，每個人都要寫滿三位同學喔！你所填寫的人名，只有你和老師知道，絕對不會讓其他同學知道，請放心的填寫。

❖ 我想和哪位同學坐在一起：

1. ______________________（第一順位）
2. ______________________（第二順位）
3. ______________________（第三順位）

設計社會計量作業單時，有幾點注意事項：

1.社會計量作業單所規劃的學習活動，必須是符合真實情境的

虛構的學習活動不易引起學生的參與熱忱，容易導致學生以敷衍的態度填答資料，造成填答資料的可信度降低。教師在使用社會計量法時，最好根據班級的行事曆，設計符合真實情境的學習活動。學習活動的情境，較常以教師為了編座位、編學習小組、編遊戲小組等方式呈現，然後請學生自行挑選想要在一起的同伴。

例如表 13–4 的教學活動，該班確實在下個月有戶外教學活動，因此，教師就根據這個真實的戶外教學活動，進行社會計量作業單的設計。

2.社會計量作業單應清楚說明可挑選的人數

社會計量作業單應該清楚說明每人可以挑選幾位同學，並且最好要求每位同學都要寫滿可挑選的人數，避免每個人挑選的人數不一樣。通常挑選的人數以 3 至 5 人較為合宜，超過 5 人以上，容易產生資料處理的困難。

另外，也應說明填寫的名單，是否需按優先順序，依序的填寫。表 13–4 的作業單，要求每人可以任選 3 位同學，並按優先順序，依序填滿空格。

3. 編排時應滿足學生所希望的人選

教師整理好學生的填答資料之後，應該以學生所填答的人選，作為編排學習活動的依據，盡量滿足學生所希望的人選。

4. 學生的填答資料，應妥善保密

學生的填答資料，因牽涉到伙伴的挑選，一旦資料外洩，容易引起同學之間有關忠誠度的緊張關係。教師在作業單上，應特別強調資料絕對保密，同時也應該確實做好保密的工作。

5. 避免要求學生挑選不喜歡的人選

讓學生挑選不想和哪一位同學一同學習，容易強化學生的嫌惡印象，造成同學彼此之間的緊張關係。因此，最好只讓學生挑選喜歡的人選，避免讓學生挑選不喜歡的人選。

(二)社會計量矩陣

教師回收學生的填答資料之後，必須經過資料的整理，才能洞悉複雜的關係網絡。在資料的整理過程中，社會計量矩陣是一個相當有用的協助工具。社會計量矩陣是一個橫座標與縱座標同時呈現學生座號或姓名的對稱矩陣，例如表 13–5 即是一個社會計量矩陣，學生姓名是假想的。

表 13–5
社會計量矩陣

		被挑選者													
		男生							女生						
		1. 李治申	2. 吳國賢	3. 趙明昆	4. 陳裕恭	5. 林堯松	6. 王田修	7. 蘇東貴	8. 洪蕙瑜	9. 黃雅茗	10. 廖曉甄	11. 何秋馨	12. 譚嘉筠	13. 施瑀菁	14. 朱美欣
挑選者 男生	1. 李治申		2		1		3								
	2. 吳國賢			②	1		3								
	3. 趙明昆		①		②			3							
	4. 陳裕恭			①		②					3				
	5. 林堯松		3		①		2								
	6. 王田修			1		3			2						
	7. 蘇東貴		1		2		3								
挑選者 女生	8. 洪蕙瑜									3		①	②		
	9. 黃雅茗											2	3	1	
	10. 廖曉甄											1	3		2
	11. 何秋馨								②				①	③	
	12. 譚嘉筠								②	1		③			
	13. 施瑀菁								1			②			3
	14. 朱美欣								1	2		3			
第一順位次數(3 分)		0	2	2	3	0	0	0	2	1	0	2	1	1	0
第二順位次數(2 分)		0	1	1	2	1	1	0	3	1	0	2	1	0	1
第三順位次數(1 分)		0	1	0	0	1	3	1	0	1	1	2	2	1	1
總分		0	9	8	13	3	5	1	12	6	1	12	7	4	3

社會計量矩陣縱座標是呈現挑選的學生姓名，橫座標則呈現被挑選的學生姓名。斜線所經過的空格，表示挑選者與被挑選者是同一人，因為自己不能挑自己，所以採用斜線表示。

資料整理時，將挑選者所選擇的同學，在相對應的空格中，填入優先順序的代碼。以表 13–5 為例，1 號的李治申，依序最想和「4 號陳裕恭」、「2 號吳國賢」、「6 號王田修」坐在一起。當同學之間有相互選取對方的時候，則以加圈的代碼呈現，例如 8 號的洪蕙瑜挑選 11 號何秋馨為第一順位，以①表示，而 11 號何秋馨挑選 8 號的洪蕙瑜為第二順位，以②表示。

仔細觀察表 13–5，可以發現 4 號陳裕恭、8 號洪蕙瑜和 11 號何秋馨這三位同學，是被最多人挑選的，屬於比較受歡迎的同學。而 1 號李治申這位同學，則是都沒有被同學挑選到。除了有兩位男生各挑選一名女生之外，大部分的男生都是選擇挑選男伴，女生則是全部都挑選女伴。

有關社會計量矩陣的計分方式，若填選人選時是以優先順序的填法，則通常會採用加權計分的方式，第一順位的人選得分較高，最後順位的人選得分最低，然後計算總得分。若填選人選是不管優先順序的，則直接計算被挑選的總次數。

表 13–5 是以優先順序，依序填選 3 位同學，因此，採用被選為第一順位的同學得 3 分，第二順位的同學得 2 分，第三順位的同學得 1 分。最後將每個人的得分加總起來，即可依據得分的高低，判斷出較受歡迎與較不受歡迎的同學。由總得分可知，超過 10 分以上的有 4 號陳裕恭、8 號洪蕙瑜和 11 號何秋馨等三位同學，他們是屬於較受歡迎的同學；得分低於 3 分以下的有 1 號李治申、7 號蘇東貴、10 號廖曉甄等三位同學，他們是屬於較少被挑選的同學。

㈢社會圖

社會圖是根據社會計量矩陣的資料，將其轉換成由幾個同心圓所構成的圖形，如圖 13–1 所示。

圖 13–1

根據表 13–5 社會計量矩陣資料所繪製的社會圖

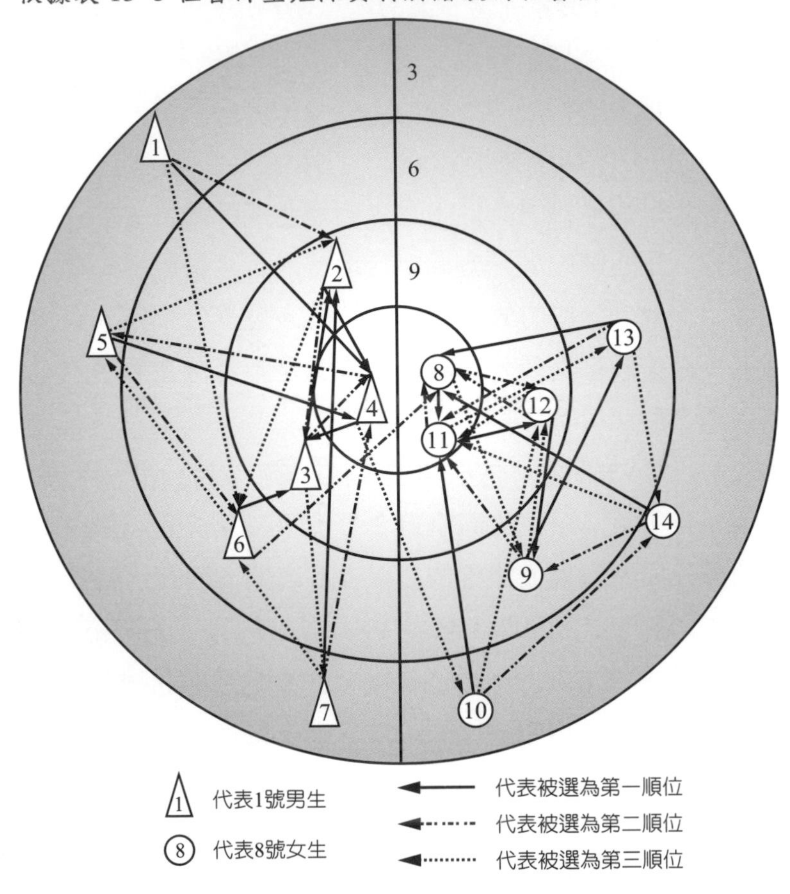

社會圖的畫法，通常將較受歡迎的學生擺在最內圈，而最不受歡迎的學生擺在最外圈。每個學生的呈現方式，是以三角形加上號碼表示男生的座號，以圓形加號碼表示女生的座號。另外，由於大部分的同學會傾向挑選同性的伙伴，為了讓社會圖較簡潔，會將男女生分別呈現在圓形的兩邊。

由圖 13–1 可看出，在男生部分，2 號、3 號、4 號等三人形成一個親密的互動團體，1 號與 7 號則屬於孤立者；在女生部分，8 號、11 號、12 號等三人形成一個親密的互動團體，10 號與 14 號則屬於孤立者。

雖然社會計量表可以協助教師獲取班級人際互動關係，但此種方法在使用上有幾點限制，首先，社會計量法所需的時間較長，需要花較多時間才能完成作業單、社會計量矩陣與社會圖的繪製工作。其次，由社會計量表所獲得的資料，只能瞭解學生人際網絡的現況，並無法獲知形成的原因。另外，社會計量作業單所提問的問題，會因不同的問題，而產生不同的學生人際關係圖，例如為組成學習小組所挑選的人員，可能就不同於組成遊戲小組的人員。

第四節　自陳式評量

前面所介紹的軼事記錄，是由教師進行觀察的評量方式，猜猜我是誰與社會計量法，是由同儕進行提名的評量方法。接續要介紹的自我陳述式評量，是由被評量的學生，自己透過填答量表的方式，來得到所要的評量資料。

自陳式評量最常用的研究工具是**李克特量表（Likert scale）**，底下就介紹李克特量表的評量方法。

李克特量表最早是由李克特（Likert）於 1932 年提出的，主要是用來測量受試者的態度。李克特量表的設計，是針對某個欲測量的態度，編寫一系列有關此態度的陳述語句，每個陳述句包含「非常同意」、「同意」、「不確定」、「不同意」、「非常不同意」等五個選項，然後將這些陳述句與選項，以結構化的排列方式呈現，由受試者逐題勾選其看法，表 13–6 即是一個測量數學態度的李克特量表型態。

李克特量表的陳述句類似選擇題的題幹，它包含正向陳述句與反向陳述句兩類，正向陳述句是以正面的角度描述欲評量的態度，表 13–6 的第 1 題「學好數學是一件容易的事」，即是正向的陳述句；反向的陳述句則是呈現反面的敘述，表 13–6 的第 3 題「我認為數學是一門困難的科目」，即是反向的陳述句。通常，李克特量表的陳述句，可以全部採用正向題的陳述，也可以同時採用正向題與反向題的陳述句。

表 13–6
測量數學學習態度的李克特量表

數學學習態度量表

作答說明：請仔細閱讀下面每一道題目，針對「非常同意」、「同意」、「不確定」、「不同意」、「非常不同意」等選項，勾選符合你的看法的選項。

	非常同意	同意	不確定	不同意	非常不同意
1. 學好數學是一件容易的事。	□	□	□	□	□
2. 我覺得我的數學能力和班上其他同學相比，還算不錯。	□	□	□	□	□
3. 我認為數學是一門困難的科目。	□	□	□	□	□
4. 我很有信心可以把數學學好。	□	□	□	□	□
5. 我覺得要將數學學好不是一件困難的事。	□	□	□	□	□

李克特量表的選項則類似選擇題的選項，它最早是以「非常同意」、「同意」、「不確定」、「不同意」、「非常不同意」五個選項的型態出現，因此，被稱為李克特五點量表。對於年幼的受試者，為了避免過多選項干擾幼童的作答，習慣改採「同意」、「不確定」、「不同意」三個選項，對於較年長的受試者，為了讓得分分佈情形更分散，也有編製者採用七點量表、九點量表或十一點量表。另外，採用奇數的選項數目（3、5、7、9、11），受試者常特別喜歡挑選中間選項「不確定」，因而無法看出受試者的明確態度。因此，有些編製者會採用偶數的選項數目，例如「非常同意」、「同意」、「不同意」、「非常不同意」的四點量表，或是六點量表。

李克特量表的選項，除了判斷同意的程度之外，也可以判斷重要的程度、喜歡的程度、品質的程度等。

李克特量表的計分方式很簡便，以五點量表為例，其計分方式如表 13–7 所示。

表 13–7
李克特五點量表的計分方式

	非常同意	同意	不確定	不同意	非常不同意
正向陳述語句計分	5 分	4 分	3 分	2 分	1 分
反向陳述語句計分	1 分	2 分	3 分	4 分	5 分

由表 13–7 可知，正向陳述句與反向陳述句的每個選項的總和恰好為 6 分，例如挑選「非常同意」這個選項，正向陳述語句得 5 分，反向陳述語句得 1 分，兩者相加得到 5 + 1 = 6 分。

在計算受試者的得分時，只要將受試者在所有題目的得分加總起來，則可得到一個總分。例如，表 13–8 是 A 生在數學學習態度的答題情形，A 生第 1 題得 4 分，第 2 題得 5 分，第 3 題是反向題，得 4 分，第 4 題得 4 分，第 5 題得 4 分，將這五題的分數加總，A 生的總分為 4 + 5 + 4 + 4 + 4 = 21 分。

表 13–8
A 生在數學學習態度的答題情形

數學學習態度量表

作答說明：請仔細閱讀下面每一道題目，針對「非常同意」、「同意」、「不確定」、「不同意」、「非常不同意」等選項，勾選符合你的看法的選項。

	非常同意	同意	不確定	不同意	非常不同意
1. 學好數學是一件容易的事。	□	■	□	□	□
2. 我覺得我的數學能力和班上其他同學相比，還算不錯。	■	□	□	□	□
3. 我認為數學是一門困難的科目。	□	□	□	■	□
4. 我很有信心可以把數學學好。	□	■	□	□	□
5. 我覺得要將數學學好不是一件困難的事。	□	■	□	□	□

教師若想自編李克特量表時，Popham（2005）建議可以根據下列的八個步驟。

一、決定所要評量的情意變項

在編製李克特量表時，首先要確定所欲評量的情意變項，例如表 13–6 的李克特情意量表是要評量學習者的「數學學習態度」。一旦決定情意變項之後，就要開始蒐集該情意變項的相關文獻與理論，確定該情意變項的意涵。

二、編寫一系列有關所欲評量的情意變項之正向與反向的陳述語句

清楚掌握情意變項的意涵之後，便可開始編寫李克特量表的試題。試題的編寫，應以該情意變項為核心，撰寫一系列有關該情意變項的陳述語句。陳述語句可同時包含正向的陳述語句與反向的陳述語句。

三、請同事協助將每個陳述語句進行正向或反向陳述語句的分類

將編寫好的陳述語句，請幾位同事進行正向陳述語句與反向陳述語句的分類。保留同事分類結果符合自己原先設計的陳述語句，將同事分類結果不符合自己原先設計的陳述語句刪除。

四、決定每個陳述語句所包含的選項數量與用語

陳述語句的試題確定好之後，便是決定每個陳述語句的選項數量與用語。李克特量表最常使用的選項數量是五個，但也可採用偶數的四個或六個。李克特量表的選項用語，必須對照所欲測量的情意屬性，最常出現的屬性是同意的程度，例如五點量表的非常同意、同意、不確定、不同意與非常不同意。

五、編寫施測指導語

題目命題好之後，在編輯整份量表時，應該詳述施測的指導語，讓受試者清楚知道如何作答。若受試者沒有作答李克特量表的經驗時，最好提供實際的作答例題。

六、進行李克特量表的施測

李克特量表編輯好之後，就是對所挑選的受試樣本進行施測。施測的樣本應該具有代表性，才能確保李克特量表的品質。實際進行施測時，應該提供免於受到干擾的施測環境。

七、進行計分的工作

施測結束後，即可進行李克特量表的計分工作。計分工作最需要注意的事項是反向陳述語句的計分，必須經過分數的轉換，才能進行總分的加總工作，否則容易造成錯誤的計分。以李克特五點量表為例，其分數的轉換方式如前面所提及的表 13–7。當受試者挑選「非常同意」時，反向陳述語句的得分為 1 分，而不是 5 分。

八、根據項目分析結果，保留適切的題目，刪除不適切的題目

最後一個步驟，就是透過項目分析的程序，將品質優良的陳述語句保留，刪除品質不佳的陳述語句，然後確定李克特量表最後的題數。

透過上述的八個步驟，教師就能自編一份有關情意態度的李克特量表。教師由學生在李克特量表的得分情形，就能評估學生的情意態度發展情形。

第五節　學習投入的評估

「學習投入」是近年來相當受到重視的一個教育議題，因為學生越投入學習活動，其學習成效越佳。因而教師若能鼓勵學生進行更積極的學習

投入，將能協助學生獲得更好的學習成效。

學習投入與學習動機是兩個具有密切關連性的概念，但兩者是有所不同的。基本上，學習動機是比較內隱性的，它是引發學生學習投入的內在原動力；相對地，學習投入是比較外顯性的，它是學習動機的外在具體表現。

投入（engagement）與順從（compliance）是兩個不同的概念，學習投入的學生，是因為自己感興趣而參與學習活動，所以學習投入的學生是一位主動的學習者，會為自己設定學習目標，願意挑戰有難度的學習任務，樂在學習活動中。相對地，順從的學生，是因為要符合別人的期待或要求而參與學習活動，所以學習順從的學生是一位被動的學習者，雖然會遵循教師設定的目標前進，但不會額外進行更多的學習，因為參與學習活動是義務的履行。

學者專家對於學習投入的內涵，提出多種學習投入理論。而 Fredricks 等人(2004)主張學習投入包括「行為學習投入」(behavioral engagement)、「情緒學習投入」(emotional engagement)、「認知學習投入」(cognitive engagement)等三種向度的內涵，是較常被採用的理論內涵。而情緒學習投入也被稱為「情感學習投入」(affective engagement)。

Fredricks 等人（2004）認為行為學習投入主要關注於「參與」情形，包括三個部分：第一部分是指正向行為的展現，例如學生展現遵守學校的相關規定，以及未發生違規的行為，例如沒有出現翹課或干擾上課的情形。第二部分是指對學習活動的參與，例如學生於課堂上課時，所展現出的努力、堅持、專心、注意、提問、討論等。第三部分是指對學校相關活動的參與，例如學生參與學校運動會或學校自治組織等。當學生愈願意遵守學校的相關規定、愈願意參與課堂的學習活動、愈願意參加學校的相關活動，則顯示其有愈多的行為學習投入。

情感學習投入主要包含兩個部分：第一部分是指學生對學習活動所產生的情感反應，例如感興趣、無聊、快樂、悲傷、焦慮等。第二部分是指學生對學校的情感反應，例如對學校的歸屬感和價值感、對老師的聯繫感等。當學生對學習活動產生較正向的情感反應，其愈產生更積極的情緒學習投入；當學生對學校或老師有較密切的情感聯繫，其愈展現出更多的情緒學習投入。

認知學習投入主要包含兩個部分：第一部分是指學生對學習活動付出的心力，例如學生願意接受困難的挑戰、願意正面看待學習失敗。第二部分是指學生在研讀學習內容時所採用的學習策略，例如學生願意採用記憶策略、精緻化策略、監控與評估的後設認知策略等。當學生愈願意接受學習作業的挑戰，其愈有較多的認知學習投入；當學生愈願意採用適切的學習策略，其愈產生更多的認知學習投入。

針對認知學習投入、情感學習投入、行為學習投入等三種學習投入的具體內涵，Bond 與 Bedenlier（2019）提出表 13–9 的具體觀察指標，這些觀察指標可以協助教師更清楚掌握學習投入的內涵。

表 13–9
學生學習投入的指標

認知學習投入	情感學習投入	行為學習投入
有目的性的	熱忱	努力
統整想法	歸屬感	注意力／聚焦
批判性思考	滿足	發展行動力
設定學習目標	好奇心	出席
自我調整	明白相關性	嘗試
運思推理	興趣	完成回家作業
嘗試瞭解	幸福感	正向行為
反思	活力／興致	行動／引發
聚焦／專注	有被欣賞的感覺	展現自信的行為
深度學習	完成期待	參與／投入
向同儕學習	喜悅	向老師或同儕求助
解釋決定	自豪	承擔責任
瞭解	興奮	辨識機會／挑戰
額外學習更多	渴望做好事情	發展跨領域技能
堅持到底／小心／縝密	與老師和同儕正向的互動	支持與鼓勵同儕

表 13–9　（續）

正向的自我覺知與自我效能	對學校／大學／教室的聯結感	互動（同儕、教師、內容、科技）
對具挑戰性作業的喜愛	對學習的正向態度／珍視學習	研讀習慣／閱讀課程資料
教導自己與同儕		專注時間／持續學習／堅持度
使用精緻化學習策略		
對教師支持的正向覺知		

註：引自 "Facilitating student engagement through educational technology: Towards a conceptual framework," by M. Bond., & S. Bedenlier, 2019, *Journal of Interactive Media in Education, 2019*, Article 11.

中小學教師若想評估學生在課堂的學習投入情形，可讓學生自行填寫自陳量表，但此種方式較無法確定學生是否真實反映其學習投入情形。另外，亦可採用教師觀察，此種方式可較客觀的評估學生學習投入，但需要花較多時間進行評估。Lutz 等人（2006）曾以表 13–10 的學習投入觀察評分規準，對國小學生在閱讀課堂上的學習投入情形進行評估。表 13–10 分成四級分，從第一級的幾乎沒有學習投入，到第四級的完全學習投入。

表 13–10

三種學習投入的評分規準

等級	認知學習投入	情感學習投入	行為學習投入
一級分	學生的反應顯示沒有專心於老師的提問或教學活動上；完全的分心（顯示學生沒有認真思考老師的提問）	展現負面情緒；嘆氣、看起來很無聊、持久性的打哈欠、把頭貼在桌面上	被無關學習活動的事情吸引而分心；頭完全趴在桌面（未參與學習活動）；老師必須告訴學生開始學習；持久性的打哈欠
二級分	不易判斷學生是否真的有認知投入；快速翻頁但未真正的認真研讀	平和的表情；頭部分趴下，但仍然注視老師或同學；以單調的聲音回應	不易判斷學生是否真的有行為投入；沒有出現上課分心，但似乎沒有特別的投入；眼神可能有也可能沒有對焦於老師身上，但似乎沒有真正的跟隨著進行討論或主動參與活動；也許是無精打采的

表 13–10　（續）

三級分	正在舉手；正在寫作；正在說話；簡略的回答（一個或兩個字）；正在閱讀；眼神的移動與姿勢顯示學生是有跟隨著教學活動；顯然有在聆聽（顯示學生有在進行訊息的處理）	微笑(或許只是短暫性)；看起來很愉悅；似乎很感興趣；語調表明有些自豪／興趣	顯然正從事學習任務；眼神的移動與姿勢是朝向演講者；正在舉手(可能只是短暫地)；正在寫作；正在說話；顯然有在聆聽(顯示學生至少在行為上是專心的)
四級分	學生的反應顯示正在認真思考；學生的反應是全面性的(註解：學生必須說話才能進行此項評比)	完全地或突然地大笑；語調表明非常興奮或有興趣；發出很感興趣的鼻音（哦）	正在揮手；把手舉高要回答問題；發出鼻音顯示有強烈的熱情與渴望想參與；另外，似乎超級投入

註：引自 "Scaffolding for engagement in elementary school reading instruction," by S. L. Lutz, J. T. Guthric, & M. H. Davis, 2006, *The Journal of Educational Research*, *100*, pp. 16–17.

學生的學習投入會影響其學習成效，故培養學生的學習投入，是一項重要的情意態度的養成。教師若能掌握學習投入的概念，透過觀察的方式，評估學生的學習投入情形。根據觀察的結果，提供學生參考，將有助於提升學生的學習投入情形，進而提升學生的學習成效。

第六節　總　結

隨著多元評量的興起，情意領域學習目標的評量，越來越受到重視。培養學生正向的情意態度，除了有助於學生的學業表現，也可以提升學生的生活品質。教師欲評量學生有關情意領域的學習目標時，建議同時採用多種方法，例如軼事記錄、猜猜我是誰、社會計量法、自陳式評量等，才能較全面的評估學生情意領域的實際發展情形。

第十三章 習題

一、請分析認知領域學習目標的評量與情意領域學習目標的評量，兩者有何差異？

二、請分析表 13–2 的軼事記錄，有哪些地方出現記錄者的主觀描述與推測？

三、請參考表 13–3，練習出一份評量合作學習特質的「猜猜我是誰」的題目。

四、請參考表 13–4，練習出一份社會計量作業單。

五、請參考前面所提編製李克特量表的八個步驟，練習編製一份有關情意態度的李克特量表。

參考書目

一、中文部分

大學入學考試中心（2017）。**108 新課綱與素養導向命題精進方向**。https://www.ceec.edu.tw/files/file_pool/1/0J193582659306285510/17.pdf

大學入學考試中心（2022）。**111 學年度學科能力測驗試題–社會考科**。https://reurl.cc/ERvzXk.pdf

白雲霞（2020）。素養導向學習評量的要素與設計。**師友月刊，623**，31–38。

余民寧（2002）。**教育測驗與評量**。心理。

吳正新（2014）。國際素養評量。載於李源順、吳正新、林吟霞、李哲迪（主編），**認識 PISA 與培養我們的素養**（頁 19–43）。五南。

吳正新（2019）。數學素養導向評量試題研發策略。**中等教育，70**（3），17–33。http://rportal.lib.ntnu.edu.tw/handle/20.500.12235/109118

吳清山（2018）。素養導向教師教育內涵建構及實踐之研究。**教育科學研究期刊，63**（4），261–293。https://doi.org/10.6209/JORIES.201812_63(4).0009

吳毓瑩（2004）。效度。載於王文中、呂金燮、吳毓瑩、張郁雯、張淑慧（合著），**教育測驗與評量──教室學習觀點**（頁 57–93）。五南出版社。

宋怡欣（2020）。技術型高中素養導向試題發展──以統測為例。**師友月刊，623**，20–25。

李坤崇（2006）。**教學評量**。心理。

林煥祥、劉聖忠、林素微、李暉（2008）。**臺灣參加 PISA 2006 成果報告**。行政院國家科學委員專題研究成果報告（編號：NSC 95–2522–S–026–002）。國立花蓮教育大學。

林碧珍（2003）。生活情境中的數學。**新竹縣教育研究集刊，3**，1–25。

凃金堂（2010）。是檔案評量或是檔案堆積？談實施檔案評量時教師應注意的事項。**研習資訊，27**（2），23–34。

洪詠善、范信賢（2015）。**同行～走進十二年國民基本教育課程綱要總綱**。國家教育研究院。

范信賢、陳偉泓（2016）。素養導向。載於潘慧玲（主編），**十二年國民基本教育普通高中課程規劃及行政準備**（頁 9–18）。國家教育研究院。

國中教育會考推動工作委員會（2022）。**111 年國中教育會考英語科閱讀試題本**。https://cap.rcpet.edu.tw/exam/111/111P_English.pdf

國民中學學生基本學力測驗推動工作委員會（2007）。**96 年國民中學學生寫作測驗問與答**。http://www.bctest.ntnu.edu.tw/documents/96writing_QA.pdf

國立臺北教育大學（2022）。**111 年度高級中等以下學校及幼兒園教師資格考試–中等學校課程教學與評量**。https://reurl.cc/bEoREv.pdf

國家教育研究院（2014）。**十二年國民基本教育課程發展指引**。https://ws.moe.edu.tw/001/Upload/23/relfile/8006/51083/c1f743ce–c5e2–43c6–8279–9cc1ae8b1352.pdf

國家教育研究院（2015）。**核心素養發展手冊**。https://clse.topschool.tw/FilePools/1773/Editor/5df20a75–5720–4a6d–8a62–a14306528e27.pdf

國家教育研究院（2018）。**素養導向「紙筆測驗」要素與範例試題（定稿版）**。https://ws.moe.edu.tw/001/Upload/23/relfile/8006/56181/50da6237–355a–4421–84bd–6fb8ab49f324.pdf

張春興（1998）。**張氏心理學辭典**。東華。

張郁雯（2004）。評量結果解釋。載於王文中、呂金燮、吳毓瑩、張郁雯、張淑慧（合著），**教育測驗與評量－教室學習觀點**（頁 379–404）。五南。

教育部（2014）。**十二年國民基本教育課程綱要總綱**。https://reurl.cc/4pMmL2.pdf

教育部（2016）。**中華民國教師專業標準指引**。https://reurl.cc/m3Q9pA.pdf

教育部（2018）。十二年國民基本教育課程綱要社會領域。https://reurl.cc/GEYrgA.pdf

教育部（2021）。**十二年國民基本教育課程綱要總綱（修訂）**。https://reurl.cc/3YQLM8.pdf

莊明貞（1995）。在國小課程的改進與發展－真實性評量。**教師天地**，**79**，21–25。

郭生玉（2006）。**教育測驗與評量**。精華。

陳英豪、吳裕益（1991）。**測驗與評量**。復文。

曾芬蘭、鍾長宏、陳世玉、張銘秋（2018）。國中課室素養導向標準本位評量的設計與應用：以英語科閱讀為例。**教育科學研究期刊**，**63**（4），119–155。https://doi.org/10.6209/JORIES.201812_63(4).0005

楊俊鴻（2019）。如何依十二年國教課程綱要撰寫教學單元的學習目標？**臺灣教育評論月刊**，**8**（2），50–55。

鄒慧英（2000）。國小寫作檔案評量應用之探討。**國立台南師範學院初等教育學報**，**13**，141–181。

歐滄和（2002）。**教育測驗與評量**。心理。

二、英文部分

Achtenhagen, F. (2012). Curriculum-instruction-assessment triad. *Empirical Research in Vocational Education and Training, 4*(1), 5–25. https://doi.org/10.25656/01:8256

Aiken, L. R. (2003). *Psychological testing and assessment* (11th ed.). Allyn & Bacon.

Airasian, P. W. (2005). *Classroom assessment: Concepts and applications*. McGraw-Hill.

Allen, M. J., & Yen, W. M. (1979). *Introduction to measurement theory*. Brooks-Cole.

Almuna Salgado, F. (2017). The role of context and context familiarity on mathematics problems. *Relime, 20*(3), 265–292. https://doi.org/10.12802/relime.17.2031

American Federation of Teachers, National Council on Measurement in Education & National Education Association (1990). Standards for teacher competence in educational assessment of students. *Educational Measurement:Issues and Practice, 9*(4), 30–32. https://doi.org/10.1111/j.1745-3992.1990.tb00391.x

Anastasi, A., & Urbina, S. (1997). *Psychological testing* (7th ed.). Prentice Hall.

Anderson, L. W. (2002). Curricular alignment: A re-examination. *Theory into Practice, 41*(4), 255–260. https://doi.org/10.1207/s15430421tip4104_9

Anderson, L. W., Krathwohl, D. R., Airasian, P. W., Cruikshank, K. A., Mayer, R. E., Pintrich, P. R., Raths, J., & Wittrock, M. C. (2001). *A taxonomy for learning, teaching, and assessing: A revision of Bloom's taxonomy of educational objectives*. Addison Wesley Longman.

Arter, J. A., & Spandel, V. (1992). Using portfolio of student work in instruction and assessment. *Educational Measurement: Issues and Practice, 11*(1), 36–44. https://doi.org/10.1111/j.1745-3992.1992.tb00230.x

Baranes, R., Perry, M., & Stigler, J. W. (1989). Activation of real-world knowledge in the solution of word problems. *Cognition and Instruction, 6*(4), 287–318.

Barbour, A., & Desjean-Perrotta, B. (1998). The basics of portfolio assessment. In S. C. Wortham, A. Barblur, & B. Desjean-Perrotta (Eds.), *Portfolio assessment: A handbook for preschool and elementary educators* (pp. 15–30). Association for Childhood Education International.

Barton, J., & Collins, A. (1997). Starting out: Designing your portfolio. In J. Barton & A. Collins (Eds.), *Portfolio assessment: A handbook for educators*. Addison-Wesley.

Batzle, J. (1992). *Portfolio assessment and evaluation: Developing and using portfolios in the classroom*. Creative Teaching Press.

Bloom, B. S., Engelhart, M. D., Furst, E. J., Hill, W. H., & Krathwohl, D. R. (1956). *Taxonomy of educational objectives: The classification of educational goals. Vol. Handbook I: Cognitive domain*. David McKay.

Brookhart, S. M., & Nitko, A. J. (2008). *Assessment and grading in classrooms*. Pearson.

Brown, W. (1910). Some experimental results in the correlation of mental abilities. *British Journal of Psychology, 3*(3), 296–322.

Bruno, J. E., & Dirkzwager, A. (1995). Determining the optimal number of alternatives to a multiple-choice test item: An information theoretical perspective. *Educational and Psychological Measurement, 55*(6), 959–966. https://doi.org/10.1177/0013164495055006004

Burke, K. (2009). *How to assess authentic learning* (5th ed.). Corwin Press.

Burke, K., Fogarty, R., & Belgrad, S. (2002). *The portfolio connection: Student work linked to standards*. Skylight Professional Development.

Campbell, D. T., & Fiske, D. W. (1959). Convergent and discriminant validity by the multitrait-multimethod matrix. *Psychological Bulletin, 56*(2), 81–105. https://doi.org/10.1037/h0046016

Carroll, J. B. (1963). A model of school learning. *Teachers College Record, 64*(8), 723–733. https://doi.org/10.1177/016146816306400801

Chase, C. I. (1999). *Contemporary assessment for educators*. Longman.

Chatterji, M. (2003). *Designing and using tools for educational assessment*. Allyn & Bacon.

Cohen, L., Manion, L., & Morrison, K. (2004). *A guide to teaching practice*. Routledge.

Cohen, R., & Swerdlik, M. (2009). *Psychological testing and assessment: An introduction to tests and measurement* (7th ed.). McGraw Hill.

Crocker, L., & Algina, J. (1986). *Introduction to classical and modern test theory*. Holt, Rinehart & Winston.

Cronbach, L. J. (1951). Coefficient alpha and the internal structure of tests. *Psychometrika, 16*(3), 297–334. https://doi.org/10.1007/BF02310555

DeLuca, C., LaPointe-McEwan, D., & Luhanga, U. (2016). Teacher assessment literacy: A review of international standards and measures. *Educational Assessment, Evaluation and Accountability, 28*(3), 251–272. https://doi.org/10.1007/s11092-015-9233-6

DiDonato-Barnes, N., Fives, H., & Krause, E. S. (2014). Using a table of specifications to improve teacher-constructed traditional tests: An experimental design. *Assessment in Education: Principles, Policy & Practice, 21*(1), 90–108. http://dx.doi.org/10.1080/0969594X.2013.808173

Dunn, T. J., Baguley, T., & Brunsden, V. (2014). From alpha to omega: A practical solution to the pervasive problem of internal consistency estimation. *British Journal of Psychology, 105*(3), 399–412. https://doi.org/10.1111/bjop.12046

Earl, L. M. (2003). *Assessment as learning: Using classroom assessment to maximize student learning*. Corwin Press.

Elliott, S. N. (1994). *Creating meaningful performance assessment: Fundamental concept*. (ERIC Document Reproduction Service No: ED 375566).

Ellis, M. V., & Blustein, D. L. (1991). Developing and using educational and psychological tests and measures: The unificationist perspective. *Journal of Counseling and Development, 69*(6), 550–555. https://doi.org/10.1002/j.1556-6676.1991.tb02640.x

Fredricks, J. A., Blumenfeld, P. C., & Paris, A. H. (2004). School engagement: Potential of the concept, state of the evidence. *Review of Educational Research, 74*(1), 59–109. https://doi.org/10.3102/00346543074001059

Frisbie, D. A., & Becker, D. F. (1991). An analysis of textbook advice about true-false tests. *Applied Measurement in Education, 4*(1), 67–83. https://doi.org/10.1207/s15324818ame0401_6

Gillespie, C. S., Ford, K. L., Gillespie, R. D., & Leavell, A. G. (1996). Portfolio assessment: Some questions, some answers, some recommendations. *Journal of Adolescent & Adult Literacy, 39*(6), 480–491.

Glaser, R. (1962). Psychology and instructional technology. In R. Glaser (Ed.), *Training research and education* (pp. 1–30). University of Pittsburgh Press.

Goerss, D. V. (1993). Portfolio assessment: A work in process. *Middle School Journal, 25*(2), 20–24. https://doi.org/10.1080/00940771.1993.11495200

Goodboy, A. K., & Martin, M. M. (2020). Omega over alpha for reliability estimation of unidimensional communication measures. *Annals of the International Communication Association, 44*(4), 422–439. https://doi.org/10.1080/23808985.2020.1846135

Goodrich, H. (1996/1997). Understanding rubrics. *Educational Leadership, 54*(4), 14–17.

Graham, J. M. (2006). Congeneric and (essentially) tau-equivalent estimates of score reliability: What they are and how to use them. *Educational and Psychological Measurement, 66*(6), 930–944. https://doi.org/10.1177/0013164406288165

Gregory, R. J. (1996). *Psychological testing: History, principles and application.* Allyn& Bacon.

Gregory, R. J. (2004). *Psychological testing: History, principles, and applications.*

(4th ed.). Allyn & Bacon.

Gronlund, N. E. (2003). *Assessment of student achievement* (7th ed.). Allyn and Bacon.

Guion, R. M. (1980). On trinitarian doctrines of validity. *Professional Psychology, 11*(3), 385–398. https://doi.org/10.1037/0735-7028.11.3.385

Haladyna, T. M., Downing, S. M., & Rodriguez, M. C. (2002). A review of multiple-choice item-writing guidelines for classroom assessment. *Applied Measurement in Education, 15*(3), 309–334. https://doi.org/10.1207/S15324818AME1503_5

Harrow, A. J. (1972). *A taxonomy of the psychomotor domain*. David Mckay.

Hayes, A. F., & Coutts, J. J. (2020). Use omega rather than Cronbach's alpha for estimating reliability. But... *Communication Methods and Measures, 14*(1), 1–24. https://doi.org/10.1080/19312458.2020.1718629

Herman, J. L., Aschbacher, P. R., & Winters, L. (1992). *A practical guide to alternative assessment*. Association for Supervision and Curriculum Development.

Hogan, T. P. (2007). *Educational assessment: A practical introduction*. John Wiley & Sons.

Hopfenbeck, T. N., Lenkeit, J., Masri, Y. E., Cantrell, K., Ryan, J., & Baird, J. (2018). Lessons learned from PISA: A systematic review of peer-reviewed articles on the Programme for International Student Assessment. *Scandinavian Journal of Educational Research, 62*(3), 333–353. https://doi.org/10.1080/00313831.2016.1258726

Hopkins, K. D. (1998). *Educational and psychological measurement and evaluation* (8th ed.). Allyn & Bacon.

Krathwohl, D. R., Bloom, B. S., & Masia, B. B. (1964). *Taxonomy of educational objectives: Handbook II: The affective domain*. David McKay.

Kubiszyn, T., & Borich, G. (2007). *Educational testing and measurement: Classroom application and practice* (8th Ed.). John Wiley & Sons.

Kuder, G. F., & Richardson, M. W. (1937). The theory of the estimation of reliability. *Psychometrika, 2*(3), 151–160. https://doi.org/10.1007/BF02288391

Lambdin, D. V., & Walker, V. L. (1994). Planning for classroom portfolio assessment. *Arithmetic Teacher, 41*(6), 318–324.

Landy, F. J. (1986). Stamp collecting versus science: Validation as hypothesis testing. *American Psychologist, 41*(11), 1183–1192. https://doi.org/10.1037/0003–066X.41.11.1183

Lawshe, C. H. (1975). A quantitative approach to content validity. *Personnel Psychology, 28*(4), 563–575. https://doi.org/10.1111/j.1744-6570.1975.tb01393.x

Lester, P. E., & Bishop, L. K. (2000). *Handbook of tests and measurement in education and the social sciences*. The Scarecrow Press.

Lima, S. S., & Snider, M. A. (1997). Portfolio implementation: Anticipating challenges. In J. Barton & A. Collins (Eds.), *Portfolio assessment: A handbook for educators* (pp.81–90). Addison-Wesley.

Linn, R. L., & Miller, M. D. (2005). *Measurement and assessment in teaching*. Pearson.

Lustig, K. (1996). *Portfolio assessment: A handbook for middle level teachers*. (Report No. ISSBN–1–56090–111–X). National Middle School Association.

Marzano, R., & Kendall, J. (2007). *The new taxonomy of educational objective*. Corwin Press.

Masingila, J. O. (1993). Learning from mathematics practice in out-of-school situations. *For the Learning of Mathematics, 13*(2), 18–22. https://doi.org/10.1007/BF00143931

McDonald, R. P. (1999). *Test theory: A unified treatment*. Lawrence Erlbaum.

McMillan, J. H. (2007). *Classroom assessment: Principles and practice for effective standards-based instruction*. Allyn and Bacon.

Mertler, C. A. (2001). Designing scoring rubrics for your classroom. *Practical Assessment, Research, and Evaluation, 7*. http://ericae.net/pare/getvn.asp?=7&n=25

Mueller, J. (2008). The authentic assessment toolbox:Enhancing student learning through online faculty development. *Journal of Online Learning and Teaching, 1*, 1-7. http://jolt.merlot.org/documents/vol1_no1_mueller_001.pdf.

Nitko, A. J., & Brookhart, S. M. (2007). *Educational assessment of student*. Pearson.

Nunnally, J. C. (1978). *Psychometric theory* (2nd ed.). McGraw-Hill.

Nunnally, J. C., & Bernstein, I. H. (1994). *Psychometric theory* (3rd ed.). McGraw-Hill.

Peters, G.-J. Y. (2014). The alpha and omega of scale reliability and validity: Why and how to abandon Cronbach's alpha and the route towards more comprehensive assessment of scale quality. *European Health Psychologist, 16*(2), 56–69. https://doi.org/10.31234/osf.io/h47fv

Popham, W. J. (1997). What's wrong-and what's right-with rubrics. *Educational Leadership, 55*(2), 72–75. https://dx.doi.org/10.4135/9781446263549

Prince George's County Public School. (2007). *Developing performance assessment tasks*. http://www.pgcps.pg.k12.md.us/~elc/developingtasks.html

Reusser, K., & Stebler, R. (1997). Every word problem has a solution-The social rationality of mathematical modelling in schools. *Learning and Instruction, 7*(4), 309–327. https://doi.org/10.1016/S0959–4752(97)00014–5

Revelle, W., & Condon, D. M. (2019). Reliability from α to ω: A tutorial. *Psychological Assessment, 31*, 1395–1411. https://doi.org/10.1037/pas0000754

Rogers,.W. T., & Harley, D. (1999). An empirical comparison of three-choice and four-choice items and tests: Subceptibility to testwiseness and internal consistency reliability. *Educational and Psychological Measurement, 59*(2), 234–247. https://doi.org/10.1177/00131649921969820

Rolheiser, C., Bower, B., & Stevahn, L. (2000). *The portfolio organizer: Succeeding with portfolios in your classroom*. Association for Supervision and Curriculum Development.

Schafer, W. D., & Lissitz, R. W. (1987). Measurement training for school personnel: Recommendations and reality. *Journal of Teacher Education, 38*(3), 57–63. https://doi.org/10.1177/002248718703800312

Schmitt, N. (1996). Uses and abuses of coefficient alpha. *Psychological Assessment,*

8(4), 350–353. https://doi.org/10.1037/1040-3590.8.4.350

Shepard, L., Hannaway, J., & Baker, E. Editors(2009). *Standards, assessments, and accountability* (Education Policy White Paper). National Academy of Education.

Spearman, C. (1910). Correlation calculated form fault data. *British Journal of Psychology, 3*(3), 271–295.

Stevens, S. S. (1946). On the theory of scales of measurement. *Science, 103*, 667–680.

Stiggins, R. J. (1991). Assessment literacy. *Phi Delta Kappan, 72*(7), 534–539.

Stiggins, R. J. (2001). *Student-involved classroom assessment*. Prentice Hall.

Stiggin, R. J., & Conklin, N. F. (1992). *In teacher's hands: Investigating the practice of classroom assessment*. State University of New York Press.

Swaminathan, H., Hambleton, R. K., & Algian, J. (1974). Reliability of criterion-referenced tests: A decision-theoretic formulation. *Journal of Educational Measurement, 11*(4), 263–267. https://doi.org/10.1111/j.1745-3984.1974.tb00998.x

Viladrich, C., Angulo-Brunet, A., & Doval, E. (2017). A journey around alpha and omega to estimate internal consistency reliability. *Anales de Psicologia, 33*(3), 755–782. https://doi.org/10.6018/analesps.33.3.268401

White, E. (2009). Are you assessment literate? Some fundamental questions regarding effective classroom-based assessment. *OnCUE Journal, 3*(1), 3–25.

Williams, A. (1997). Lessons of middle-school experience: Using science portfolios in a sixth-grade classroom. In J. Barton & A. Collins (Eds.), *Portfolio assessment: A handbook for educators* (pp. 51–52). Addison-Wesley.

Willis, J., Adie, L., & Klenowski, V. (2013). Conceptualizing teachers' assessment literacies in an era of curriculum and assessment reform. *The Australian Educational Researcher, 40*(2), 241–256. https://doi.org/10.1007/s13384–013–0089–9

Wortham, S.C., Barbour, A., & Desjean-Perrortta, B. (1998). *Portfolio assessment: A handbook for preschool and elementary educators*. Association for Childhood

Education International.

Xu, Y., & Brown, G. T. L. (2016). Teacher assessment literacy in practice: A reconceptualization. *Teaching and Teacher Education, 58*, 149–162. https://doi.org/10.1016/j.tate.2016.05.010

Zeller, R. A. (1997). Validity. In J. P. Keeves (Ed.), *Educational research, methodology and measurement: An international handbook.* Pergamon.

附錄一　常態分配表

Z 值	0.00	0.01	0.02	0.03	0.04	0.05	0.06	0.07	0.08	0.09
3	0.9987	0.9987	0.9987	0.9988	0.9988	0.9989	0.9989	0.9989	0.9990	0.9990
2.9	0.9981	0.9982	0.9982	0.9983	0.9984	0.9984	0.9985	0.9985	0.9986	0.9986
2.8	0.9974	0.9975	0.9976	0.9977	0.9977	0.9978	0.9979	0.9979	0.9980	0.9981
2.7	0.9965	0.9966	0.9967	0.9968	0.9969	0.9970	0.9971	0.9972	0.9973	0.9974
2.6	0.9953	0.9955	0.9956	0.9957	0.9959	0.9960	0.9961	0.9962	0.9963	0.9964
2.5	0.9938	0.9940	0.9941	0.9943	0.9945	0.9946	0.9948	0.9949	0.9951	0.9952
2.4	0.9918	0.9920	0.9922	0.9925	0.9927	0.9929	0.9931	0.9932	0.9934	0.9936
2.3	0.9893	0.9896	0.9898	0.9901	0.9904	0.9906	0.9909	0.9911	0.9913	0.9916
2.2	0.9861	0.9864	0.9868	0.9871	0.9875	0.9878	0.9881	0.9884	0.9887	0.9890
2.1	0.9821	0.9826	0.9830	0.9834	0.9838	0.9842	0.9846	0.9850	0.9854	0.9857
2	0.9772	0.9778	0.9783	0.9788	0.9793	0.9798	0.9803	0.9808	0.9812	0.9817
1.9	0.9713	0.9719	0.9726	0.9732	0.9738	0.9744	0.9750	0.9756	0.9761	0.9767
1.8	0.9641	0.9649	0.9656	0.9664	0.9671	0.9678	0.9686	0.9693	0.9699	0.9706
1.7	0.9554	0.9564	0.9573	0.9582	0.9591	0.9599	0.9608	0.9616	0.9625	0.9633
1.6	0.9452	0.9463	0.9474	0.9484	0.9495	0.9505	0.9515	0.9525	0.9535	0.9545
1.5	0.9332	0.9345	0.9357	0.9370	0.9382	0.9394	0.9406	0.9418	0.9429	0.9441
1.4	0.9192	0.9207	0.9222	0.9236	0.9251	0.9265	0.9279	0.9292	0.9306	0.9319
1.3	0.9032	0.9049	0.9066	0.9082	0.9099	0.9115	0.9131	0.9147	0.9162	0.9177
1.2	0.8849	0.8869	0.8888	0.8907	0.8925	0.8944	0.8962	0.8980	0.8997	0.9015
1.1	0.8643	0.8665	0.8686	0.8708	0.8729	0.8749	0.8770	0.8790	0.8810	0.8830
1	0.8413	0.8438	0.8461	0.8485	0.8508	0.8531	0.8554	0.8577	0.8599	0.8621
0.9	0.8159	0.8186	0.8212	0.8238	0.8264	0.8289	0.8315	0.8340	0.8365	0.8389
0.8	0.7881	0.7910	0.7939	0.7967	0.7995	0.8023	0.8051	0.8078	0.8106	0.8133
0.7	0.7580	0.7611	0.7642	0.7673	0.7704	0.7734	0.7764	0.7794	0.7823	0.7852
0.6	0.7257	0.7291	0.7324	0.7357	0.7389	0.7422	0.7454	0.7486	0.7517	0.7549
0.5	0.6915	0.6950	0.6985	0.7019	0.7054	0.7088	0.7123	0.7157	0.7190	0.7224
0.4	0.6554	0.6591	0.6628	0.6664	0.6700	0.6736	0.6772	0.6808	0.6844	0.6879
0.3	0.6179	0.6217	0.6255	0.6293	0.6331	0.6368	0.6406	0.6443	0.6480	0.6517
0.2	0.5793	0.5832	0.5871	0.5910	0.5948	0.5987	0.6026	0.6064	0.6103	0.6141
0.1	0.5398	0.5438	0.5478	0.5517	0.5557	0.5596	0.5636	0.5675	0.5714	0.5753
0	0.5000	0.5040	0.5080	0.5120	0.5160	0.5199	0.5239	0.5279	0.5319	0.5359
−0.1	0.4602	0.4562	0.4522	0.4483	0.4443	0.4404	0.4364	0.4325	0.4286	0.4247
−0.2	0.4207	0.4168	0.4129	0.4090	0.4052	0.4013	0.3974	0.3936	0.3897	0.3859
−0.3	0.3821	0.3783	0.3745	0.3707	0.3669	0.3632	0.3594	0.3557	0.3520	0.3483
−0.4	0.3446	0.3409	0.3372	0.3336	0.3300	0.3264	0.3228	0.3192	0.3156	0.3121
−0.5	0.3085	0.3050	0.3015	0.2981	0.2946	0.2912	0.2877	0.2843	0.2810	0.2776

常態分配表　（續）

−0.6	0.2743	0.2709	0.2676	0.2643	0.2611	0.2578	0.2546	0.2514	0.2483	0.2451
−0.7	0.2420	0.2389	0.2358	0.2327	0.2296	0.2266	0.2236	0.2206	0.2177	0.2148
−0.8	0.2119	0.2090	0.2061	0.2033	0.2005	0.1977	0.1949	0.1922	0.1894	0.1867
−0.9	0.1841	0.1814	0.1788	0.1762	0.1736	0.1711	0.1685	0.1660	0.1635	0.1611
−1	0.1587	0.1562	0.1539	0.1515	0.1492	0.1469	0.1446	0.1423	0.1401	0.1379
−1.1	0.1357	0.1335	0.1314	0.1292	0.1271	0.1251	0.1230	0.1210	0.1190	0.1170
−1.2	0.1151	0.1131	0.1112	0.1093	0.1075	0.1056	0.1038	0.1020	0.1003	0.0985
−1.3	0.0968	0.0951	0.0934	0.0918	0.0901	0.0885	0.0869	0.0853	0.0838	0.0823
−1.4	0.0808	0.0793	0.0778	0.0764	0.0749	0.0735	0.0721	0.0708	0.0694	0.0681
−1.5	0.0668	0.0655	0.0643	0.0630	0.0618	0.0606	0.0594	0.0582	0.0571	0.0559
−1.6	0.0548	0.0537	0.0526	0.0516	0.0505	0.0495	0.0485	0.0475	0.0465	0.0455
−1.7	0.0446	0.0436	0.0427	0.0418	0.0409	0.0401	0.0392	0.0384	0.0375	0.0367
−1.8	0.0359	0.0351	0.0344	0.0336	0.0329	0.0322	0.0314	0.0307	0.0301	0.0294
−1.9	0.0287	0.0281	0.0274	0.0268	0.0262	0.0256	0.0250	0.0244	0.0239	0.0233
−2	0.0228	0.0222	0.0217	0.0212	0.0207	0.0202	0.0197	0.0192	0.0188	0.0183
−2.1	0.0179	0.0174	0.0170	0.0166	0.0162	0.0158	0.0154	0.0150	0.0146	0.0143
−2.2	0.0139	0.0136	0.0132	0.0129	0.0125	0.0122	0.0119	0.0116	0.0113	0.0110
−2.3	0.0107	0.0104	0.0102	0.0099	0.0096	0.0094	0.0091	0.0089	0.0087	0.0084
−2.4	0.0082	0.0080	0.0078	0.0075	0.0073	0.0071	0.0069	0.0068	0.0066	0.0064
−2.5	0.0062	0.0060	0.0059	0.0057	0.0055	0.0054	0.0052	0.0051	0.0049	0.0048
−2.6	0.0047	0.0045	0.0044	0.0043	0.0041	0.0040	0.0039	0.0038	0.0037	0.0036
−2.7	0.0035	0.0034	0.0033	0.0032	0.0031	0.0030	0.0029	0.0028	0.0027	0.0026
−2.8	0.0026	0.0025	0.0024	0.0023	0.0023	0.0022	0.0021	0.0021	0.0020	0.0019
−2.9	0.0019	0.0018	0.0018	0.0017	0.0016	0.0016	0.0015	0.0015	0.0014	0.0014
−3	0.0013	0.0013	0.0013	0.0012	0.0012	0.0011	0.0011	0.0011	0.0010	0.0010

附錄二　基本統計方法的介紹

修習「學習評量」這門課程，會需要使用到一些基本的教育統計概念，為了協助讀者瞭解書中所提及的統計概念，特別在底下介紹幾個基本的統計概念。讀者對統計概念若想有更進一步的瞭解，可參考相關的教育統計書籍。

表 1 所呈現的資料，是國中二年級甲班 32 位學生的數學、自然與生活科技兩科的成績。當教師把成績的資料，整理成表 1 之後，接著可能會對底下幾個問題感到興趣：

1. 數學、自然與生活科技這兩科考最高分的是幾分？
2. 這兩科的最低分是幾分？
3. 這兩科考及格的人數各有幾人？
4. 這兩科的平均分數各是幾分？
5. 這兩科成績，每個科目同學得分的變異情形是大的或小的？
6. 這兩科成績，全班同學在每個科目的得分情形是偏高或偏低？
7. 班上某一個同學的數學成績（例如 6 號考 88 分），與其他同學相比，其數學成績的排名如何？
8. 數學考高分的同學，其自然與生活科技的成績是否也考高分？而數學考低分的同學，其自然與生活科技的成績是否也較低？

要回答上述八個問題，首先，必須先將雜亂的資料，整理成有系統的資訊。其次，將整理後的資料，透過統計公式，計算出所欲找尋的答案。底下就根據幾個步驟，來找出上述八個問題的解答。

表 1
甲班學生數學、自然與生活科技的成績

座號	數學	自然與生活科技
1	55	57
2	23	43
3	80	64
4	76	80
5	12	25
6	88	70
7	96	90
8	75	87
9	63	55
10	75	77
11	60	80
12	90	92
13	15	53
14	99	92
15	77	58
16	63	70
17	36	51
18	80	84
19	48	56
20	58	70
21	90	86
22	24	46
23	36	60
24	66	72
25	85	88
26	90	95
27	77	84
28	68	65
29	78	86
30	45	53
31	36	43
32	66	69

一、將分數依高低排列

通常在資料的整理上，可以先根據同學的分數高低，由高而低依序排列。茲以數學科成績為例，說明資料整理的歷程。表 2 為該班學生由高而低依序排列的數學成績，由表 2，即可回答上述的第一個和第二個問題，該班數學成績最高的是 14 號同學的 99 分，最低的是 5 號的 12 分。

表 2

甲班學生由高而低依序排列的數學成績

座號	數學
14	99
7	96
12	90
21	90
26	90
6	88
25	85
3	80
18	80
29	78
15	77
27	77
4	76
8	75
10	75
28	68
24	66
32	66
9	63
16	63
11	60
20	58
1	55
19	48

表 2　（續）

30	45
17	36
23	36
31	36
22	24
2	23
13	15
5	12

二、將分數以莖葉圖（stem-and-leaf）呈現

經過高低排列後的分數，可以透過莖葉圖的方式，呈現出更有系統的資訊。圖 1 即是將表 2 整理後所得到的莖葉圖。莖葉圖的製作，通常將「莖」用來代表十位數，放在莖葉圖的左方，而「葉」是用來代表個位數，放在莖葉圖的右方。由圖 1 的第二列可以清楚顯示，「莖」的位置有一個 9，代表十位數是 9，而「葉」的位置有五個數字，分別是 9, 6, 0, 0, 0，表示個位數為 9, 6, 0, 0, 0。因此，該班同學數學成績屬於九十幾分的同學有五位，分別是 99, 96, 90, 90, 90。由圖 1 的莖葉圖，即可回答第三個問題，全班數學成績及格的同學有 21 人。

圖 1
甲班學生數學成績的莖葉圖

莖	葉					
9	9	6	0	0	0	
8	8	5	0	0		
7	8	7	7	6	5	5
6	8	6	6	3	3	0
5	8	5				
4	8	5				
3	6	6	6			
2	4	3				
1	5	2				

三、製作次數分配表

資料經過莖葉圖的呈現之後，接著我們可以著手製作分數的次數分配表。次數分配表的製作，首先要決定組距。所謂的組距是指每組分數最高分與最低分的差距分數，配合圖 1 的莖葉圖，我們可以將組距設定為 10 分，則全班的數學成績可以區分成 9 組，分數最高的一組是得分介於 90 分和 99 分，分數最低的一組是分數介於 10 分和 19 分，如表 3 所示。

表 3
甲班學生數學成績的次數分配表

各組分數	組中點	標記	次數	累積次數
90～99	94.5	卌	5	32
80～89	84.5	||||	4	27
70～79	74.5	卌 |	6	23
60～69	64.5	卌 |	6	17
50～59	54.5	||	2	11
40～49	44.5	||	2	9
30～39	34.5	|||	3	7
20～29	24.5	||	2	4
10～19	14.5	||	2	2

確定好各組的得分情形之後，接著開始計算各組的組中點，組中點是用來代表各組分數的一個代表值。組中點計算方式，就是將真正上限加真正下限，再除以 2，如公式 1 所示。

$$\text{組中點} = \frac{(\text{真正上限} + \text{真正下限})}{2} \qquad \text{公式 1}$$

由於數學分數是屬於連續變項，所以兩個分數之間存在許多可能的數值，例如 10 分和 11 分之間，存在著 10.1, 10.2, 10.3, …, 10.9 等許多的分數，通常我們會以 10 分和 11 分的中間點 10.5，作為連續分數的切割點，所以 10 分的真正上限為 10.5 分，而 11 分的真正下限為 10.5 分。

以 90 至 99 分這一組最高分為例，這一組的真正下限為 89.5，真正上限為 99.5，所以這一組的組中點為

$$組中點 = \frac{(89.5 + 99.5)}{2} = 94.5$$

各組的組中點計算之後，接著開始進行標記的工作，亦即以畫記號的方式，來標示各組的人數。標記工作完成後，就計算各組的標記符號個數，來統計各組人數的次數。表 3 採用「｜」作為標記的符號，由於 90 至 99 分這一組有 5 個標記符號，所以就將 5 填入表 3 的「次數」欄位中。

各組的次數統計完成後，由最低分的組別，開始計算累積次數。而所有組別的次數總和，應該要等於總人數。表 3 中的 10 至 19 分這一組的次數為 2，20 至 29 分這一組的次數為 2，所以 10 至 29 分的累積次數為 4 (2 + 2 = 4)。30 至 39 分這一組的次數為 3，所以 10 至 39 分的累積次數為 7 (4 + 3 = 7)。而 10 至 99 分的累積次數為 32，此即為全班的總人數。

四、繪製直方圖（histogram）

次數分配表製作完成後，接著就可以根據次數分配表，來繪製直方圖。由直方圖所呈現的圖形，即可回答第六個問題，全班得分情形是偏高或偏低。圖 2 的直方圖是由表 3 所繪製而成的。由圖 2 可以看出，該班數學成績得分情形是比較偏高的。

圖 2
甲班學生數學成績的直方圖

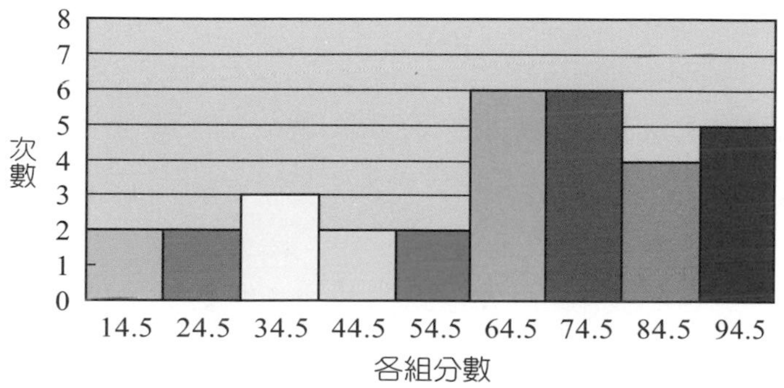

五、計算全班同學得分的平均數

想回答第四個問題，計算各科成績的平均分數，最常以算術平均數來計算，算術平均數以 $\overline{X}$ 表示。算術平均數的算法大致可區分成資料未歸類，以及資料已歸類兩種計算方法。

㈠資料未歸類

當學生得分的資料，未如同前面經過整理時，則算術平均數的算法是將所有同學的得分加總起來，然後除以所有同學的人數，如公式 2 所示，公式 2 中的 X_i 代表每個分數的數值。

$$\overline{X}=\frac{X_1+X_2+X_3+\cdots+X_{N-1}+X_N}{N}=\frac{\sum_{i=1}^{N}X_i}{N}$$ 公式 2

以表 1 數學成績為例，數學成績的平均分數，代入公式 2，即可得到如下的結果：

$$\overline{X}=\frac{X_1+X_2+X_3+\cdots+X_{N-1}+X_N}{N}=\frac{55+23+80+\cdots+36+66}{32}=63.44$$

㈡資料已歸類

若將 32 位學生的分數資料，由表 3 整理成表 4，則算術平均數的算法，就是選定以某一個分數組別的組中點作為假定的平均數（assumed mean，簡稱 AM），計算每一個組別組中點與 AM 的差距（x'），然後計算次數（f）與 x' 的乘積和（$\sum fx'$），最後，將（$\sum fx'$）除以 N，即可得到算術平均數，請參考公式 3。

$$\overline{X}=AM+\frac{\sum fx'}{N}$$ 公式 3

公式 3 的 AM 代表假定的平均數（assumed mean），f 代表次數，x′ 代表每一個組別組中點與 AM 的差距，N 代表總人數。

表 4
甲班學生數學成績的算術平均數計算方式

各組分數	組中點（X）	與組中點 14.5 的差距（x′）	次數（f）	fx′
90～99	94.5	80	5	400
80～89	84.5	70	4	280
70～79	74.5	60	6	360
60～69	64.5	50	6	300
50～59	54.5	40	2	80
40～49	44.5	30	2	60
30～39	34.5	20	3	60
20～29	24.5	10	2	20
10～19	14.5	0	2	0

$\sum fx' = 1560$

表 4 是以 14.5 作為 AM，將表 4 的資料代入公式 3，可得到算術平均數為 63.25。

$$\overline{X} = 14.5 + \frac{1560}{32} = 63.25$$

六、計算全班同學得分的變異數

第五個問題是想瞭解同學得分的變異情形，茲舉個例子說明得分變異情形的判斷，假若有 A、B 兩組學生，每組學生各有 5 位，A 組學生的測驗分數分別是 86, 86, 85, 84, 87，B 組學生的測驗分數分別是 97, 83, 65, 42, 28。我們可以很快的觀察出 A 組學生的得分情形都很集中，其分數的變異情形比較小；B 組學生的得分情形都很分散，其分數的變異情形比較大。

當學生人數很多時，就不容易採用觀察的方式，來判斷學生得分的變異情形，必須藉由公式的計算，較常採用判斷變異情形的方法，就是計算變異數和標準差。變異數常以 S_X^2 表示，標準差則以 S_X 表示。變異數與標準差的計算方式，大致可區分成資料未歸類，以及資料已歸類兩種計算方法。

(一)資料未歸類

資料未歸類時，則變異數的算法，如公式 4 所示。公式 4 中的 X_i 代表每個分數的數值，$\overline{X}$ 代表算術平均數。

$$S_X^2 = \frac{(X_1 - \overline{X})^2 + (X_2 - \overline{X})^2 + \cdots + (X_N - \overline{X})^2}{N} = \frac{\sum_{i=1}^{N}(X_i - \overline{X})^2}{N} \qquad \text{公式 4}$$

以表 1 數學成績為例，數學成績的變異數，將前面所獲得平均數 $\overline{X} = 63.44$，代入公式 4，即可獲得變異數：

$$S_X^2 = \frac{(55 - 63.44)^2 + (23 - 63.44)^2 + \cdots + (66 - 63.44)^2}{32} = \frac{18229.88}{32} = 569.68$$

資料未歸類時，則標準差的算法，如公式 5 所示。公式 5 中的 X_i 代表每個分數的數值，$\overline{X}$ 代表算術平均數。

$$S_X = \sqrt{\frac{(X_1 - \overline{X})^2 + (X_2 - \overline{X})^2 + \cdots + (X_N - \overline{X})^2}{N}} = \sqrt{\frac{\sum_{i=1}^{N}(X_i - \overline{X})^2}{N}} \qquad \text{公式 5}$$

以表 1 數學成績為例，數學成績的標準差，將前面所獲得平均數 $\overline{X} = 63.44$，代入公式 5，即可獲得標準差：

$$S_X = \sqrt{\frac{(55 - 63.44)^2 + (23 - 63.44)^2 + \cdots + (66 - 63.44)^2}{32}} = \sqrt{\frac{18229.88}{32}} = 23.87$$

由公式 4 與公式 5 可知，將標準差平方之後，即可得到變異數。

㈡資料已歸類

若將 32 位學生的分數資料，由表 3 整理成表 5，則變異數的算法，就是選定以某一個分數組別的組中點作為假定的平均數，計算每一個組別組中點與 AM 的差距（x'），然後計算（$\sum fx'$）與（$\sum fx'^2$），最後計算 $(\sum fx'^2/N)-(\sum fx'/N)^2$，即可得到變異數，請參考公式 6。

$$S^2=\frac{\sum fx'^2}{N}-(\frac{\sum fx'}{N})^2 \qquad \text{公式 6}$$

公式 6 的 f 代表次數，x' 代表每一個組別組中點與 AM 的差距，N 代表總人數。

表 5

甲班學生數學成績的變異數計算方式

各組分數	組中點（X）	與組中點 14.5 的差距（x'）	x'^2	次數(f)	fx'	fx'^2
90～99	94.5	80	6400	5	400	32000
80～89	84.5	70	4900	4	280	19600
70～79	74.5	60	3600	6	360	21600
60～69	64.5	50	2500	6	300	15000
50～59	54.5	40	1600	2	80	3200
40～49	44.5	30	900	2	60	1800
30～39	34.5	20	400	3	60	1200
20～29	24.5	10	100	2	20	200
10～19	14.5	0	0	2	0	0
					1560	94600

表 5 是以 14.5 作為 AM，將表 5 的資料代人公式 6，可得到變異數為 579.6875。

$$S^2=\frac{94600}{32}-(\frac{1560}{32})^2=579.6875$$

由公式 6 可獲得計算標準差的公式 7。

$$S = \sqrt{\frac{\sum fx'^2}{N} - \left(\frac{\sum fx'}{N}\right)^2} \qquad \text{公式 7}$$

公式 7 的 f 代表次數，x′ 代表每一個組別組中點與 AM 的差距，N 代表總人數。

將表 5 的資料代入公式 7，可得到標準差為 24.0767。

$$S = \sqrt{\frac{94600}{32} - \left(\frac{1560}{32}\right)^2} = 24.0767$$

七、計算全班每位同學的標準分數

想回答第七個問題，6 號同學數學考 88 分，與其他同學的數學成績相比較，其名次在班上的排名位置為何？最簡單的方式，可從表 2 得知 6 號同學的數學成績在班上是第 6 高的。若該班數學成績呈現常態分配，則可以利用標準分數，來獲得更多相對地位的訊息。最常使用的標準分數，就是 Z 分數。Z 分數的算法，如公式 8 所示。公式 8 中的 X 代表個人所獲得的分數，$\overline{X}$ 代表算術平均數，S_X 表示標準差。

$$Z = \frac{X - \overline{X}}{S_X} \qquad \text{公式 8}$$

將 6 號同學所獲得的 88 分，全班的平均分數 63.44，標準差 23.87，代入公式 8，則 6 號同學的 Z 分數為

$$Z = \frac{88 - 63.44}{23.87} = 1.03$$

查附錄一得到，Z = 1.03，其概率為 .8485，顯示 6 號同學的成績，可以贏過班上 84.85% 的同學。

八、計算積差相關係數

第八個問題，想知道數學考高分的同學，其自然與生活科技的成績是否也考高分，這是牽涉探討兩個變項的相關。由於數學成績、自然與生活科技成績，都是屬於連續變項，所以適合採用積差相關來計算兩個變項的相關。在計算積差相關之前，最好先使用散布圖（scatter plot），看看兩個變項的關係是否呈現線性關係。

若散布圖的各點，呈現右上左下的線性分布趨勢，則兩個變項大致是屬於正相關，如圖 3 所示。X 與 Y 兩個變項若為正相關，則 X 變項的數值越大，Y 變項也有越大的趨勢。

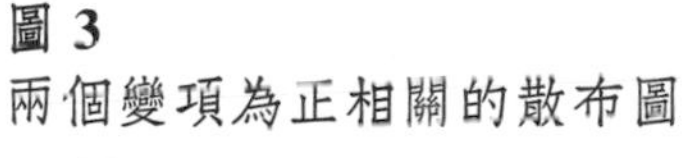

圖 3
兩個變項為正相關的散布圖

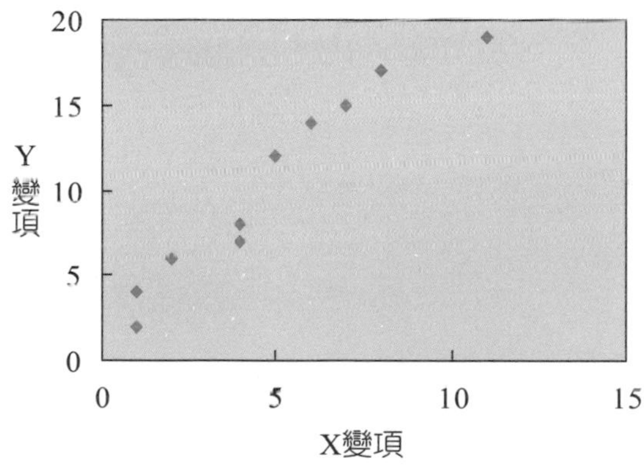

若散布圖的各點，呈現右下左上的線性分布趨勢，則兩個變項大致是屬於負相關，如圖 4 所示。X 與 Y 兩個變項若為負相關，則 X 變項的數值越大，Y 變項有越小的趨勢。

圖 4
兩個變項為負相關的散布圖

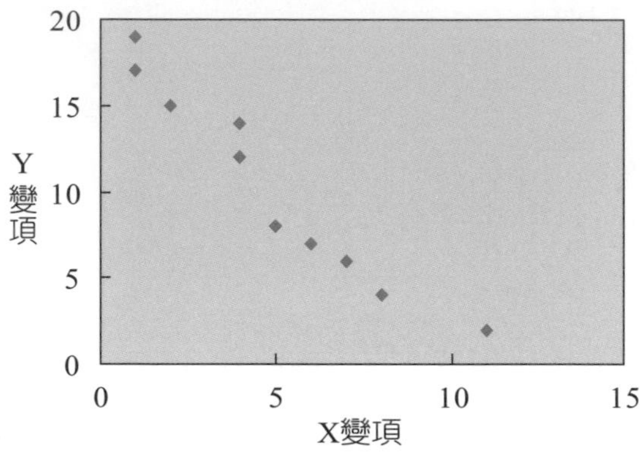

若散布圖的各點，呈現橢圓形或圓形的分布趨勢，則兩個變項大致是屬於零相關，如圖 5 所示。X 與 Y 兩個變項若為零相關，則顯示 X 變項與 Y 變項，並沒有關聯性。

圖 5
兩個變項為零相關的散布圖

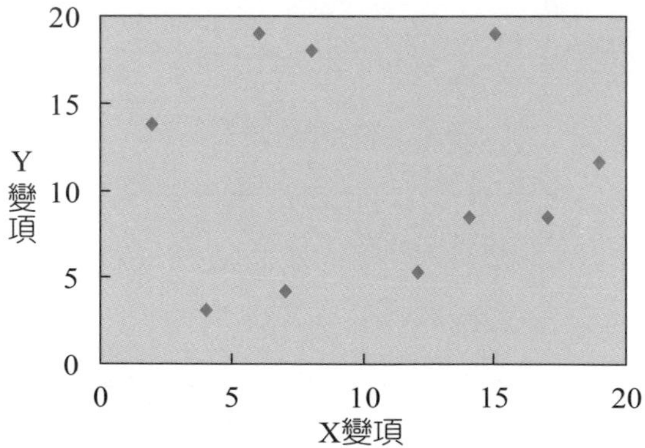

將表 1 中，每位同學的數學成績、自然與生活科技成績，以散布圖呈現如圖 6。圖 6 可以發現數學成績、自然與生活科技成績的散布圖，呈現右上左下的線性分布趨勢，顯示兩個變項是屬於正相關。

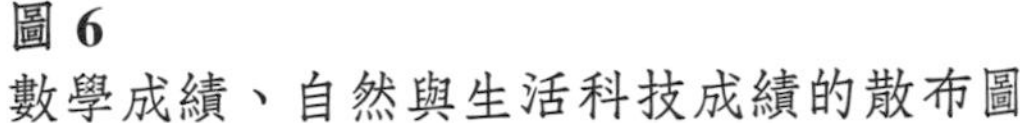

圖 6

數學成績、自然與生活科技成績的散布圖

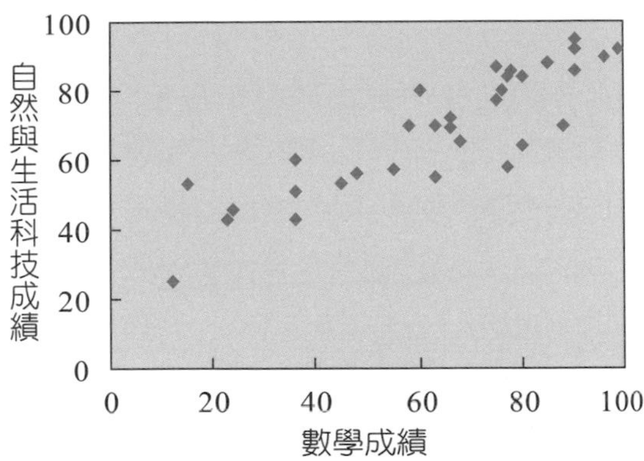

積差相關係數通常以 r 來表示，它的數值大小，介於 1 與 −1 之間（$-1 \le r \le 1$）。當 $0 < r \le 1$ 時，顯示為正相關，$-1 \le r < 0$ 時，顯示為負相關，當 $r = 0$ 時，顯示為零相關。

積差相關係數的定義公式為公式 9。

$$r = \frac{\sum_{i=1}^{N} Z_{X_i} Z_{Y_i}}{N} = \frac{\sum_{i=1}^{N} \frac{(X_i - \overline{X})}{S_X} \frac{(Y_i - \overline{Y})}{S_Y}}{N} \qquad \text{公式 9}$$

由於公式 9 的定義公式，計算時較不方便，可改用公式 10 來求積差相關係數。

$$r = \frac{N\sum_{i=1}^{N} X_i Y_i - \sum_{i=1}^{N} X_i \sum_{i=1}^{N} Y_i}{\sqrt{N\sum_{i=1}^{N} X_i^2 - (\sum_{i=1}^{N} X_i)^2}\sqrt{N\sum_{i=1}^{N} Y_i^2 - (\sum_{i=1}^{N} Y_i)^2}} \qquad \text{公式 10}$$

將表 1 的數學成績以 X 變項表示，自然與生活科技成績以 Y 變項表示，可獲得如下的資料：$N = 32$、$\sum_{i=1}^{N} X_i = 2030$、$\sum_{i=1}^{N} Y_i = 2201$、$\sum_{i=1}^{N} X_i Y_i = 151221$、

$\sum_{i=1}^{N} X_i^2 = 147008$、$\sum_{i=1}^{N} Y_i^2 = 160997$，把這些資料代入公式 9，可獲得積差相關係數 $r = 0.88$。顯示數學成績、自然與生活科技成績這兩個變項有正相關，因此，可以說數學考高分的同學，其自然與生活科技的成績也有考高分的趨勢。

$$r = \frac{N\sum_{i=1}^{N} X_i Y_i - \sum_{i=1}^{N} X_i \sum_{i=1}^{N} Y_i}{\sqrt{N\sum_{i=1}^{N} X_i^2 - (\sum_{i=1}^{N} X_i)^2}\sqrt{N\sum_{i=1}^{N} Y_i^2 - (\sum_{i=1}^{N} Y_i)^2}}$$

$$= \frac{(32)(151221) - (2030)(2201)}{\sqrt{(32)(147008) - (2030)^2}\sqrt{(32)(160997) - (2201)^2}}$$

$$= 0.88$$

透過上述的步驟，可以解答一開始所提出的八個問題。讀者若能清楚瞭解上面的基本統計概念，相信有助於學習本書的內容。

附錄三　國民小學及國民中學學生成績評量準則

國民小學及國民中學學生成績評量準則

中華民國九十年三月二十九日
(90) 臺參字第90042578號令訂定發布全文14條
；並自九十年八月一日起實施中華民國九十三年十二月三十一日
台參字第0930175242B號令修正發布名稱及全文12條
；本準則修正條文自九十四年八月一日施行（原名稱：國民中小學學生成績評量準則）
中華民國九十五年五月十日
台參字第0950064510B號令修正發布第3、7、12條條文
；並自九十五年八月一日施行中華民國九十六年五月一日
台參字第0960061341C號令修正發布第7、12條條文
；並溯及自九十五年八月一日施行中華民國九十九年十二月一日
台參字第0990205583B號令修正發布第11條之1、第12條條文
中華民國一百零一年五月七日
臺參字第1010079561B號令修正發布全文16條
；自一百零一年八月一日施行
中華民國103年4月25日
臺教授國部字第1030028354B號令修正部分條文
中華民國104年1月7日
臺教授國部字第1030141892B號令修正第6、13條條文
臺教授國部字第1080065377B號令修正

第一條　本準則依國民教育法第十三條第一項規定訂定之。

第二條　國民小學及國民中學（以下簡稱國民中小學）學生成績評量，以協助學生德智體群美五育均衡發展為目的，並具有下列功能：

一、學生據以瞭解自我表現，並調整學習方法與態度。

二、教師據以調整教學與評量方式，並輔導學生適性學習。

三、學校據以調整課程計畫，並針對學生需求安排激勵方案或補救教學。

四、家長據以瞭解學生學習表現，並與教師、學校共同督導學生

有效學習。

五、直轄市、縣（市）政府及教育部據以進行學習品質管控，並調整課程與教學政策。

第三條　國民中小學學生成績評量，應依領域學習課程、彈性學習課程及日常生活表現，分別評量之；其評量範圍及內涵如下：

一、領域學習課程、彈性學習課程：

㈠範圍：包括國民中小學課程綱要所定領域學習課程、彈性學習課程及其所融入之議題。

㈡內涵：包括核心素養、學習重點、學生努力程度、進步情形，並應兼顧認知、情意、技能及參與實踐等層面，且重視學習歷程及結果之分析。

二、日常生活表現：評量範圍及內涵，包括學生出缺席情形、獎懲紀錄、團體活動表現、品德言行表現、公共服務及校內外特殊表現等。

第四條　國民中小學學生成績評量原則如下：

一、目標：應符合教育目的之正當性。

二、對象：應兼顧適性化及彈性調整。

三、時機：應兼顧平時及定期。

四、方法：應符合紙筆測驗使用頻率最小化。

五、結果解釋：應以標準參照為主，常模參照為輔。

六、結果功能：形成性及總結性功能應並重；必要時，應兼顧診斷性及安置性功能。

七、結果呈現：應兼顧質性描述及客觀數據。

八、結果管理：應兼顧保密及尊重隱私。

第五條　國民中小學學生成績評量，應依第三條規定，並視學生身心發展、個別差異、文化差異及核心素養內涵，採取下列適當之多元評量方式：

一、紙筆測驗及表單：依重要知識與概念性目標，及學習興趣、動機與態度等情意目標，採用學習單、習作作業、紙筆測驗、問卷、檢核表、評定量表或其他方式。

二、實作評量：依問題解決、技能、參與實踐及言行表現目標，採書面報告、口頭報告、聽力與口語溝通、實際操作、作品製作、展演、鑑賞、行為觀察或其他方式。

三、檔案評量：依學習目標，指導學生本於目的導向系統性彙整之表單、測驗、表現評量與其他資料及相關紀錄，製成檔案，展現其學習歷程及成果。

特殊教育學生之成績評量方式，由學校依特殊教育法及其相關規定，衡酌學生學習需求及優勢管道，彈性調整之。

第六條　國民中小學學生成績評量時機，分為平時評量及定期評量二種。

領域學習課程評量，應兼顧平時評量及定期評量；彈性學習課程評量，應以平時評量為原則，並得視需要實施定期評量。

前項平時評量中紙筆測驗之次數，於各領域學習課程及彈性學習課程，均應符合第四條第四款最小化原則；定期評量中紙筆測驗之次數，每學期至多三次。

學生因故不能參加定期評量，經學校核准給假者，得補行評量；其成績以實得分數計算為原則。

日常生活表現以平時評量為原則，評量次數得視需要彈性為之。

第七條　國民中小學學生成績評量之評量人員如下：

一、各領域學習課程及彈性學習課程：由授課教師評量，且應於每學期初，向學生及家長說明評量計畫。

二、日常生活表現：由導師參據學校各項紀錄、各領域學習課程與彈性學習課程之授課教師、學生同儕及家長意見反映，加以評量。

第八條　學生依國民中學技藝教育實施辦法，於國民中學階段修習抽離式技藝教育課程者，其職群所對應之領域學習課程學期成績，應包括抽離式技藝教育課程總成績，並按抽離式技藝教育課程每週節數占對應之領域學習課程每週排定節數之比率計算。

前項規定，自中華民國一百零八年八月一日施行。

第九條　國民中小學學生領域學習課程及彈性學習課程之平時及定期成績評量結果，應依評量方法之性質以等第、數量或質性文字描述記錄之。

前項各領域學習課程及彈性學習課程之成績評量，至學期末，應綜合全學期各種評量結果紀錄，參酌學生人格特質、特殊才能、學習情形與態度等，評量及描述學生學習表現，並得視需要提出未來學習之具體建議。

領域學習課程之評量結果，應以優、甲、乙、丙、丁之等第，呈現各領域學習課程學生之全學期學習表現；其等第與分數之轉換如下：

一、優等：九十分以上。

二、甲等：八十分以上未滿九十分。

三、乙等：七十分以上未滿八十分。

四、丙等：六十分以上未滿七十分。

五、丁等：未滿六十分。

前項等第，以丙等為表現及格之基準。

彈性學習課程評量結果之全學期學習表現，得比照第三項規定辦理。

學生日常生活表現紀錄，應就第三條第二款所列項目，分別依行為事實記錄之，並酌予提供具體建議，不作綜合性評價及等第轉換。

第十條　學校就國民中小學學生領域學習課程、彈性學習課程及日常生活表現之成績評量紀錄及具體建議，每學期至少應以書面通知家長及學生一次。

學校得公告說明學生分數之分布情形。但不得公開呈現個別學生在班級及學校排名。

直轄市、縣（市）政府應於每學期結束後一個月內，檢視所轄國民中小學學生之評量結果，作為其教育政策訂定及推動之參考。

第十一條　學校應結合教務、學務、輔導相關處室及家長資源，確實掌握學生學習狀況，對需予協助者，應訂定並落實預警、輔導措施。

學生學習過程中各領域學習課程及彈性學習課程之成績評量結果未達及格之基準者，學校應實施補救教學及相關補救措施；其實施原則，由直轄市、縣（市）政府定之。

直轄市、縣（市）政府依前項實施補救教學之辦理成效，應併同前條第三項國民中小學學生之評量結果，於每學年結束後二個月內，報教育部備查。

學生日常生活表現需予協助者，學校應依教師輔導及管教學生相關規定施以輔導，並與其法定代理人聯繫，且提供學生改過銷過及功過相抵之機會。

第十二條　國民中小學學生修業期滿，符合下列規定者，為成績及格，由學校發給畢業證書；未符合者，發給修業證明書：

一、出席率及獎懲：學習期間授課總日數扣除學校核可之公、喪、病假，上課總出席率至少達三分之二以上，且經獎懲抵銷後，未滿三大過。

二、領域學習課程成績：

㈠國民小學階段：語文、數學、社會、自然科學、藝術、綜合活動、健康與體育七領域有四大領域以上，其各領域之畢業總平均成績，均達丙等以上。

㈡國民中學階段：語文、數學、社會、自然科學、藝術、綜合活動、科技、健康與體育八領域有四大領域以上，其各領域之畢業總平均成績，均達丙等以上。

第十三條　國民中小學就學生之成績評量結果，應妥為保存及管理，並維護個人隱私與權益；其評量結果及紀錄處理，應依個人資料保護法規相關規定辦理。

第十四條　為瞭解並確保國民中學學生學力品質，應由教育部會同直轄市、縣（市）政府辦理國中教育會考（以下簡稱教育會考）；其辦理方式如下：

一、中華民國一百零三年起每年五月針對國民中學三年級學生統一舉辦，評量科目為國文、英語、數學、社會與自然五科及寫作測驗；其評量結果，除寫作測驗分為一級分至六級分外，分為精熟、基礎及待加強三等級。

二、教育部應會同直轄市、縣（市）政府設教育會考推動會，審議、協調及指導教育會考重要事項。

三、教育會考推動會下設教育會考全國試務會，統籌全國試務工作；各直轄市、縣（市）政府應協助辦理全國試務工作。

四、教育會考考區試務工作，由考區所在地之直轄市、縣（市）政府辦理，並得個別或共同委由考區所在地之學校設教育會考考區試務會辦理之。考區試務會應依全國試務會之規劃，辦理全國共同事項。

五、教育部得將下列事項委託大學、學術專業團體或財團法人（以下簡稱受託評量機構）辦理：

㈠第三款全國試務會之全國試務工作。

㈡命題、組卷、閱卷、計分、題庫建置、試題研發。

六、前款受託評量機構應具備學生學力品質評量之專業能力、充足之行政人員及健全之組織與會計制度。

七、國民中學學生除經直轄市、縣（市）政府核准者外，應參加教育會考。

八、教育會考之結果供學生、教師、學校、家長及主管機關瞭解學生學習品質及其他相關法規規定之使用。但不得納入在校學習評量成績計算。

前項第二款至第五款所定各會之委員及辦理教育會考之試務工作人員，對於試務負有保密義務，並應遵守下列迴避規定：

一、前項第二款至第五款所定各會之委員，本人或其配偶、前配偶、三親等內之血親或姻親或曾有此關係者，報名參加當年度考試時，應行迴避。

二、監試人員本人或其配偶、前配偶、二親等內之血親或姻親或曾有此關係者，報名參加當年度考試時，應行迴避。

三、前款以外試務工作人員，參與教育部或受教育部委託為辦理教育會考之命題、審查、組卷、閱卷、計分、接觸試題或試卷機會之人員，本人或其配偶、前配偶、三親等內之血親或姻親或曾有此關係者，報名參加當年度考試時，應行迴避。

各考區、考場規定較本準則限制更嚴格者，從其規定。

第十五條　國民中小學學生各項成績評量相關表冊，由直轄市、縣（市）政府定之。

第十六條　國民中學及其主管機關為輔導學生升學或協助學生適應教育會考之程序、題型及答題方式，得辦理模擬考，其辦理次數，全學期不得超過二次。模擬考成績不得納入學生評量成績計算；相關處理原則，依教育部之規定。

前項模擬考，國民中學除自行或配合主管機關辦理外，不得協助其他機構、團體或個人辦理。

第十七條　中華民國一百零八年六月二十八日修正發布之第三條、第六條、第七條、第九條至第十一條及第十二條第二款，自一百零八年八月一日以後入學國民中小學之學生適用之。

第十八條　本準則除另定施行日期者外，自發布日施行。

附錄四　計算題的習題解答

第六章　習題解答

一、A 題難度 P 為 .80，B 題的難度 P 為 .30，A 題的答對率為 .80，B 題的答對率為 .30，所以 A 題對學生而言是比較簡單的。

二、因為 $P_{\mathrm{H}}=\dfrac{R_{\mathrm{H}}}{N_{\mathrm{H}}}=\dfrac{3}{4}=0.75$，$P_{\mathrm{L}}=\dfrac{R_{\mathrm{L}}}{N_{\mathrm{L}}}=\dfrac{2}{5}=0.4$，所以 $P=\dfrac{P_{\mathrm{H}}+P_{\mathrm{L}}}{2}=\dfrac{0.75+0.4}{2}=0.575$。

三、當難度 P 為 .50 時，此時才有可能獲得鑑別度 D 的最大值 1。但難度 P 為 .50 時，並不保證鑑別度 D 一定是最大值 1。當難度 P 為 .50 時，鑑別度 D 的可能範圍值為介於 -1 至 1 之間的數值。

四、多分計分的題目，其難度的計算公式為 $P=\dfrac{(R_{\mathrm{H}}+R_{\mathrm{L}})}{X_{\max}\times(N_{\mathrm{H}}+N_{\mathrm{L}})}$，鑑別度的計算公式 $D=\dfrac{(R_{\mathrm{H}}-R_{\mathrm{L}})}{X_{\max}\times N}$，因為 $R_{\mathrm{H}}=18$，$R_{\mathrm{L}}=6$，$X_{\max}=5$，$N_{\mathrm{H}}=4$，$N_{\mathrm{L}}=4$，將這些數值代入公式，$P=\dfrac{(R_{\mathrm{H}}+R_{\mathrm{L}})}{X_{\max}\times(N_{\mathrm{H}}+N_{\mathrm{L}})}=\dfrac{(18+6)}{5\times(4+4)}=\dfrac{24}{40}=0.6$，$D=\dfrac{(R_{\mathrm{H}}-R_{\mathrm{L}})}{X_{\max}\times N}=\dfrac{(18-6)}{5\times 4}=\dfrac{12}{20}=0.6$。

五、因為 $P_{\mathrm{H}}=\dfrac{R_{\mathrm{H}}}{N_{\mathrm{H}}}=\dfrac{5}{6}$，$P_{\mathrm{L}}=\dfrac{R_{\mathrm{L}}}{N_{\mathrm{L}}}=\dfrac{1}{6}$，所以 $P=\dfrac{P_{\mathrm{H}}+P_{\mathrm{L}}}{2}=\dfrac{\frac{5}{6}+\frac{1}{6}}{2}=\dfrac{1}{2}=0.5$，$D=P_{\mathrm{H}}-P_{\mathrm{L}}=\dfrac{5}{6}-\dfrac{1}{6}=\dfrac{4}{6}=0.67$，因為鑑別度 D 高於 .40，難度 P 為 .50，故此題為優良的試題。

第七章　習題解答

三、根據 Gregory (2004) 對於內容效度的定義，內容效度 = $\frac{16}{3+2+4+16}=\frac{16}{25}=0.64$。

五、聚斂相關係數為 .78，則區辨相關係數應該低於 .78 才合理。

第八章　習題解答

一、用 Excel 計算表 8–3 的資料，會得到複本信度為 .81。

二、斯布校正公式為 $r_{xx}=\frac{2\times r_{yy}}{1+r_{yy}}$，$r_{xx}$ 表示校正後的信度，r_{yy} 表示折半信度，已知折半信度為 .76，代入公式可得到 $r_{xx}=\frac{2\times r_{yy}}{1+r_{yy}}=\frac{2\times 0.76}{1+0.75}=\frac{1.52}{1.76}=0.86$。

三、α 係數的計算公式為 $\alpha=\frac{n}{n-1}(1-\frac{\sum_{i=1}^{n}S_i^2}{S_X^2})$，由於題數是 4 題，故 n = 4，第 1 題的變異數為 $S_1^2=156.25$，第 2 題的變異數為 $S_2^2=146.484$，第 3 題的變異數為 $S_3^2=156.25$，第 4 題的變異數為 $S_4^2=146.484$，所以這 4 題的變異數總和為 $\sum_{i=1}^{4}S_i^2=156.25+146.484+156.25+146.484=605.47$，而總分的變異數為 $S_X^2=429.69$，將這些數值代入，得到 $\alpha=-.545$，是不合理的信度估算值。

$$\alpha=\frac{n}{n-1}(1-\frac{\sum_{i=1}^{n}S_i^2}{S_X^2})=\frac{4}{4-1}(1-\frac{605.47}{429.69})=\frac{4}{3}\times(-0.409)=-0.545$$

四、因為 B 校學生的程度較為學生的程度參差不齊，故 B 校學生施測的信度會較高。

五、測量標準誤的計算公式為 $SEM=S_X\times\sqrt{1-r_{XX}}$，由於變異數為 4，故標準差為 2，信度係數為 .84，故代入公式，得到測量標準誤為 0.80。

$$SEM = S_X \times \sqrt{1 - r_{XX}} = 2 \times \sqrt{1 - 0.84} = 2 \times \sqrt{0.16} = 2 \times 0.4 = 0.8$$

第九章　習題解答

一、A 生的 Z 分數為 $Z = \frac{(X - \overline{X})}{S_X} = \frac{(76 - 82)}{4} = \frac{-6}{4} = -1.5$。

二、85 分的 Z 分數為 $Z = \frac{(X - \overline{X})}{S_X} = \frac{(85 - 88)}{6} = \frac{-3}{6} = -0.5$，97 分的 Z 分數為 $Z = \frac{(X - \overline{X})}{S_X} = \frac{(97 - 88)}{6} = \frac{9}{6} = 1.5$，查附錄一的常態分配表，可知，$Z = 0$ 到 $Z = 1.5$ 的面積為 0.4332，$Z = 0$ 到 $Z = -0.5$ 的面積為 0.1915，故分數介於 85 分至 97 分的人數，占全班總人數的 $0.4332 + 0.1915 = 0.6247$，亦即 62.47%。

三、A 生的 PR 為 65，B 生的 T 分數為 65，由於 $T = 10 \times Z + 50$，故 B 生的 Z 分數為 1.5，查附錄一的常態分配表，可知 $Z = 1.5$ 包含的面積為 .9332，亦即 B 生的 PR 約為 93，故 B 生的成績較好。

四、A 生的 PR 為 86，查表 9–13 可知，標準九為 7。

索　引

A–Z

四　劃

五 劃

六 劃

七 劃

八 劃

九 劃

十　劃

十一劃

十二劃

十三劃

十四劃

十五劃

十六劃

十七劃

十八劃

十九劃

二十二劃

二十五劃

國家圖書館出版品預行編目資料

學習評量：評量理論與素養的實踐／凃金堂著.－－
初版一刷.－－臺北市：三民，2023
面；　公分

ISBN 978-957-14-7629-2（平裝）
1. 學習評量

521.3　　112004884

學習評量：評量理論與素養的實踐

作　　者｜凃金堂
發 行 人｜劉振強
出 版 者｜三民書局股份有限公司
地　　址｜臺北市復興北路 386 號 (復北門市)
　　　　　臺北市重慶南路一段 61 號 (重南門市)
電　　話｜(02)25006600
網　　址｜三民網路書店 https://www.sanmin.com.tw

出版日期｜初版一刷 2023 年 5 月
書籍編號｜S521210
I S B N｜978-957-14-7629-2